蒋百里传

杜继东 著

中华书局

图书在版编目（CIP）数据

蒋百里传/杜继东著. —北京：中华书局，2018.6（2022.4
重印）
ISBN 978-7-101-12988-5

Ⅰ.蒋… Ⅱ.杜… Ⅲ.蒋百里（1882～1938）-传记
Ⅳ.K825.2

中国版本图书馆 CIP 数据核字（2017）第 301566 号

书　　名　蒋百里传
著　　者　杜继东
责任编辑　李闻辛
出版发行　中华书局
　　　　　（北京市丰台区太平桥西里 38 号　100073）
　　　　　http://www.zhbc.com.cn
　　　　　E-mail:zhbc@zhbc.com.cn
印　　刷　北京盛通印刷股份有限公司
版　　次　2018 年 6 月第 1 版
　　　　　2022 年 4 月第 2 次印刷
规　　格　开本/710×1000 毫米　1/16
　　　　　印张 20¾　插页 8　字数 300 千字
印　　数　4001-8000 册
国际书号　ISBN 978-7-101-12988-5
定　　价　58.00 元

蒋百里先生

1906年夏, 蒋百里(前排右一)与友人在日本合照

1911年，蒋百里在德国柏林

1911年，蒋百里在德国哈尔伯斯达特军营

1912年，蒋百里在北京时摄

1916年6月6日，护国军两广都司令部军务院主要成员在广东肇庆合影（左起：林虎、李根源、蒋百里、莫荣新、谭浩明、岑春煊、梁启超、李烈钧、李耀汉、高尔登）

1919年，蒋百里（后排右二）与中国欧洲考察团在国外的合影

1919年，蒋百里（前排左二）参加中国欧洲考察团时与梁启超（前排左三）、张君劢（前排左四）等合影

1919年，蒋百里赴欧洲考察时摄

1921年7月，英国哲学家罗素和女友勃拉克女士访华结束前与蒋百里等在北京合影留念（后排从左到右：瞿世英、赵元任、王赓、孙伏园；前排从左到右：蒋百里、勃拉克、罗素）

1924年4月，泰戈尔访华时与蒋百里、徐志摩等合影（右起：徐志摩、泰戈尔、恩厚之、蒋百里；前立者为蒋百里女儿蒋昭、蒋雍）

1924年，蒋百里回乡时与别下斋族人合影（第二排左二为蒋百里）

1925年，蒋百里与夫人左梅
及女儿蒋昭、蒋雍、蒋英、
蒋华合影

1929年3月19日，泰戈尔访问上海时，在国富门路蒋百里宅午宴后与蒋百里四个女儿合影

1932年，蒋百里出狱后
返回上海时摄

1932年，蒋百里在上海家中

1936年，蒋百里与夫人左梅及女儿蒋英（右一）、蒋和（左一）参观德国柏林动物园时合影，并题赠蒋英留念

1936年，蒋百里在德国柏林时摄

1936年，蒋百里在家中工作时摄

1936年冬，蒋百里自西安归来后在上海家中

1936年9月1日，蒋百里摄于
中国驻意大利大使馆内

蒋百里的五个女儿（右一为蒋英）

蒋百里受任陆军大学代理校长时摄于武汉

目　录

第一章　家道中落　身世坎坷

硖石的王气

蒋方震,字百里,笔名飞生,1882 年 10 月 13 日(大清光绪八年九月初二日)出生于浙江省海宁县硖石镇。

讲述蒋百里先生富有传奇色彩的一生,首先须从他的家乡和家世说起,因为关于他的家乡和家世,都有离奇的传说。

硖石原本有王气升腾,老辈人如是说。

硖石的王气让秦始皇消弭了,老辈人叹息道。

这是怎么回事呢? 原来,秦始皇统一六国之后,环视宇内,天下初定,内心大喜,从此特别关注两件大事,一是秦王朝能够长治久安,传至万世;二是自己能够长生不老,千秋万岁。一天,有位术士向他奏报,东南沿海一带有王气升腾,如不及早消弭,恐将影响秦朝万世一系的帝业。秦始皇一听,悚然一惊,迅即传下令旨,亲率文武百官赴东南沿海一带巡幸,一则消弭这股王气,根除致乱之根源,二则查访奇人异士,搜求长生不老之良药。

某日,秦始皇巡幸至海宁县硖石地方,但见一山突兀而起,山势蜿蜒起伏,如龙盘虎踞,山上白云缭绕,紫气升腾,直冲霄汉,认定这是东南王气之源,乃广集十万囚徒,在此山中间挖开一道峡谷,断其龙脉而弭其王气。从此硖石就成了两座山,一河从中间流过,名为市河。在"今市河大虹桥下,两岸山根犹露,相传秦始皇凿处也"[①]。

然而,硖石的龙脉断了,硖石的人脉未断,硖石的王气绝了,硖石的文气未绝。千百年来,硖石人吃苦耐劳,克勤克俭,创造了这片热土的独特文化。尤其自唐代开始,随着中国经济文化中心向东南地区转移,杭州、嘉兴一带文风大盛,人才辈出,海宁更是不落人后,经济和文化并驾齐驱,成为东南赫赫有名的人文荟萃之地。据统计,自唐朝至清朝末年,海宁高中进士者共366人,其中唐代3人、宋代74人、元代3人、明代101人、清代185人。在这些进士中,有状元1人、榜眼3人、探花1人[②]。清末至民国时期,海宁也是人才济济,如近代自然科学先驱李善兰、国学大师王国维、著名学者张宗祥,等等。而民国年间的硖石镇更因一代兵圣蒋百里和天才诗人徐志摩而闻名全国,这实在是硖石千百年来人气和文气厚积薄发的结果。有此二人,硖石足矣!

硖石古称峡山,又称夹谷,自唐代以后改为硖石,因市河从中流过,故又称硖川。河东之山名沈山,又名审山,当地人称为东山,高53丈,周围7里,山上是红土;河西之山名紫微山,当地人称为西山,高18丈,周围1里,山上是黄土。市河是南北水路交通的要道。

明代文人褚靖《题硖山诗》云:

> 硖川峰势列东西,秀色葱葱草树齐。
>
> 两点峨眉天外耸,双了螺髻望中迷。
>
> 平分积翠如云卧,对蹙空青映日低。
>
> 挂颊几回吟看处,朝来爽气漫留题。[③]

明代另一位文人陈鉴《游硖山诗》则曰:

---

① 李圭:《海宁州志稿》卷2"山川",1922年铅印本,第9页。

② 海宁市志编辑委员会编:《海宁市志》,汉语大词典出版社1995年版,第1195—1196页。

③ 李圭:《海宁州志稿》卷2"山川",第9—10页。

> 天斧何年劈两峰，半空金翠出芙蓉。
>
> 一溪中断斜阳草，六寺深藏细雨钟。
>
> 青壁偶随佳客至，白云间与老僧逢。
>
> 只疑误入华阳洞，长啸清风落短筇。[①]

有此二诗，即使没有到过硖石的人，也会为硖石的山光水色所迷醉。如能生于斯，长于斯，人生复有何憾！

硖石的地理位置也很重要。硖石地处杭州与上海之间，为浙西重镇，历来是大米、茶叶、丝绸等物的集散地，交通极为方便，既可走水路，又可行陆路。清朝末年沪杭铁路修成，使硖石的地位更加突出。

除硖石外，海宁还有两大名镇，一是袁花镇，一是盐官镇。袁花镇的查氏家族，历来人才辈出，中举做官者比比皆是，不胜枚举，当今以金庸为笔名享誉海内外的武侠小说大师查良镛，就是袁花镇查氏家族的一员。蒋百里的第一个夫人查品珍也是袁花查家的女儿。

盐官镇的陈家，在有清一代显赫一时，出过陈之遴、陈元龙、陈世倌三位大学士，有"一门三阁老，六部五尚书"之称。早蒋百里三年出生于盐官镇的王国维则成为民国初年开风气之先的一代学术大师，受到世人的称颂。

海宁还有一个天下奇观，即海宁潮。每每有海潮涌进杭州湾，挟万钧之力进入钱塘江，形成惊涛骇浪，如万马奔腾，向江岸扑击而来。在古代，海宁潮经常给当地百姓造成生命和财产的重大损失，如宋代女诗人朱淑真这样描述道：

> 飓风拔木浪如山，振荡乾坤顷刻间。
>
> 临海人家千万户，漂流不见一人还。[②]

[①]　李圭：《海宁州志稿》卷2"山川"，第10页。

[②]　海宁市志编纂委员会编：《海宁市志》，第2页。

近代国学大师王国维的家乡盐官镇位于钱塘江岸,王国维经常观看海宁潮,曾写《蝶恋花》词一首,单咏海宁潮:

> 辛苦钱塘江上水,
> 日日西流,
> 日日东趋海。
> 终古越山颅洞里,
> 可能销得英雄气?
>
> 说与江潮应不至,
> 潮落潮生,
> 几换人间世。
> 千载荒台麋鹿死,
> 灵胥抱愤终何是。①

王国维观海宁潮而感人世沧桑,颇有寂寥落寞之意。后来,王国维自沉于北京颐和园昆明湖,为后世子孙留下了无尽的遗憾和疑惑。

1949 年后,当地政府投入大量人力物力,重修了长达 50 公里的海塘,使海宁潮失去了往昔的破坏力,成为闻名世界的旅游景观。1957 年 9 月 11 日上午,毛泽东从杭州乘车到海宁七里庙观赏钱塘江大潮。下午在返回的路上又游钱塘江,并写下《观潮》诗一首,直抒胸臆:

> 千里波涛滚滚来,雪花飞向钓鱼台。
> 人山纷赞阵容阔,铁马从容杀敌回。②

---

① 王国维著、陈永正导读注评:《王国维词集》,上海古籍出版社 2013 年版,第 29 页。
② 中共中央文献研究室编:《毛泽东年谱(1949－1976)》第 3 卷,中央文献出版社 2013 年版,第 204 页。

蒋氏家族的盛衰

据蒋氏宗谱记载,蒋氏远祖为周公旦的第三子伯龄。周初分封诸侯,伯龄封于蒋国(今河南省固始县),其子孙便以蒋为姓氏。西汉初年,伯龄的子孙迁至长安的杜陵。西汉宣帝时,蒋满出任上党郡太守,后任淮南国相。蒋满的儿子蒋万,曾任弘农太守。蒋万的儿子蒋翊,字元卿,在汉元帝和汉成帝时,曾任兖州刺史。

东汉初年,蒋翊的三世孙蒋横曾任光武帝的大将军。蒋横之子山亭侯蒋澄,字少明,迁至江苏宜兴县境内,他是宜兴蒋氏的始迁祖。蒋氏一门在宜兴繁衍生息,历经南北朝、隋、唐的世事变迁,人丁越来越兴旺,其间有不少分支迁往他处,其中一支在南宋时期迁至都城临安(今杭州),后又迁到海宁。大清康熙年间,蒋百里的五世祖蒋云凤始迁居硖石镇,此后便有了硖石蒋家的荣辱盛衰。值得一提的是,宜兴蒋氏中有一支辗转迁到了浙江奉化县溪口镇,比蒋百里小 5 岁的蒋介石就是这一支的后代子孙。由此来看,蒋百里和蒋介石也有一定的渊源。

蒋云凤,字简斋,是硖石蒋氏的始迁祖。他生了 4 个儿子,分为 4 房,人丁兴旺,成为硖石镇上的第一大族。

蒋云凤的第二子名叫蒋仁基,是蒋百里的高祖。他是个非常能干的人,从事典当业发了财,家境越来越富裕,购置了田地,修建了巨宅大院,为子孙留下了丰富的遗产。当时正值乾隆盛世,国泰民安,一片升平景象。然而很不幸,蒋仁基未能享有高寿,在儿子生下刚五十天即撒手人寰,留下孤儿寡母而到另一个世界去了。

蒋仁基去世时,夫人归氏只有 29 岁,从此守寡达三十五年之久,于嘉庆十二年(1807 年)去世。归氏夫人给儿子起名叫蒋星槐,细心护呵,多方教导,使其得以子承父业,光大蒋氏门庭。

蒋氏的基业到了蒋星槐手上,不但没有衰败,反而得到了更大的发展,使归氏夫人颇感安慰。为使蒋家人丁兴旺,香火不断,归氏夫人在星槐弱冠之年,即为他娶了国子监生朝议大夫马朝俞的女儿为妻,希望他们能多生儿女,结束人丁稀少的单传局面。

然而马氏却久不生育,归氏夫人望眼欲穿,始终未能享受"含饴弄孙"的天伦之乐,带着极为遗憾的心情离开了人世。蒋星槐夫妇愧疚之余,只得另想办法。在马氏的主持下,蒋星槐纳刘氏为妾,希望能有所作为。不料刘氏也久不生育,使人不得不怀疑问题出在蒋星槐身上,再纳妾恐仍无用。

人生不如意者十之八九。蒋星槐地广屋高,富甲一方,妻妾和睦,在硖石地方也算得上一个人物,但就是膝下无子。所谓"不孝有三,无后为大",乃古之明训,蒋星槐在月明星烁之夜辗转反侧,暗自叹气,也就不难理解了。

光阴荏苒,转眼已到了嘉庆十七年(1812年),愁肠百结的蒋星槐终于生了一场大病,倒在床上起不了身。马氏和刘氏遍请名医诊治,却不见起色。眼见蒋星槐的病一天重似一天,妻子马氏除了念经求佛之外,已无良策。好在天无绝人之路,某日马氏忽然想起古人割肉疗亲的故事,乃决心一试,如果有效,是老天爷有眼,如果无效,也算尽了人事。她咬紧牙关,从左臂上割下一块肉来,熬成肉汤,一勺一勺喂到丈夫口里。也许是马氏的至诚感动了上苍,蒋星槐的病竟奇迹般地痊愈了。

被妻子从死亡边缘拉回来的蒋星槐获知事实真相后,对妻子充满感激之情,一家人从此更加和睦。俗话说:否极泰来。蒋星槐病愈不久,刘氏居然怀了身孕,第二年生下了一位小公子。步入中年的蒋星槐夫妇喜极而泣:蒋家有后了。他们除了高诵阿弥陀佛外,就是感念祖宗盛德隆厚,能够庇荫子孙。

刘氏以后未再生育,儿子和父亲一样,也是一脉单传。

蒋星槐按照宗谱确定的辈分排列字序,为儿子取名光煦(1813年—1860年),字日甫,又字爱笋。蒋星槐对这个独生子寄予厚望,延聘名师,课读经史子集,希望他将来参加科举考试,金榜题名,一举改换蒋家门庭,使蒋家由富商巨贾变成书香门第。可惜的是,蒋星槐与其父蒋仁基一样,未能得享天年,在儿子光煦10岁的时候,就因病去世了。从此硖石蒋家进入了蒋光煦时代。

蒋光煦号雅山,后改号生沐,晚号放庵居士,是江南有名的藏书家和古董收藏家。他喜读史书,精于校勘,能诗能文,兼长书画,世称东湖先生。

　　由于家境富裕,蒋光煦从 10 岁开始即购置和收藏古书与金石书画等古董珍玩。他的好友管庭芬说他"勤于搜访,年逾弱冠,骨董家即不敢以燕石相欺"①。蒋光煦收藏之广泛和丰富,从其藏室名为"商瓠周鼎秦镜汉甓之斋"中即可略见一斑。俗话说"穷文富武",但承继祖上宏业的蒋光煦却是一个富有的文人,这使他有足够的财力收藏图书。他的藏书室有"别下斋""拜经楼"等,历年积藏图书达四五万卷,其中不少是珍本善本,这使他成为江浙一带有名的藏书大家。他的"别下斋"可不是随便起的,其典出自《论语·季氏》中的一段话:"孔子曰:生而知之者,上也;学而知之者,次也;困而学之,又其次也;困而不学,民斯为下矣。"②南宋文人王应麟有感而发,说:"困而学之,庶自别于下民。"③蒋光煦对这句话颇为欣赏,遂把自己的藏书室命名为"别下斋"。他选择藏书中的珍品刊行的《别下斋丛书》和《涉闻梓旧》,都是善本,价值极高。他镌刻的"群玉英光堂"米芾残帖,勾勒逼真,颇受行家重视。

　　蒋光煦的诗文也很有名气,著有《东湖丛记》《读书吟评》《吴越春秋校文》《雨当轩诗集》《花树草堂书稿》《别下斋书画录》《钱塘遗事斠补》和《斠补隅录》等。他还与江浙名儒俞樾、管庭芬等人时相往还,吟诗唱和,切磋学问。

　　在极盛时期,蒋光煦家中常常是高朋满座,食客盈门,真可谓"樽中酒常满,座上无白丁"。他的客人多为文人士子和书画名家,大家聚在一起谈文论诗,写字作画,饮酒唱和,其乐融融。此外,蒋光煦一妻四妾,儿女满堂,结束了两世单传的局面,成为人丁兴旺的大家庭的家长,那份喜悦和满足,自不待言。

　　蒋家不但有广大的庭园,而且有一株名贵的银杏神树。硖石镇有两棵非常粗大的银杏树,十个人才能围抱一圈。相传这两株银杏栽于东晋时期,

―――――――――――――

　　①　管庭芬:《别下斋书画录·序》,蒋光煦编:《别下斋书画录》,民国文学山房木活字印本(出版年不详)。

　　②　杨伯峻译注:《论语译注》,中华书局 1980 年版,第 177 页。

　　③　王应麟:《困学纪闻题识》,王应麟著,翁元圻等注,乐保群、田松青、吕宗力校点:《困学纪闻》,上海古籍出版社 2008 年版,第 8 页。

乃千年古树。一株在紫微山麓的倪卓云家中,一株就在蒋光煦家的园中。据说在蒋氏园的这棵银杏"颇著灵异",如有人对它不敬,在它周围便溺,这个人就会生病。蒋家人视此银杏为树神,除精心保护外,还在树旁建了一座小屋来供奉,名曰"树神堂"①。

然而,人无千日好,花无百日红,太平军的到来使盛极一时的蒋家遭到了毁灭性打击,家道从此中落,复兴有待时日。

1859 年,太平军进入浙江,浙江全省戒严。太平军被清政府称为"长毛贼",到处流传的是太平军杀人放火的恐怖故事,蒋光煦考虑到硖石镇是繁华市镇,又位于杭州至上海的交通要道上,难逃兵燹之灾,乃举家迁往好友管庭芬家中避难。除带走一部分细软珍玩之外,蒋家历年收藏的书籍、古董以及偌大的家园,都留给几个仆役看管。在管庭芬家住了一段时间,蒋光煦又迁到茶院山中暂住。

1860 年秋天,一支太平军进驻硖石镇,搜刮一番之后,一把火烧了硖石镇,蒋氏宅院未能幸免,蒋光煦一生的心血毁于一旦,所藏图书古物,或惨遭大火,或转落他人之手,何胜痛惜! 更有甚者,祖先开创的基业泰半毁于蒋光煦之手,使他有无颜见父老乡亲之慨。

蒋家遭此火劫,从此衰落了,蒋光煦遇此打击,从此消沉了。他长吁短叹,借酒浇愁,酒后常常捶胸顿足,失声痛哭,不作东山再起之想。实际上,他当时只有 47 岁,如能收束身心,发奋图强,率领子女埋头苦干,或有振兴家业之望。然而,他已心灰意冷,常常对酒当歌,于 1860 年的冬天郁郁而终,把盛衰荣辱留在了身后。

蒋光煦共生了 21 个子女,5 个子女夭折,长大成人的有 8 个儿子、8 个女儿。8 个儿子是学勤、学济、学藻、学浚、学溥、学焘、学烺和学慈。蒋百里的父亲是蒋学烺,排行第 19。

蒋光煦一死,蒋家就四分五裂了。儿子们分家析产,建屋独居,无子女的妾则返回娘家居住。其中一位姓何,返回桐乡县王村的家祠居住,因人多住不下,只得买条船住在船上。1862 年,太平军到王村,登船向何氏索要财

① 李圭:《海宁州志稿》卷 40"杂志轶事",第 48 页。

物,何氏为免受辱,投河自尽了。

儿子当中比较有名的是蒋学勤和蒋学溥。

蒋学勤,字颖伯,号苕虹,又号苕伯,少承家学,善文词,颇负文名。1858年曾参加科举考试,未中。家中遭变故之后,田宅俱荒,他感受到人世之沧桑,遂放弃科举,在硖石东湖边上建了几座屋子,名为龟庄,每日或礼佛念经,或与二三知己歌啸其中,不作出世求官之想。他著有《辛庐诗词稿》《辛庐杂志》等,颇有陶渊明"采菊东篱下,悠然见南山"的心境。

蒋学溥,字长孺,号泽山,1875 年中举人,后被派往广东某县任知县。1884 年张之洞升任两广总督,设立广雅书院,知蒋学溥学识渊博,有能力,乃调至广州主持广雅书院,颇为时誉所称颂。

关于父亲的离奇传说

蒋百里的父亲蒋学烺虽名气较小,但有一个离奇的传说。

蒋学烺(1851 年—1894 年),字泽久,号壶隐。他生于 1851 年,生下来就没有左臂,只在左肩下垂着二三寸长的一块肉,是个天生的残疾人。

据说,蒋光煦非常钟爱他的第五子,视为心头肉。可惜的是这个孩子早夭了,蒋光煦极为痛惜。他思子心切,殡殓时在亡儿的左臂上用朱笔写了一篇咒语,嘱其来世再见。硖石镇周围有不少寺院,蒋光煦与和尚们时相往还,熟知佛教"六道轮回"之说。

葬了亡儿后,蒋光煦仍不放心,到东山上的一个寺院去请教一位熟识的老和尚,问这个孩子能否投胎转世,再来蒋家给他做儿子。老和尚闭目静坐片刻,慨然言道:"人间之事,分分合合,皆因一个缘字。有缘则聚,缘尽则离,不可强求,强求无益。"对于这样的回答,蒋光煦并不满意,他坚持要知道这个孩子能否再来。老和尚拗不过,只得告诉他:"来是一定来,就是缘满,来了也不喜欢了。"[①]

---

① 张宗祥:《蒋方震小传》,中国人民政治协商会议全国委员会文史资料研究委员会编:《文史资料选辑》第 10 辑,文史资料出版社 1960 年版,第 88 页。

后来蒋学烺出生了,他的音容笑貌酷似亡儿,活脱脱一个再生的第五子。然而他天生残疾,又体弱多病,蒋光煦对他的钟爱就大打了折扣,只能浩叹人世无常和造化弄人了。

在此之前,蒋光煦请来同乡秀才许羹梅和另外几个人共同编纂《别下斋书画录》,未及完成而许秀才不幸谢世,余人星散而去,使他颇感寂寞和悒郁。他本想借新生子的喜气冲刷一下秽气,没想到却是个残疾儿,这才体会到"月有阴晴圆缺,人有悲欢离合"的深意。

蒋光煦在世时,蒋学烺就受到父兄的歧视,品尝着人生的苦涩。等家遭大变,蒋光煦谢世之后,其他人自顾不暇,蒋学烺的日子就更不好过了。这一年,他刚 10 岁。值得一提的是,蒋光煦也是 10 岁丧父,然而两人丧父之后的遭际,却不可同日而语。

年仅 10 岁的蒋学烺被家人送到硖石镇附近的伞墅庙里当了小和尚。出家之人就算出了族,族人不再认为同族之人,他无权过问家族中的事,也不能继承遗产。

蒋学烺虽只有右手,且体弱多病,但他非常聪明,喜欢读书。他能用一只手吹笛子,能随口编造唱词。他生性好动,并不喜欢寺院里的暮鼓晨钟和枯燥乏味的生活,所以他常常从庙里跑出来,回到家中与兄弟姐妹们嬉笑玩耍,不把佛门的清规戒律当回事。

蒋学烺的处境引起了袁花镇的名医朱杏伯的同情。朱杏伯与蒋光煦是世交,当朱杏伯得知故人之子的遭遇后,决定伸出援助之手。他设法让蒋学烺还了俗,带到袁花镇自己的家中,除供衣食之外,还教蒋学烺学医。蒋学烺本就聪慧,加上刻苦努力,又有良师指点,很快即掌握了岐黄之术,经常往来于临近海宁的海盐和平湖两县行医。他偶尔回硖石老家,也是来去匆匆,因为他还没有归宗。他经常落脚在朱杏伯家,与朱杏伯师徒情深,终生不渝。

1875 年蒋学溥考中举人后,飘泊异乡的蒋学烺才认祖归宗,在硖石镇有了自己的家。前已提及,蒋光煦一妻四妾,子女 21 个。学溥排行第 13,学烺排行第 19,他们两人是一母同胞。学溥中举,是蒋家在科举方面取得的较高成就,他在族中的地位因之提高,说话有了相当的分量。他不忍再看到其弟飘零在外,就征得族人和朱杏伯先生的同意,正式把学烺接回碶石,认祖归宗,分给楼房三间、族田十五亩,作为成家立业的基础。

男大当婚,女大当嫁。蒋学烺早就到了娶妻成家的年龄,但由于种种原因,这件事一直没有着落。行医之余,他只有读书吟诗以度漫漫长夜,排遣胸中的郁闷和怅惘。他著有《泄怀集》二卷,由同乡文士朱昌燕作序刊行。朱昌燕在序文称赞蒋学烺的诗"审律之精,指词之雅,有专门名家所不逮者"①。他是个执着的人,不以物喜,不以己悲,命运虽给予他太多的苦难,但他绝不向命运低头。

母亲也是个苦命人

1881 年,已届而立之年的蒋学烺终于迎来了大喜的日子,新娘是海盐县城的苦命孤女杨镇和。新郎 30 岁,新娘 27 岁,即使在今天,也属于晚婚之列。

这也得感谢学溥兄长和朱杏伯先生,没有他们的帮助,成就不了这桩迟到的婚姻。

令蒋学烺夫妇和亲朋好友感到欣慰的是,婚后第二年,后来让蒋氏族人感到无比自豪的蒋百里就呱呱坠地了。父母给他起个乳名叫福儿,是希望他能一生幸福平安,不要像父母那样孤苦无依。

杨镇和是海盐儒生杨笛舟的遗腹女,生而失怙,无兄弟姐妹,与母亲相依为命,艰辛度日。杨笛舟是宋代杨龟山先生的二十四代孙,乃一介穷书生,死时没有给尚未出世的女儿留下任何遗产。杨镇和 7 岁时,太平天国的大军经海盐往攻上海,兵荒马乱,许多人流离失所,杨氏母女的日子更是雪上加霜。她们居无定所,食不果腹,辗转流徙达数年之久,尝尽了人间的辛酸苦辣。有一次,杨镇和饿着肚子走了一天一夜,才在一户人家讨来菜粥,

---

① 蒋复璁:《先叔百里公年谱》,蒋复璁、薛光前主编:《蒋百里全集》第 6 辑,台北,传记文学出版社 1971 年版,第 18 页。

给生病的母亲吃。她在风雪之夜洗衣,手背皴裂,"泪渍之,倍痛焉"①。

所谓祸不单行,福无双至,母女二人安定下来没有多长时间,母亲又因病去世了,把年仅 13 岁的杨镇和孤零零地留在世上。

好在杨镇和随母亲学会了杨家的世传手艺:制作和修补竹衫。这种竹衫是用极细的竹枝以丝线连缀而成,有各种各样的镂空花纹,盛夏时人们当衬衣穿在身上,颇为凉爽,能避酷暑。穿久后线断即需修补。制作和修补这种竹衫是一种极精巧的手艺活。孤女杨镇和全赖这门家传的手艺为生,不但能够自食其力,而且承继先父遗风,在闲暇时间刻苦读书,凡唐诗、宋词、《孝经》以及坊间的《三国演义》《封神榜》和《西游记》等小说,涉猎颇广,是个"晓畅义理"的奇女子。

嫁给蒋学烺后,家里的日子也很拮据,经常为一日三餐发愁,尤其是蒋学烺因肝病而损目,双目失明达数年之久,杨镇和既要侍候病人,又要张罗一家人的吃喝,其困苦境况非常人所能忍受。

会说书的小神童

蒋学烺夫妇给儿子取名方震,字百里。

蒋方震生在这样一个家庭,他的童年就比别人多了几分苦涩和坎坷。

但他又是幸运的,因为他有个知书达礼、性格坚毅的好母亲。母亲没有被一连串的苦难压垮,而是以自己孱弱的双肩撑起了这个家,并挑起了教独生子读书的重担。

蒋方震 4 岁时,因请不起老师,就由母亲教他识字读书。母亲不像私塾先生,她并不让儿子整天死记硬背,而是有张有弛,闲下来就给儿子讲《三国演义》《水浒传》《西游记》《封神榜》等小说,以调动他学习的积极性。蒋方震聪明好学,记忆力超群,母亲所教的唐诗和四书,都能琅琅成诵,听过的故事都能牢记在心,并绘声绘色地讲给别人听。

---

① 梁启超:《蒋母杨太夫人墓志铭》,梁启超:《饮冰室合集》文集之四十四(上),中华书局 1941 年版,第 17 页。

　　蒋方震 10 岁以前,随父母住在海盐城,因为父亲常在海盐、平湖一带行医,母亲又是海盐人,所以就在海盐天宁寺旁租了房屋居住。他和母亲在父亲外出行医时,常到袁花镇的朱杏伯先生家作客,有时一住就是好几个月。朱杏伯对六七岁即能讲三国故事的聪慧学童蒋方震钟爱有加,料定他将来必大有出息。他曾说:"此儿聪慧,远胜乃父,他年定破壁飞去。"①

　　六七岁的蒋方震常到镇上的茶馆里,大模大样地为喝茶的人"说书",讲《三国》《水浒》《西游记》和《封神榜》的故事,什么姜子牙登台拜将、孙悟空大闹天宫、关云长过五关斩六将等等,每说到紧要关头,他就把小眼睛一瞪,小辫子一抖,引得茶客们哄堂大笑。此事传扬开来,年幼的蒋方震即被人们视为"神童"。在海盐和袁花一带,流传着"小百里茶馆说书"的故事。

　　蒋方震还喜欢与小伙伴们玩打仗的游戏,他常自封为大将军,将小伙伴们分成两队人马,互相攻打玩耍。有一次他的指挥棍误伤了一个小伙伴,其父母赶来问罪,伙伴们均作鸟兽散,蒋方震这个大将军也一溜烟地跑掉了。

　　袁花镇的查芸苏先生听说蒋方震是个神童,到海盐时曾顺道往访蒋学烺家。这一年,蒋方震刚满 8 岁。查先生有心考察一下蒋方震,问了一些问题,他都对答如流。查先生又叫他对句,出了个上联,蒋方震脱口对出下联,而且对得极为工整妥帖。查芸苏大喜,当即把次女查品珍许配给方震,订下娃娃亲,与蒋学烺夫妇成为儿女亲家。

　　订了亲的蒋方震,上学仍然是个问题。好在这时寓居海盐的张冷生请了老师教子读书,让方震来伴读,不用交钱,方震这才得以进私塾接受较正规的教育。

　　经过努力学习,蒋方震 9 岁时学完了《论语》《孟子》《大学》和《中庸》,10岁读完了《诗经》和《尚书》,已能写诗和作文章。

　　蒋方震 11 岁那年(1892 年),叔叔蒋学慈在硖石老家病故,其妻马氏设家塾,延请硖石儒生倪勤叔先生教儿子蒋方霆(字冠千)和族里的其他子弟读书。马氏托人捎信给蒋学烺,要方震回硖石与方霆等人一同读书。

---

　　①　许逸云:《蒋百里年谱》,团结出版社 1992 年版,第 3 页。

倪勤叔是一位饱学之士,品性高尚,爱才如命,特别看重聪明好学的蒋方震。他知道方震家贫,即主动提出不收他的束脩。按当时的惯例,未开始作诗文的学生每年需交学费 6—8 元,已开笔作诗文的学生每年 8—12 元,逢年过节另送礼物,蒋方震一家难以承担。倪先生免去学费,确实帮了大忙。他们的师生情谊,久而弥笃。蒋方震后来中了秀才,当了塾师,家境转好,就每年送节礼给老师。倪勤叔的儿子结婚时,蒋方震还特地送去 200 银元,作为贺礼。

倪先生书法好,工小楷,描摹《灵飞经》堪称一绝,为行家所赞许。蒋方震读书之余,从师练字,进步神速,也写得一手婉秀漂亮的小楷,为其他同学所不及。

师从倪勤叔的第二年,蒋方震学完了《左传》《礼记》《周易》等书,所作诗文也大有进步。神童果然名不虚传。

蒋方震在硖石还结识了同龄人张思曾。

张思曾(1882 年—1965 年),字阆声,号冷僧,是蒋方震相交终生的挚友。当时他也是个穷学生,交不起学费,就拜在姑父费景韩先生门下读书。蒋方震和他惺惺相惜,时常聚在一起谈论功课。他们都爱读史书和小说,每有所见,就互相转告,共同探讨。蒋方震喜欢读《野叟曝言》,对书中的主人公文素臣非常赞赏,常常以文素臣自居。张思曾则喜读文天祥的《正气歌》,视文天祥为神明。他特地改名张宗祥,以示对文天祥的敬仰。

倪勤叔和费景韩二先生时相过从,谈起所教的学生,首推蒋方震和张宗祥。他们觉得,教出这样的学生,实是做老师的光荣。他们料定这两个学生将来必有一番作为。

第二章　硖石才子　闻名遐迩

割肉疗亲的孝子

1894 年对年仅 13 岁的蒋方震来说是刻骨铭心的一年。

这是大清光绪二十年,岁在甲午,于国于家都是一个不寻常的年份。于国,有对近代中国产生巨大冲击的中日甲午战争,于家,则有父亲的因病去世。对蒋方震来说,真是国事、家事、天下事,事事忧心。

1894 年 8 月 1 日,中日甲午战争在朝鲜正式爆发。消息传来,举国震动,蒋方震所在的硖石镇也不例外。从上海和杭州归来的人不断传来有关战争的最新动态,使蒋方震对数千里之外发生的事有了大概的了解。他和张宗祥再也坐不住了,他们找报纸,查地图,密切关注事态的发展,希望本国军队能大获全胜,像明代大将军戚继光横扫倭寇一样把日本鬼子赶到海里去。当时,蒋方震的堂兄蒋方泰准备参加科举考试。为增加对时事的了解和认识,方便答题,蒋方泰从别人那里借来《申报》阅读,遇到重要的文章,就叫蒋方震替他抄写下来。这为蒋方震了解国内外大事提供了便利条件,使他眼界大开。

在此之前,他的目标只是科举仕途:金榜题名,衣锦还乡,光宗耀祖。他师从倪勤叔,苦读圣贤之书,勤练八股文章,为的是有一天能出人头地,以不辜负父母的殷切期望。但是,甲午战争和《申报》带给他极大的震动,使他认识到大清已今非昔比,世界已非中国独尊。通过《申报》这个窗口,他才知道"有所谓外国学问者"①。这为他后来放弃科举,执意出洋留学埋下了伏笔。

战争期间,平壤、牙山、大东沟、九连城、威海卫、刘公岛等地名,经常挂在蒋方震的嘴边。他还在一个邻居的家里看见过一张大地图,对中日进行大搏杀的东北地区有了初步的认识。

由于清军在战场上连连失利,国内舆论大哗,主持战争大局的直隶总督兼北洋大臣李鸿章首当其冲,遭到国人的猛烈抨击。蒋方震在《申报》上看到一篇大骂李鸿章的文章,使他吃惊不小。李鸿章何许人也!李氏进士出身,是镇压太平军和捻军的"功臣",是慈禧太后和光绪皇帝的心腹大臣,其在当时的名誉和地位如日中天,居然有人敢公开骂他,的确使少年蒋方震大长了见识。

就在蒋方震为国事忧心的时候,海盐传来了父亲病危的消息。蒋方震匆忙赶赴海盐,在父亲的病榻前侍疾,亲奉汤药,以尽人子之孝。父亲生来身弱,加上郁郁不得志,竟至一病不起,把自己未曾实现的心愿都寄托在独子蒋方震身上。父亲只有43岁,正值盛年,遽尔离世,留下孤儿寡母无依无靠,众亲友闻知,皆不胜唏嘘。方震母子,更是哭得死去活来。

蒋方震扶父亲灵柩归葬硖石祖茔后,与母亲在老家安顿下来。他们仅靠数量不多的地租为生。生计虽然艰难,母亲却没有让方震辍学,而是一面督责方震努力学习,一面替人修补竹衫贴补家用。母亲并不因方震是独生子而溺爱放任,相反,她对儿子的任何过错都不轻易放过。方震的言行凡有不当之处,她必痛加斥责,使他真心悔过,事后母子二人往往抱头痛哭。蒋方震一生以天下为己任,做事认真,勇于承担责任,且两袖清风,不尚奢华,与母亲的教导不无关系。

蒋方震办理完父亲的丧事回到学堂后,新的一年已经开始了。战场上

---

① 蒋百里:《是不是奢侈的装饰品?》,蒋复璁、薛光前主编:《蒋百里全集》第1辑,台北,传记文学出版社1971年版,第160页。

的清军节节败退,大局已到了不可收拾的地步。早在上年 10 月下旬,日军即已占领朝鲜全境并攻入中国境内,攻城掠地,如入无人之境。1895 年 1 月,日本海陆军分路合击威海军港。2 月 12 日,威海卫失守,李鸿章苦心经营的北洋海军全军覆没,中国遭受到了空前的失败。朝野虽有主战之士,战场已无善战之将,清廷见大势已去,斗志全失,只求苟安维持,乃派李鸿章为全权代表,赴日求和。主持战局者是李鸿章,主持和局者还是李鸿章。世上之事,原本就难说得很。

1895 年 4 月 17 日,李鸿章在日本签订丧权辱国的《马关条约》,主要内容有:(1)中国承认朝鲜的完全独立和自由;(2)中国割让台湾全岛及所有附属各岛屿、澎湖列岛和辽东半岛给日本;(3)赔偿日本军费库平银 2 亿两;(4)开放沙市、重庆、苏州、杭州为通商口岸,日本政府可在通商口岸设立领事馆,日本轮船可沿内河驶入上述口岸搭客装货;(5)日本臣民可在中国通商口岸城邑设立工厂、输入机器,等等。

消息传来,舆论哗然,普天同愤,皆指李鸿章为卖国贼,人人可得而诛之。聚在京城参加科举考试的各省举子反应尤烈。5 月 2 日,康有为召集 1300 多名举人在松筠庵开会讨论此事,会后联名上书光绪皇帝,痛陈割地弃民赔款的严重后果,力主拒绝和议,明定对策,以挽危局而救国家。他们提出四项救亡图存的良策:(1)下诏鼓天下之气;(2)迁都定天下之本;(3)练兵强天下之势;(4)变法成天下之治。他们还提出了富国之法、养民之法和教民之法三项变法建议。这就是有名的“公车上书”。

蒋方震通过伯伯蒋学焘的来信获悉了京城的许多事情。蒋学焘是光绪庚寅年(1890 年)恩科进士,1895 年恰好赶赴京城补行殿试,知道“公车上书”的来龙去脉。他还写了一篇文章,但没有被举子们采用。他写来的家信蒋方震都看过。战败求和与“公车上书”等事件对蒋方震产生了巨大的冲击,他成年后弃文从武,终生致力于中国的国防建设,其动机实肇始于此。

过了一个多月,倪勤叔先生的案头就摆上了《公车上书记》和《普天忠愤集》两本书。两书都与刚刚结束的中日甲午战争有关。等倪先生出去或者睡午觉时,蒋方震就翻看这两部书,由于古文已有了很好的基础,他很容易读懂书中的内容,这使他的眼界更加开阔了。

就在蒋方震怀着丧父之痛发奋读书时，母亲又得了一场大病，真是"屋漏偏逢连夜雨"，他肩上的担子又平添了几分重量。

母亲病得不轻，数次延请良医诊治，均不见效。看到母亲一天天消瘦下去，蒋方震的内心十分痛苦。父亲已离世，如果母亲再有个三长两短，自己将成为无父无母的孤儿，何以自立于人世！然而，医药无效，如之奈何？蒋方震决心仿古人割肉疗亲的故事，以至诚感动上苍，挽救母亲的生命。他读过《孝经》，熟知二十四孝的故事，对曾祖母马太安人割肉疗亲的往事也有耳闻。祖先能做的事，我为什么不能做呢？

他悄悄到厨房里，忍着锥心刺骨的巨痛从左臂上割下一块肉来，放到锅里熬成肉汤，侍候母亲喝下。他的一片孝心没有白费，自从喝了肉汤，母亲的病大有起色，日见好转。方震在读书之余，还劈柴挑水，烧火做饭。由于年幼，他没有包扎好左臂上的伤口，致使伤口感染化脓，疼痛异常。他为了不让母亲担心，强忍不说。过了几天，母亲见他左臂不能伸展自如，且面现痛苦之色，强行将他的衣服脱去看视，才知道了真相。母亲感其孝心，抱子痛哭，方震也忍不住大哭一场。母亲赶紧为方震请医用药，包裹创口，才得以治愈。

从此，"神童"蒋方震又得到了"孝子"的称誉，蒋方震割肉疗亲的故事遂在海宁和海盐传扬开来。

少年秀才

蒋方震臂伤治愈之后，继续师从倪勤叔潜心攻读四书五经，做参加科举考试的准备，同时他也注重看报和阅读新书，以求经世致用之学。恰好双山书院购进了四大橱经、史、子、集和时务、策论、算学、格致等书，蒋方震和张宗祥二人闻讯大喜，特意央求各自的老师每天早放学一两个小时，让他们到双山书院去读书。他们年纪虽小，但读书和作诗文都好，在硖石已小有名气，所以双山书院的老师就把书房的钥匙交给他们，让他们随意取书阅看。

他们两人像穷人得着了宝藏，十分欣喜。四大橱书放在书院的一个小房间里，只有他们两个人在书海中徜徉。他们先看了《日本国志》等新书，然后挑自己喜欢的书看,张宗祥主要看史地方面的书,蒋方震主要看文学方面的书,前后达七八个月之久,基本上把那些书翻了一遍,还写了一些笔记。

双山书院离张宗祥家较近,蒋方震晚上常借宿在张家,与张宗祥同榻而眠。他们两人家境相同,志趣相投,年龄相当,亲如兄弟。张宗祥的母亲每发现床上有虱子,就让他们坐在门槛上,在太阳光下捉虱子。张母称方震为"福宝",称宗祥为"冷宝",两家关系非同一般。

有了读书之乐,日子再苦也不难打发。1896 年,蒋方震读完了十三经,学识广博,文采斐然,地方上的文人士子对他颇为看重。六年寒窗苦,不负有心人。倪勤叔先生也终于舒了一口长气,看到自己的高足学成出师,心中颇感安慰。以蒋方震的学识和文章,考上秀才定然不在话下。果真如此,也不枉老师六年来的一片苦心。

1898 年春,17 岁的蒋方震参加科举,应童子试。科举考试分三级,即秀才、举人和进士。报名考秀才的士子都称为童生,有些人屡考屡不中,已届三四十岁,还是童生。考秀才很不容易,程序复杂,历时约一月之久。

当时的海宁县治在盐官镇。蒋方震筹措了一些盘缠,与硖石的几个童生共赴县城,找个客栈安顿下来。他们穿戴整齐,到孔庙报名并交上考试费,然后参加一场又一场的考试。应考的童生众多,竞争很激烈。

县考共五场,以本县知县为主考官。第一场考以《论语》《大学》《中庸》中之内容为题的时文一篇,《孟子》文一篇,试帖诗一首。第一场考完发榜,未取者不得入第二场。第二场考时文一篇,试帖诗一首,五经文一篇,未取者不得入第三场。第三场考八股文一篇,史论一篇,试帖诗一首,未取者不得入第四场。第四场考律赋一篇,古近体诗数首,时文一篇。第四场榜发,确定案首和前十名,再考第五场,其他童生则已相继名落孙山,只能打道回府,以备下次再考了。第五场考试有个好听的名字,叫吃终场饭,由县官给童生们准备饭或者点心,条件大为改善。第五场考时文,发榜时考生的名次与第四场结果大体相同,有时也稍微做些调整。

蒋方震成竹在胸,沉着应对,一路过五关斩六将,顺利考中秀才。榜发之日,县里早有人拿了大红的"喜报",敲锣打鼓送上门来,在硖石镇上又引起了一阵轰动。孤儿寡母多年奋斗终有所成,实足令人欣慰。从此之后,

"硖石才子"之名越传越远。

"中国之宝"

蒋方震考中秀才的 1898 年,也是大清朝的多事之秋。

甲午之战,天朝上国惨败于蕞尔小国日本,不得不遣使求和,割地赔款,这给中国朝野造成了极大的震撼。有识之士纷纷在思考:中国之败,败因何在,日本之胜,胜因何在。中国的思想文化界空前活跃起来,各种新知识、新思潮、新观念以前所未有的速度传播开来,在全国各地造成强大的冲击波,最后形成一股要求变法图强的巨流。

站在潮头的是康有为和梁启超。紧跟在他们身后的有谭嗣同、严复、黄遵宪等一大批志士仁人。

康有为名祖诒,字广厦,号长素,1858 年生于广东省南海县,人多称其为南海先生。他自幼饱读经史子集,以圣贤自许,人称"圣人为"。19 岁时他到九江礼山草堂师从大儒朱次琦研读宋明理学,讲求济人经世之道。两年后,他回到家乡附近的西樵山,居于白云洞,静心寡欲,广泛阅读,博采众长。后来,他游香港,读新书,应科举,济时艰,逐渐形成了变法思想。他开馆授徒,延揽才俊之士,广泛宣传变法。1895 年他联合在京会试的举人发起"公车上书",因而声名大噪,为世人所瞩目。

梁启超,字卓如,号任公,别号沧江,又号饮冰室主人,1873 年生于广东省新会县,是康有为的得意门生。他是传播新学、鼓吹变法的一员健将。他和谭嗣同、唐才常、严复等先后在上海、湖南、天津等处创办《时务报》《湘报》《国闻报》等,以"变法图强"为号召,推进维新运动。

1897 年冬,德国军队强占胶州湾,沙俄舰队驶入旅顺湾,强租旅大,中国有被列强瓜分的危险。光绪皇帝和周围的一些开明官员也痛切感到中国非变法无以图自存。就在此时,康有为从广东赶到北京,向光绪皇帝呈上"统筹全局"折,提出变法的具体办法:(1)大誓群臣以定是;(2)立对策所以征贤才;(3)开制度局而定宪法。4 月,康有为等人又在北京组织保国会,以"救亡图存"为目的,提出"保国、保种、保教"三项宗旨,在京城掀起狂风巨澜。6月11日，光绪皇帝毅然颁布"明定国是"诏，开始变法维新，这就是近代史上有名的"戊戌变法"。

变法开始，举国震动，欢呼雀跃者有之，犹豫迷惑者有之，冷眼旁观者有之，激烈反对者有之。变法诏令几乎天天颁布，内容涉及各个领域，牵扯到各色人等的切身利益。

秀才蒋方震属欢呼雀跃者之列。他虽考中了秀才，但对陈旧腐朽的八股文章已心生厌恶，对康有为和梁启超的变法自强之说，则不胜向往。他极力搜求新书新报，废寝忘食，昼夜研读，常常为新思想和新学说击案赞叹，激动不已。在夜深人静之时，蒋方震常想，如果有一天能拜在康梁二位大师门下，聆听贤者之教，探求经邦济世之道，才不枉为一个读书之人。如果仍然皓首穷经，刻意经营八股文章，附会陈词滥调，追求功名利禄，于国于民又有何益！

关于八股取士，与《儒林外史》作者吴敬梓同时代的徐大椿（字灵胎）写了《时文叹》，给予了辛辣的讽刺。徐文曰：

> 读书人，最不济，烂时文，烂如泥。国家本为求才计，谁知道变作了欺人计。三句承题，两句破题，摆尾摇头，便道是圣门高弟，可知道"三经""四史"是何等文字，汉祖、唐宗是哪朝皇帝？案头放高头讲章，店里买新科利器。读得来肩掌高低，口角嘘唏，甘蔗渣嚼了又嚼，有何滋味？辜负光阴，白白孚迷一世。就叫他骗得高官，也是百姓朝廷的晦气。[1]

光绪皇帝深知八股取士之弊，乃下诏改革科举制度，废除八股文，改试策论。他还下诏对全国的学制进行改革，鼓励广设学堂，提倡西学，在北京开办京师大学堂，将各省、府、厅、州、县的大小书院，一律改为兼习中学西学的新式学堂，以培养有用于国家的各类专门人才。

---

① 徐大椿：《道情·时文叹》，张国动编：《中国历代讽刺诗选注》，文化艺术出版社2012年版，第414页。

办新式学堂的诏令既令老学究们痛心疾首,也让和尚尼姑们惊慌失措。杭州城里的出家人听说皇上采纳康有为的建议,要废除佛教,用庙宇来办学堂,都慌了神,深更半夜搬了泥菩萨外出逃难①。

秀才蒋方震既未痛心疾首,也未惊慌失措。相反,他从改革诏令中看到了国家的前途和个人的希望。他听说上海办了个经济学堂,教的是新学,就从亲戚朋友处借了10块大洋,独自一人赴经济学堂求学,同学中还有后来著名的国民党左派人物邵力子。这个学堂讲授法语和数学等新课程,为蒋方震开启了新学之门。

开埠五十余年的上海滩处处闪现着西方文明的影子:宽阔的街道,高耸的洋楼,红发蓝眼的洋人,自成一体的租界,都使蒋方震感到眼花缭乱。国破家贫,出路在何方?

就在光绪皇帝和维新派轰轰烈烈地进行变法之际,反对变法的保守势力也在聚积力量,随时准备反扑。新旧两派势力渐成水火不容之势,一场你死我活的生死决战已不可避免。光绪帝虽有变法决心而无主导大局的实力,最终没有战胜以慈禧太后为首的守旧派。9月21日,居于颐和园的慈禧太后突然返回紫禁城,囚禁了光绪帝,以光绪帝病重不能理事为托词,宣布自己临朝训政,并下令搜捕维新派。

诏令颁布,乾坤倒转,蒋方震崇敬的变法导师康有为和梁启超先后亡命日本,谭嗣同、杨锐、林旭、刘光第、杨深秀和康广仁等"六君子"被捕后,于北京南城的菜市口惨遭杀害。维新派的变法新政,除保留京师大学堂外,一律取消,各地参与或支持变法的人大都被拘下狱,或永远囚禁,或流放新疆,维新运动遭到了彻底的失败。中国再一次失去了振兴的机遇,浪费了美好的光阴。

远在上海的秀才蒋方震也品尝到了变法失败所造成的痛苦。由于各项新政均遭废除,上海经济学堂被迫关闭,蒋方震只能带着悲愤和遗憾的心情,颓然返回家乡,另谋出路。

沪上归来,蒋方震特地拜访了早已成名的宋学大家单不庵先生。

----

① 马叙伦:《我在六十岁以前》,上海生活书店1947年版,第8页。

单不庵,名丕,号伯宽,浙江萧山人。他出生于书香门第,少承家学,博览群书,名重士林。他的伯父单恩溥和父亲单恩培都是饱学之士,名闻江南。单恩溥是研究宋学的名家,曾任嘉兴、海宁等地教谕,与蒋方震的祖父蒋光煦常相往还,与硖石结下了不解之缘。蒋光煦曾聘请单恩溥到别下斋讲课,二人日夕相对,切磋学问,吟诗唱和,欣赏古玩书画,乃莫逆之交。单恩溥还娶硖石许家的女儿为妻,成了硖石的女婿。有了这层关系,单不庵的父亲单恩培便举家从萧山迁到山清水秀的硖石定居,在硖石镇赵家汇尤家厅购置房屋,安顿下来。单氏一门均是有名的儒士,单不庵从小受伯父和父亲的耳提面命,学问非同一般。蒋方震的老师倪勤叔先生在讲课时经常提到单不庵,所以,学生们虽未见过这位道学家,他的大名却早已如雷贯耳了。

蒋方震对单不庵心仪已久,只因功课繁重,无暇他顾,加上自己只是个读私塾的学生,在资历和名气方面也不够分量,所以对单不庵一直是只闻其名,未见其人。

1898年春蒋方震参加科举,考中秀才,有了功名,有了外出交游的资格和机会,他首先想到的就是去拜访这位"心仪已久"的单不庵。不巧的是单不庵回老家萧山奔丧去了,二人就此错过了见面的机会。

单不庵的言行在常人看来有点怪。他的名字就与众不同,让人莫测高深,其言行则以宋代的程朱理学为本,带有迂腐气,故而是个典型的学究式人物。张宗祥说他"言必拱手,行必矩步",令人哭笑不得[①]。

蒋方震从上海回来后终于见到了单不庵。他们纵古论今,海阔天空,作竟夕长谈,可谓一见如故。单不庵对蒋方震大谈宋学,还送给他一部《近思录》,为他开启了宋学之门。

蒋方震兴冲冲地去找好友张宗祥,要介绍单不庵与他认识。不料张宗祥听闻单不庵言行怪诞,不想与之结交。蒋方震苦口婆心地劝说多次,张宗祥才改变初衷,同去拜访。一来二往,张、单二人也成为挚友。他们三人后来走的路虽各有不同,但友谊始终未变。

---

① 张宗祥:《述蒋君百里》,曹锦炎主编:《张宗祥文集》,上海古籍出版社2013年版,第514页。

　　戊戌变法的失败,对蒋方震和张宗祥的思想造成了巨大的震动。他们决心放弃科举仕途,专心研究史地政治之学。他们愤于时事,发奋读书,昼夜不辍。他们约定,不论什么书,每日必须读完规定的卷数,然后互相问答,如答不上来,就受惩罚:不得阅读其他书。他们已经超越了"书中自有黄金屋,书中自有颜如玉"的训条,他们是在为探求救国之道而苦读。

　　1899年初春,蒋方震迫于生计,应聘到距硖石5里的伊桥镇孙家当塾师。孙家是伊桥镇的望族,家道殷实。经过十年寒窗,蒋方震终能赚钱奉养老母,内心颇觉安慰。孙家的藏书很多,其中有一套不易见到的《皇朝经世文编》。蒋方震在教书之余,遍览孙家藏书,获益匪浅。

　　蒋方震还是考书院月课的能手。所谓书院月课,就是由各书院每月出题,由书院内外的学子应考,书院按文章质量评定名次,前三名发给一定数量的"膏火费",即奖金,每篇2-3元不等。考书院月课既能锻炼能力,展示才华,又能获得奖金,贴补家用,可谓一举两得的好事。所以,蒋方震常参加海宁安澜书院、硖石双山书院、袁花龙山讲舍和桐乡白社书院的月课。

　　蒋方震的一个族人在桐乡县做塾师。清明节前后,蒋方震得到几天假期,就到桐乡县去看这位本家亲戚。恰逢那户人家在办丧事,那位亲戚正在忙前忙后地照应,就让蒋方震坐在书房里等候。蒋方震一人独坐,闲得无聊,信手翻阅桌子上的东西,看到了新任桐乡县令方雨亭所出的"观风卷"。当时惯例,每有新县令到任,都要出一些考题让当地的文人士子来答,一则观察当地的学风,二则发现才俊之士,故而称为"观风卷"。方雨亭出的题目共有三十个,限期一月交卷。蒋方震常考书院月课,对此类考试颇有经验。他见方县令的题颇有新意,就一一抄下,带回伊桥镇作答。

　　方雨亭是福建侯官人,思想开明,支持变法,提倡新学,对青年才俊尤喜奖掖拔擢。上任伊始,他就采取了几项不同寻常的举措,给当地民众以耳目一新之感。尤为众人称道者,是他的开明和清廉。

　　过去的县太爷是全县人民的"父母官",进出都有扈从,可谓八面威风,民众在县衙大堂见到县太爷,都得跪下回话。然而方雨亭与别的县太爷不同,他在大堂审案时,当事人都不用下跪。这是开风气之先的一项举措。他为官清廉,杜绝贿赂,讲求实际,不尚奢华。他特地用一个目不识丁的老实人当看门人，为的就是防止下属借机敲诈勒索来县衙办事的人。

　　他的"观风卷"也与前任不同，题目的格式虽然仍是制艺、诗赋、策问和论说等项，但内容都不是四书五经里的陈词滥调，而是与时事有关的实学。解说这些问题，既得博通经史，又要洞悉时事，否则就会手足无措，无处下笔。

　　这恰好是蒋方震的强项。他既通经史，又知时事，"观风卷"给了他展示才华和学识的好机会。回到伊桥镇后，他提笔挥毫，将历年所学所思注于笔端，如期完成试卷，按时送到桐乡县衙。

　　应试的文人士子颇多，答卷盈积数尺。方雨亭在公务之余细心披览，见桐乡县文风蔚然，多才俊之士，大感安慰。等披阅到蒋方震的试卷时，他被那俊秀洒脱的书法、优美典雅的文字、鞭辟入里的论说和新颖独到的见解深深吸引。他时而击案叫好，时而高声朗诵，时而沉吟深思，时而挥笔批札，一口气通读了全卷。最后，他激动地写了一句评论："此真我中国之宝也！"[①]

　　全部答卷阅完，已是这一年的岁末。蒋方震被列为超等第一名，破天荒地获得奖金 30 元银币。方雨亭还特派一人赴伊桥镇，请蒋方震到桐乡县衙一叙。

　　方县令派专人请"中国之宝"蒋方震到县衙叙话，这个消息再一次轰动了硖石镇。母亲杨镇和固然乐得合不拢嘴，蒋氏家族的其他人也觉得很荣耀，就连张宗祥和单不庵等朋友，也来凑热闹，让蒋方震出钱请客，大家分享快乐。等方方面面应筹完毕，30 元奖金只剩下 10 多元了。

　　这年春节，蒋方震和母亲在幸福祥和的气氛中度过，家中高朋满座，前来向他们母子送礼道贺的亲朋好友络绎不绝。这是蒋方震母子度过的最愉快的一个春节，只是父亲过早地离开人世，没有亲眼看到儿子获得的荣誉，令人痛惜。

　　春节过后，蒋方震束装就道，乘船前往桐乡县拜谒方县令。节后的江南，乍暖还寒，冷风萧萧，极目远望，人烟稀少，平添了几分荒凉和寂寥。然

---

　　① 蒋复璁：《蒋百里年表》，收入曹聚仁：《蒋百里评传》"附录"，东方出版社 2009 年版，第 168 页。

而蒋方震的心中却充满了暖意,自己以一个"孩子王"的身份而能受到邻县县令方雨亭先生的赏识,在同侪中脱颖而出,总算没有辜负父母的期望和多年的苦读。方县令是个什么样的人呢?他会对自己讲些什么呢?舟行水上,寂然无声,蒋方震却心潮起伏,思绪飞扬,久久难以平静。

船到码头,已是薄暮时分,蒋方震在桐乡县城找一家客栈住了下来。第二天早晨,他穿戴整齐,来到桐乡县衙通报了姓名。爱才如命的方雨亭听到蒋方震如约前来,非常高兴,立刻予以接见,免去了一切繁文缛节,就像迎接一位远道而来的朋友。蒋方震见方县令如此礼贤下士,平易近人,紧张和拘束感一扫而光。二人促膝倾谈,都有相见恨晚之感。不知不觉间已到中午,蒋方震起身告辞,方雨亭盛情挽留他共进午餐,并把他介绍给同乡高啸桐。高啸桐在杭州知府林迪臣幕府中,当时正在辅佐林迪臣办求是书院。席间三人豪饮畅谈,纵论天下之事,莫不意气奋发。通过深谈,方、高二公对蒋方震更加器重,视之为国家未来的栋梁之才。

方雨亭虽是因科举而致仕途的政府官员,但对八股取士的种种弊端却深恶痛绝。他劝蒋方震不要循着科举的老路求取功名利禄,成为满口"子曰诗云"的迂腐之人,而"应求实学,以成国器"①。即讲求经世致用之学,锻炼经国济世之才,成就革故鼎新之业。

高啸桐则劝蒋方震辞去塾师之业,到杭州去投考求是书院,以广见闻、增知识、长才干。不循科举之途求取功名利禄,与蒋方震平时的想法不谋而合。到杭州府去读求是书院,蒋方震更是求之不得。然而读书需要钱,自己家境清寒,学费和生活费如何筹措呢?戊戌年到上海进经济学堂,借款10元,学堂学费和生活费每月5元,10元钱仅仅维持了两个月,思之令人心寒。

告别方、高二公回到伊桥镇,蒋方震的内心很不平静。他左思右想,苦无良策,陷入进退两难的困境。好在有一天他突然想到伯父蒋学焄在杭州读书的往事。伯父在杭州求学期间,是用考书院月课所得的膏火费应付一

---

① 蒋复璁:《先叔百里公年表》,蒋复璁、薛光前主编:《蒋百里全集》第6辑,台北,传记文学出版社1971年版,第21页。

切开销的,不但能自给自足,有时还可以有些结余。自己精于此道,何不以伯父为榜样,到杭州独闯天下呢? 想到这里,蒋方震胆气为之一壮,何况方县令发的奖金还剩 10 余元,初到杭州的开销已有保障,何惧之有?

正好方雨亭要赴杭州公干,蒋方震便辞掉塾馆,告别母亲,随方公前往省城杭州。这是他一生的一个重大转折。

求是书院的高才生

求是书院创办于 1897 年,是国内外享有盛誉的浙江大学的前身。书院的创办人是杭州知府林启。林启,字迪臣,福建侯官人,生于 1839 年。1976年中进士,授编修,1885 年任陕西督学,1889 年任浙江道监察御史。1896年初,林迪臣调任杭州知府,在任期间颇有作为。他一面消除衙门时弊,促进地方经济发展,一面着力兴建学堂,提高民众的文化素质。他主持创办蚕学馆,为长江三角洲地区的丝绸业培养了大批人才。林迪臣对杭州的教育状况很不满意,决心加以整顿。当时杭州有古经、紫阳、崇文、东城、讲舍、学海堂等六所书院,都为应付科举而设,学生只啃八股,不习策论,溺志词典,崇尚空谈,绝对不能适应日新月异的形势。有鉴于此,林知府决定创办一所新式学堂,恰好新任浙江巡抚廖寿丰奉命查办普慈寺和尚不法案件,林知府就请廖巡抚没收该寺院,又奏请清廷批准,以该寺院为院址,创办了求是书院。林迪臣为第一任总办,他亲订章程,聘请教习,并招收第一批 30 名学生,于 1897 年 5 月 21 日正式开学。求是书院和后来的杭州大学为浙江培养了许多杰出人才,饮水思源,浙江人士永怀林知府的恩泽。林知府去世后,被葬于西湖旁的孤山,并建林社,以资纪念,社中有他的塑像。

求是书院位于杭州蒲场巷,环境优雅,学风浓厚,虽称书院,但外语、数学和格物学(物理学)等新学都是必修课程,与传统的书院完全不同。书院内人才济济,聚集了一批有名望的教师和青年才俊,很快就成为名重浙江士林的优秀书院。

1897 年的 30 名学生皆为"举贡生监"出身,待遇颇优厚,除免收学费外,每月还发给伙食费 3 元,杂费 2 元,考试优秀者还有奖金。1898 年,求是书院扩大规模,分设内、外两院,以第一批 30 名学生为"内院生",第二批招收的学生称为"外院生",其中又分"经生"与"蒙生"两种。1898 年第二批招收学生共 60 名,称为"经生",待遇不如"内院生",需缴纳伙食费。从 1899 年开始,招收"蒙生",录取没有功名出身的学生。蒋方震就是 1899 年入学的"蒙生"①。

关于这段经历,蒋方震后来回忆说:

> 年十八以观风而见知于侯官方、高二公,时高先生方在杭,佐侯官林公办求是书院,劝余入学,而迟回不敢决者,则上海之苦痛经验犹震撼于余心,若复以五元一月之膳食费相强者,吾惟有束手归耳。顾有一事足壮吾胆,则吾先伯曾读书于杭,以考之书院所得膏火,乃自给而有余,且观风之试得三十元之奖金,虽为友人没其半,犹有十元之余,及复冒前年之险,携十金以渡杭。果也考书院而从容足以自足也。②

进入求是书院不久,蒋方震参加了两次国文考试,题目分别为"殷书顽民论"和"汉晋士风不同说",结果均名列第一,使他声名大噪。此外,他还参加杭州东城书院的月课,也屡获冠军,一时之间,"硖石才子"之名在杭州城里传扬开来,文人士子争相与他结交。

杭州知府林迪臣与方雨亭和高啸桐是挚友。他听了方、高二公的介绍,看了蒋方震的文章,对蒋方震也极为器重。

求是书院的院监陈仲恕先生对蒋方震呵护有加,格外关爱。他们二人结成了极深的师生情谊,终生不变。

陈仲恕何许人也?清朝末年,浙江仁和出了个"一门三翰林"的佳话,即名翰林陈豪的两个儿子陈汉第和陈敬第先后都中了进士,点了翰林。陈汉第,字仲恕,生于 1874 年,他虽然只比蒋方震大 8 岁,但道德文章却早已名

① 浙江大学校史编写组:《浙江大学简史》第 1、2 卷合订本,浙江大学出版社 1996 年版,第 4—10 页。

② 蒋百里:《是不是奢侈的装饰品?》,蒋复璁、薛光前主编:《蒋百里全集》第 1 辑,第 160—161 页。

闻杭城。他学识渊博,思想开明,为人忠厚仁善,绝不墨守成规,是学生们的良师益友。蒋方震一生中共遇到了4位恩师,即倪勤叔、方雨亭、陈仲恕和梁启超。就蒋方震的仕途而言,影响最大的要数陈仲恕先生。

蒋方震通过一系列的国文考试,不但使"硖石才子"之名传遍杭城,考试所得膏火费还使他在经济上达到了"自给自足"的程度,完全解除了后顾之忧。他在读书之余,结交了一批不满时政、思想激进的青年学子,共同探寻救国之道。

此时,义和团运动在京、津一带已进入高潮阶段,帝国主义列强极为恐惧,民族矛盾日益激化。义和团打出"扶清灭洋"的旗帜,焚教堂、杀洋人、毁铁路、断电线、袭教民,使得京城内外人心惶惶。1900年4月,英、德、美、法等国公使联合照会清政府,要求在短期内将义和团"剿除净尽"。5月下旬,各国以"保护使馆"为名,陆续派军队进入北京和天津,局势更为紧张。6月10日,英、法、日、俄、德、美、意、奥八国组成2000余人的联军,在英国海军中将西摩尔的带领下,由天津乘火车进犯北京,八国联军的侵华战争正式爆发,再一次给灾难深重的中国带来巨大的震荡。蒋方震和同学们偷阅所谓的"违禁书刊",密切关注着战局的变化和清廷的应对之策。7月,他和王嘉榘、敖嘉熊等10余人在杭州成立"浙会",专门研究时事。他们的活动引起了官府的注意,遂将"浙会"改为"浙学会",为这个组织披上了研究学术的外衣,以免被官府查禁。

血气方刚的蒋方震还因事得罪了书院总理陆懋勋。陆懋勋,字勉斋,是求是书院原来的院监,因点了翰林到北京任职,院监一职遂由陈仲恕接任。1900年,陆懋勋从北京归来,向杭州知府林迪臣提出要"官"复原职,再次主持求是书院。这使林知府左右为难:陆翰林归自北京,其要求不便拒绝;陈仲恕主持求是书院两年多,贤名远播,绝无将其免职的理由。况且,陆、陈二人乃郎舅之亲,处理不当,会使二人反目成仇。林太守经过深思熟虑,想出了一个折中方案,在院监之上设总理一职,由陆懋勋担任,陈仲恕继续任院监。只是这样一来,总理就成了院长,而院监则成了主管教务和总务的教务长和总务长了,权力小了许多。

陆总理头脑顽固,因循守旧,对变法维新的思想持排斥态度,对各种新学既缺乏了解,也无太大热情。他上任后要学生们练毛笔字,每月至少交卷一次,由他亲自评定甲等乙等。蒋方震对愚顽守旧的陆总理本来就没有好感,今见他让学生们把时间花在练习书法上,就更加不满了。他特地抄写了一份求是书院的章程,把每个"是"字都故意写成"字"字,使求是书院成了求"字"书院,对陆总理的做法进行讽刺。同学们得知后都哗然大笑,而陆总理看了则勃然大怒,认为这是对他的大不敬,从此对蒋方震怀恨在心。由于蒋方震的讽刺和全院大部分师生的反对,陆总理不得不取消了习字一课,但蒋方震却成了陆总理的一块心病。

蒋方震是"浙会"的活跃分子,平时激烈言行已令人注目,正如他的同学史寿白(久光)所回忆的:"百里在同辈中最有知名,提倡革命最早,余受其影响极大。"[①]这次又得罪了陆懋勋,所以陈仲恕先生很为蒋方震的前途担忧,觉得有必要告诫"硖石才子"注意言行,不要锋芒太露。他特意把蒋方震召到家里,对他说:"你对政治的不平,是应该的,也是必要的,但不可落痕迹,最忌形诸笔墨。"[②]

蒋方震知道陈先生是为自己好,他感念陈先生的盛情高义,但研究时局、臧否时弊的初衷始终未改。随着八国联军入侵的加剧,北方的局势日趋恶化。8月14日,北京城被攻陷,慈禧太后和光绪皇帝带着一些王公大臣仓皇逃离北京。这次重大的失败使朝野的改良呼声和革命意识空前高涨起来。逃亡日本的梁启超以《清议报》为阵地,大力鼓吹变法维新;以孙中山为代表的革命派也从原来势单力孤的困境中走出来,得到越来越多志士仁人的拥护。唐才常领导的自立军起义,是这个时期改良与革命思潮的集中反映。

唐才常,湖南浏阳人,少好读书,不为章句所束缚,致力于经世致用之学。甲午战争后,他愤然斥责李鸿章议定《马关条约》卖国。他在给父亲的

---

① 史寿白:《求是书院掌故》,浙江大学校史编写组:《浙江大学简史》第1、2卷合订本,第264页。

② 陶菊隐:《蒋百里先生传》,沈云龙主编:《近代中国史料丛刊》第73辑,台北,文海出版社1972年版,第7页。

信中沉痛言道："和议已成,所约条款,非是和倭,直是降倭,奸臣卖国,古今所无!"①他和谭嗣同是至交,曾积极参加湖南的各项维新变法活动。戊戌政变后,唐才常逃亡日本,与以康有为、梁启超为首的改良派和以孙中山为首的革命派都有联系。1899年,他与康、梁商定在长江两岸各省起兵"勤王"。他回国后在汉口设立自立军秘密机关,联络沿江各省会党和清朝防军,组织自立军七军,定期举事。因事情败露,唐才常于1900年8月21日晚被湖广总督张之洞派兵逮捕,22日被杀害于武昌滋阳湖畔。

消息传出,海内外的仁人志士皆扼腕痛惜。黄兴赋《咏鹰》诗一首,悼念唐才常等死难烈士:

独立雄无敌,长空万里风。

可怜此豪杰,岂肯困樊笼?

一去渡沧海,高扬摩碧穹。

秋深霜肃气,木落万山空。②

杭州求是书院的学生蒋方震也写了一首悼念唐才常的诗,在同学中间传阅,最后两句为"君为苍生留血去,我从君后唱歌来"③。悼念朝廷要犯,这不是明目张胆地与朝廷作对吗? 陆懋勋获悉此事后,大为震怒,决定从重处理,将蒋方震开除学籍,一则打击学生中的激进分子,以收杀一儆百之效,二则报此前的一"字"之仇。陈仲恕先生力持不可,对陆说:"依本院章程,成绩最劣的才受除名处分,而这个学生的成绩是最优的。此诗为课外感时之作,算不了一回大事,不必小题大做。"④

陆懋勋好不容易抓住了蒋方震的把柄,岂肯轻易放过。陈仲恕据理力争,郎舅二人差点为此翻了脸。最后,陆总理虽然作了让步,未将蒋方震除名,但蒋方震在求是书院也无法久留了。陈仲恕曾告诫蒋方震救国不可托

---

①　唐才常:《湖湘文库·唐才常集》,岳麓书社2011年版,第395页。

②　湖南省社会科学院编:《黄兴集》,中华书局2011年版,第12页。

③　浙江大学校史编写组:《浙江大学简史》第1、2卷合订本,第14—15页。

④　陶菊隐:《蒋百里先生传》,第12页。

空谈而招实祸。经过这场风波,蒋方震理解了陈老师这句话的深意。愤世嫉俗只能逞一时之快,于事无补。只有脚踏实地,求得经世致用的实学,才能真正有益于国家和民族。

在国内既然已无出路,只有走出国门开辟新的天地,蒋方震的胸中孕育着留学日本的计划。

第三章　留学东瀛　名冠千军

东渡日本

蒋方震因在求是书院不宜久留,就暗下决心,赴日本求学。

这不是一件容易事。首先是费用问题,其次是他对日本的情况一无所知。对蒋方震来说,更难的是母亲一人在家中,无人照料,自己怎么能忍心远涉重洋呢?蒋方震陷入进退两难的矛盾之中。

好在他在同学中找到了知音,他就是后来与蒋方震并称为"浙江二蒋"的蒋尊簋。

蒋尊簋,字伯器,浙江诸暨人,生于 1882 年,与蒋方震是同龄人。蒋尊簋也是名闻求是书院的才俊之士,素怀大志,思想激进,不满时政,与蒋方震意气相投,惺惺相惜,二人乃莫逆之交。

蒋尊簋的父亲蒋智由是一位著名的维新派人士,与维新领袖之一的梁启超多有往来,经常著文作诗鼓吹维新,抨击时弊。蒋智由,字惺斋,号观云,举人出身。梁启超在日本创办《清议报》,他常以观云为名在《清议报》发表诗文。他的一首《有感》诗颇能说明他的政治立场:

　　　　落落何人报大仇？沉沉往事泪长流。
　　　　凄凉读尽支那史，几个男儿非马牛！①

　　有其父必有其子。蒋尊簋受父亲蒋观云的影响，也十分向往到国外去开阔眼界，在这件事上，他和蒋方震一拍即合。他们二人想方设法搜求新书新报，了解留学日本所涉及的方方面面的情况。

　　1900年底，蒋方震看到了留日学生编辑出版的《译书汇编》，搞清了关于留学的许多问题，最终下定东赴日本的决心。

　　中国人赴日本留学始于1895年中国战败求和之后。此前千百年间，中国一直是日本人不敢平视的"天朝上国"，历朝历代来华求学的日本人络绎不绝，在政治、经济、文化、宗教等许多方面，中国人都是日本人的老师。在唐代，日本留学生不但与中国的文人士子唱诗吟和，切磋学问，有些还在朝廷里做官。在明代，尽管有倭寇在东南沿海一带滋扰，但日本人对中华文化的钦慕丝毫未改。在大清"康乾盛世"期间，日本人绝对不敢对中国有任何非分之想。

　　然而西方列强的东来改变了维持千百年的中日关系格局。

　　在英、法、美、俄等国的坚船利炮的威逼下，中国和日本先后打开了国门，应付一场千古未有之大变局。这是西方资本主义势力对东方的侵略，也是西方文明对东方文明的挑战。

　　在大变局面前，古老的中国因循守旧，步履蹒跚，端着"天朝上国"的架子不肯轻易放下来，一次又一次地错过了赶上近代文明步伐的机会。相反，善于学习外来文化的日本人则能审时度势，及时调整方略，高高举起"明治维新"的旗帜，对内改革政治、整顿经济，对外学习西方、派遣留学生。经过数十年的赛跑，中国在许多方面都落在了日本的后边。在东西方文明相遇发生碰撞的过程中，中国就像一艘破烂不堪的巨型木船，行动十分迟缓，而日本则像一艘轻型快艇，船小好调头，行动迅捷，成就显著。在甲午战争之前，只有极少数中国人感觉到了日本的巨大变化，而绝大多数中国人还以传

----

　　① 蒋智由：《有感》，周青云编注：《历代诗词曲精选》，湖南大学出版社2004年版，第361页。

统的眼光看待日本，对来自日本的威胁茫然无知。

甲午一战，举国皆惊。堂堂天朝上国竟败于蕞尔小国日本，真乃奇耻大辱也。痛定思痛，惟有承认落后，放下架子，向人家学习，才可能有出路。一时之间，从封疆大吏到社会名流，都发出了留学外国的倡议，莘莘学子愤于朝政之腐败，国家之落后，决心远涉重洋，探求救国之道。日本的权贵显要为示好中国，也在清廷和各封疆大吏处游说，要求派学生到日本学习，这样既可炫耀日本之强盛，又可联络中日间的感情，消弭中国人因甲午战争的失败而对日本产生的仇恨。

在各方面的努力下，中国于 1896 年春夏之交向日本派遣了第一批留学生，共 13 人，他们是：唐宝锷、朱忠光、胡宗瀛、戢翼翚、吕烈辉、吕烈煌、冯阊谟、金维新、刘麟、韩筹南、李清澄、王某和赵某。他们的年龄从 18 到 32 岁不等，是总理衙门通过考试选派的。风气一开，就有官费或自费学生陆续前往日本，但人数较少，远未形成规模。1898 年后，留日学生逐渐多了起来。

对中日之间"师生"关系的这一变化，日本人颇感惊喜，大有"多年的媳妇熬成婆"的得意。日本文部省专门学务局长兼东京帝国大学教授上田万年在 1898 年 8 月 20 日出版的《太阳》杂志上发表《关于清朝留学生》的长文，其中有云：

> 中国这个衰老帝国，过去昏昏欲睡，奄奄一息，自从甲午一役以来，益为世界列强侵凌所苦，如今觉醒过来，渐知排外守旧主义之非，朝野上下，奋发图强，广设学校，大办报纸杂志，改革制度，登用人才，欲以此早日完成中兴大业。今日清朝派遣留学生来我国，最先虽或因我国公使领事劝诱所致，然实亦气运所使然……清朝于四五年前，仍对我轻侮厌恶，今一朝反省，则对我敬礼有加，且以其人才委托我国教育，我国应如何觉悟反省一己之重任？①

---

① ［日］实藤惠秀著，谭汝谦、林启彦译：《中国人留学日本史》，生活·读书·新知三联书店 1983 年版，第 2 页。

在地方督抚中,以湖广总督张之洞提倡和支持留学最力。他在 1898 年 3 月著《劝学篇》,鼓吹留学。他指出:"至游学之国,西洋不如东洋。一,路近省费,可多遣。一,去华近,易考察。一,东文近于中文,易通晓。一,西书甚繁,凡西学不切要者,东人已删节而酌改之。中东情势风俗相近,易仿行,事半功倍,无过于此。"①在他的鼓励和支持下,湖北和湖南两省赴日留学者远远多于其他省份。

浙江省也不落人后。1897 年有官派学生稽伟和汪有龄二人到日本学习桑蚕业。1898 年农历四月,求是书院的学生钱承志、陈榥、何燏时、陆世芬,以及湖北武备学堂学生谭兴沛、萧星垣、徐方濂和段兰芳联袂东渡日本。

1900 年,中国留日学生达到 100 余人,首批留学的戢翼翚联络 10 多人组织了译书汇编社,自任社长,社员有王植善、陆世芬、雷奋、杨荫杭、杨廷栋、周祖培、金邦平、富士英、章宗祥、汪荣宝、曹汝霖、钱承志、吴振麟。译书汇编社的宗旨是译介日文书籍,介绍留学情况,鼓励国内的青年学子前赴日本。该社编辑的《译书汇编》第 1 期于 1900 年 12 月 6 日出版,印刷 1000 余份,行销国内,受到读者热烈欢迎。

蒋方震在《译书汇编》的文章中获悉留学日本的费用每年需 120 元。对于家道盈实的大户人家来说,120 元不是个大数目,但对每年仅靠几石米几十元钱艰难度日的蒋方震母子而言,就是一笔巨款了。筹无处筹,借无处借,蒋方震决心靠自己的能力和勤劳解决费用问题。唯一的出路就是仿效译书汇编社成员的做法,翻译书籍和文章赚取稿费。蒋方震虽然对日文还一窍不通,但他对自己很有信心,相信自己学习日文半年以后定能达到译书的程度。当时每译 1000 字可得稿费 1 元,每年译 10 余万字即可解决一切问题,这对文笔流畅、学识渊博的蒋方震来说并非难事。

经费问题有了着落,剩下的就是征得母亲的赞同和谅解。

蒋方震返回硖石,怀着惴惴不安的心情把自己的打算告诉了母亲。出乎蒋方震意料的是,母亲十分开明,不但不阻止,反而力排众议,支持独生子

---

① 张之洞:《劝学篇·外篇》"游学第二",陈山榜:《张之洞劝学篇评注》,大连出版社 1990 年版,第 99 页。

远涉重洋,到异国他乡去求学。这在风气未开的硖石镇确非易事。

母亲杨镇和虽然是个普普通通的家庭妇女,但她的眼界和心胸却较许多知书识礼的男子开阔。

蒋方震欲赴日本留学的消息传出后,乡里舆论哗然。古训云:"父母在,不远游。"蒋方震置寡母于不顾,不但要"远游",而且要离开父母之邦,在当时看来,实属不忠不孝之举,所以一时间非议之声四起,使蒋方震感到了从未有过的压力。

消息也传到了恩公方雨亭先生耳中。方雨亭寄信蒋方震,对他表示支持。方先生对蒋方震在求是书院的情况有所了解,所以对蒋方震的处境十分同情,对他的决定非常理解。他在信中表示要每年资助蒋方震100元。可惜的是,蒋方震到日本后不久,方雨亭就因病去世了,使蒋方震痛悼不已。

母亲杨镇和坚决支持儿子的选择,默默地为儿子打点好行装,设法筹措了一点旅费,勉励他出国留学。

蒋方震是个出了名的孝子,临别时流泪涟涟,不忍离去,倒是母亲安慰他说:"行矣,吾不以流俗人望汝,亦不以流俗人自待。汝夙孤露,能奋自树立,乃所以为孝也。"[①]

蒋方震与母亲洒泪而别,踏上了坎坷不平的人生旅途。此去关山万里,远隔重洋,不知何时才能再见慈母之面。

蒋方震先到杭州,与同学蒋尊簋和董鸿祎会齐,一同到达上海。蒋尊簋幸运地得到了浙江省官派留学资格,蒋方震和董鸿祎都是自费。他们在上海见到了蒋尊簋的父亲蒋观云,蒋观云给梁启超写了一封信,嘱他们到日本后拜见梁,让梁在学习和生活方面对他们加以关照。

1901年农历四月的一天,蒋方震一行登上了前往日本的轮船。他们乘三等舱,船票14块大洋。

船出吴淞口,直往东行,不久即来到浩瀚无边的大洋之上。蒋方震的老家虽离海不远,但放洋远行,他还是平生第一遭。他和蒋尊簋、董鸿祎站在

---

① 梁启超:《蒋母杨太夫人墓志铭》,梁启超:《饮冰室合集》文集之四十四(上),中华书局1941年版,第17页。

甲板上,极目远眺,但见水天一色,浩森无边,心胸为之一阔。在蓝天碧水之间,舟如树叶,人如蝼蚁,显得何其渺小与无助。然而人又是最伟大的,因为人有思想,有锲而不舍的钻研精神,必将最终成为大自然的主宰。想到这些,蒋方震豪气勃发,精神大振。虽然中国目前已成积弱之势,受八国联军的侵略和欺侮而无可奈何,忍气吞声,赔款求和,在今后一段时间内也许还得继续忍受列强的欺凌,然而有五千年文明史的中华民族不会亡,对人类历史做出过卓越贡献的中华文化不会消失。我辈莘莘学子远离故土,为的不就是寻求救国强国之道吗? 我们是先行者,以后还会有更多的人加入我们的行列,这就是中国的希望所在。

船行二日,要在日本长崎港停泊。早晨 8 点钟左右,甲板上一片欢腾,长崎港已遥望可及。蒋方震举目远眺,但见群山耸立,海水环绕,风景十分秀丽,令人心驰神往。经过两天的舟车劳顿,再次见到陆地,确实叫人欣喜。

又过了一个多小时,轮船停靠在了长崎港。日本方面派几位医生上船,检查旅客有无疾病,良久始毕。蒋方震一行乘小船上岸,到长崎的街市游览观光。初次踏上异国他乡的土地,对一切都感到新鲜。长崎是一个港湾,不远处即是山脉,对面也有高山环抱,街市即沿山麓而建,楼阁参差,山水掩映,船帆往来,确是一处人间胜境。市面和房屋与中国相似,只是房子较矮小,因为大多数日本人身材相对矮小。

薄暮时分,轮船启锚开航,向另一个大港神户进发。两天之后,蒋方震一行在神户上岸。神户也是一个开放口岸,西式建筑较多,别有一番华丽的气派。他们在神户改乘火车,经一夜飞驰,于第二天早晨到达目的地东京。

从此,蒋方震在日本开始了为期六年的留学生涯。几十年后,蒋方震对《大公报》记者陈纪滢说:"当年我们出洋求学,花十四块洋钱从上海坐船到长崎。到了日本以后,整天价在刻苦钻研学术,真和现在一般跑外洋的留学生有些不同! 我们是二毛子冒险到外国去,性质不同。"[①]

当时北方的义和团把与洋人打交道的人呼为二毛子,人人可得而诛之,

---

① 纪滢:《与大公报记者之纵横谈》,大公报西安分馆编:《蒋百里先生抗战论文集》,大公报西安分馆 1939 年版,第 88 页。

倾向变法维新的光绪帝、主持洋务运动数十年的李鸿章、专与洋人办交涉的总理衙门大臣庆亲王奕劻等,也被义和团列入可杀者之列。义和团提出要杀"一龙二虎三百羊",龙即指光绪帝,虎即指奕劻和李鸿章。南方的情况虽然好一些,但一般民众对洋人洋物皆抱仇视心理,蒋方震自费出洋,确实需要一定的勇气。

结识梁启超和蔡锷

蒋方震和蒋尊簋在东京安顿下来后,即前去拜见了刚刚从澳洲返回日本的梁启超。

蒋方震对梁启超的大名可谓如雷贯耳,对梁氏的道德文章和远见卓识更是心仪已久,而今因缘际会,得以在东瀛亲耳聆听梁氏的教诲,总算遂了戊戌年以来的一大心愿。

梁启超安排他们进自己创办的清华学校读书,先让他们学好日语,再做进一步的打算。

在清华学校,蒋方震结识了梁启超的得意门生蔡锷。蔡锷与蒋方震有许多共同点:同年出生;家境清寒;少时聪慧,都有神童之誉;面貌清秀,身体瘦弱;知识广博,文名远扬,都中过秀才,都有富国强兵的远大抱负。相同的经历和追求使他们成为可以互相托付生死的莫逆之交。

梁启超是良师,蔡锷是益友,他们二人是蒋方震在日本结交的最重要的两个人物,对他后来人生道路的选择影响甚大。人生苦短,知音难觅,蒋方震能结交这样的良师和益友,夫复何憾!

梁启超于1898年变法失败逃亡日本后,在日本友人和华侨的资助下创办《清议报》,大力宣传变法主张,介绍各种新思想和新学问,在海内外的影响越来越大。他还摒弃门户之见,与倡言革命的孙中山密切交往,倾心交流,欲促成革命派与改良派的大联合,只是由于乃师康有为的坚决反对,两派才没有走到一起。

梁启超也十分重视人才的培养。1899年8月,他在曾卓轩、郑席儒等华侨的资助下,在东京牛込区东五轩町创办了东京高等大同学校,最初的学生只有 18 人,除原在横滨大同学校的冯自由、郑贯公等数人转来该校外,其余的都是梁启超在湖南长沙时务学堂教过的学生,他们是:蔡锷、林圭、秦力山、范源濂、李群、周宏业、陈为璜、唐才质、蔡钟浩、田邦璇、李炳寰,共 11 人。不久,校舍迁至小石川久坚町传通院旁,校名改为清华学校,1901 年 4 月再改名为东亚商业学校,但人们仍习惯地称为清华学校。清华学校以日本人犬养毅为校长,日本人柏原文太郎及湖北留学生监督钱恂三人同任监督。

说起钱恂,蒋方震与他颇有些渊源。

钱恂(1853 年—1927 年),字念劬,号受兹室主人,浙江吴兴人。1884 年投入宁绍台道薛福成门下,后受薛之命,整理宁波天一阁尚存的书籍,编成《天一阁见存书目》。1890 年随薛福成出使英、法、意、比等国。1898 年任湖北留日学生监督。钱恂的夫人乃是蒋方震好友单不庵的姐姐,名叫单士厘。单士厘,号受兹,是一个才女,随丈夫周游列国,著有《癸卯旅行记》和《归潜记》等游记,颇具价值。

由于这层关系,蒋方震在日本曾得到钱恂不少帮助。

蒋方震入清华学校后,与蔡锷朝夕相处,促膝长谈,了解了蔡锷所经历的许多事情,获悉了唐才常自立军起义的来龙去脉。当年自己因悼念唐才常的诗而不见容于求是书院的总理陆懋勋,直到现在才有机会知道唐才常勤王的真相。

蔡锷,原名艮寅,字松坡,1882 年 12 月 18 日出生于湖南邵阳的亲睦乡,比蒋方震小两个多月。蔡家世代以农为主,家境清贫,为养家糊口,父亲蔡政兼以裁缝为业,常到邻近的武冈、洞口一带为人缝纫,赚钱贴补家用。蔡艮寅 5 岁那年,全家迁到武冈县西的三门王家板桥居住。蔡艮寅 6 岁入私塾读书,由于他聪颖异常,勤奋好学,进步神速,10 岁就读完了四书五经,并能写出文采飞扬的文章,被众人誉为"神童"。

蔡艮寅 12 岁那年,因家中无力再承担他的学费,面临辍学的困境,幸好同乡名士樊锥爱其才,免费收为弟子,继续教他读书。第二年,蔡艮寅参加院考,榜上有名,成为少年秀才,轰动一时。15 岁那年,他随老师樊锥赴省城长沙参加考试,不幸名落孙山,没有中举。这个时候,康有为和梁启超等人已在大力鼓吹变法,湖南巡抚陈宝箴和学政江标都是开明的新派人物,他们召集黄遵宪、徐仁铸、谭嗣同等维新人士,办报刊,建学校,行新政,使湖南成为维新派进行各种变法尝试的首善之区。

1897 年秋,陈宝箴、黄遵宪等创办时务学堂于长沙。年仅 16 岁的蔡艮寅经督学徐仁铸推荐,由家乡徒步走到长沙报考时务学堂,以第三名的优异成绩入选,成为时务学堂第一班 40 名学生中年龄最小的一个。时务学堂俊杰荟萃,学风浓郁,思想新颖,享誉全国。学堂总监是谭嗣同,中文总教习是梁启超,英文总教习是李维格,分任其他讲席的还有唐才常等人。

经梁启超等人的点拨指教,时务学堂的青年学子眼界大开,思想大变,成为维新变法的一支生力军。梁启超对蔡艮寅特别赏识,把他和李炳寰、林圭称为时务学堂的三个高才生。后来梁启超和谭嗣同应召赴京参与变法,时务学堂继续招生讲学,盛极一时。然而乐极生悲,京城风云突变,慈禧复出,光绪被囚,梁启超亡命日本,谭嗣同刑场就戮,一切新政均遭废弃,时务学堂改为书院,激进学生均被遣散,失去了依托。

巡抚陈宝箴原有派遣留学的计划,在应试的 5000 人中,蔡艮寅以第二名入选,无奈变法失败,陈宝箴丢了乌纱帽,留学计划即告流产。蔡艮寅等人投考武昌两湖书院,也因出身时务学堂而被拒绝。

天地茫茫,出路何在? 蔡艮寅与几个同学筹思良久,决定东渡日本,追随老师梁启超先生。

1899 年夏,蔡艮寅、范源濂、唐才质等 11 人辗转来到东京,找到了梁启超。昔日师生在异国他乡相遇,追怀死难的烈士,挂念被囚的皇帝,皆不胜唏嘘! 他们谈到愚顽毒辣的慈禧和颟顸无能的守旧大臣,莫不义愤填膺。

为让他们继续读书,梁启超创办东京大同学校,在东京小石川久坚町租了三间房子,晚上,师生 10 余人同睡在地板上,早上卷起被窝,每人一张小书桌念书。物质方面虽然很苦,但因大家都怀着求学报国的理想,精神方面异常快乐,觉得比在长沙时还好。

1899 年冬,梁启超与唐才常在日本定下大计,约定唐才常与李炳寰、林圭等回国运动两湖会党及防军,在长江两岸起兵,拥光绪帝复政,梁启超和康有为则负责向海外华侨筹款支援。

　　唐才常等回国后,在上海及武汉设立机关,在各地联络志士,组织自立军,准备起事。在 1900 年秋自立军行动之前,留学日本的部分同学回国参加,蔡艮寅没有参与。后自立军失败,许多同学牺牲。遭此大变,蔡艮寅痛感书生之无用,乃改名为锷,决心投笔从戎,做长远的打算。锷者,刀剑之刃也,执剑长啸,杀敌立功,方不失男子汉大丈夫的英雄本色。

　　蔡锷怀着悲愤的心情,写了十首杂感诗,以奋翮生为笔名,发表在梁启超主办的《清议报》上,其中两首云:

前后谭唐殉公义,国民终古哭浏阳。

湖湘人杰销沉未,敢谕吾华尚足匡。

而今国土尽书生,肩荷乾坤祖宋臣。

流血救民吾辈事,千秋肝胆自轮囷。[1]

　　如此壮志凌云,如此豪情满怀,十分符合蒋方震东渡日本的初衷,蔡、蒋两人可谓一拍即合,相见恨晚。蔡锷的笔名是奋翮生,翮者,鸟之翅膀也,寓振翮高飞之意,蒋方震也不甘落于人后,以飞生为笔名,其意不言自明。两个英姿勃发的年轻人以"天高任鸟飞,海阔凭鱼跃"的激越之情,立下了军事救国的志向。

　　中国历来重文轻武,士列士、民、工、商四民之首,当兵吃粮是贫苦人家迫不得已的选择,不在四民之列,蒋方震和蔡锷都是以文见长的书生,投笔从戎,其拳拳报国之心,令人感奋。

成城学校

　　日本的军事教育分为三级,初级是成城学校,中级是士官学校,高级是陆军大学。对于中国留学生,日本政府只准上到士官学校毕业,不准进入陆军大学。

---

[1]　毛注青等编:《蔡锷集》,湖南人民出版社 1983 年版,第 11—13 页。

　　成城学校是陆军士官学校的预科学校。1898 年,日本参谋本部福岛安正等人,到中国游说封疆大吏派遣留学生学习军事,湖广总督张之洞选派谭兴沛、徐方濂、段兰芳、萧星垣 4 名秀才到日本,受到了成城学校校长川上操六(日军参谋总长)的热烈欢迎。1899 年 1 月,南洋大臣刘坤一、四川总督岑春煊、直隶总督袁世凯等,陆续派遣陆军留学生,原来的宿舍渐渐不敷应用,就在牛込区河田町建立了校外宿舍供留学生住。1900 年 7 月,第一批中国学生共 45 人从成城学校毕业,进入陆军士官学校,接踵而来的学生络绎不绝。

　　要弃文习武,必先进入成城学校。

　　然而蒋方震和蔡锷等人要进该校却面临着一个很大的难题。由于学习军事关系重大,所以中日两国约定,凡入成城学校的中国学生必须有各省督抚的咨文或者原籍地方官的印结,经中国驻日本公使行文咨送日本参谋本部批准,方能入学。蒋、蔡等自费留学生既无督抚的咨文,又无原籍地方官的印结,故而没有资格入学。

　　唯一的办法是请恩师梁启超帮忙。

　　起初梁启超并没有把这件事放在心上,总是一笑置之。蔡锷屡次请求,梁笑着说:"汝以文弱书生,似难担当军事之重任。"蔡锷慷慨激昂地说:"只须先生为我想办法,得学陆军,将来不做一个有名之军人,不算先生之门生!"[1]蒋方震也作同样的表示。梁启超见他们志坚意决,就通过 1898 年担任过日本首相的大隈重信到成城学校疏通,免去一切繁琐手续,让蒋方震和蔡锷等青年学子进入该校,实现了他们学习陆军的愿望。

　　成城学校一年半毕业,学费每月 25 元,比其他学校贵,蒋方震毫不气馁,通过翻译文章和书籍来筹措经费。他译的第一本书是《学问自修法》,数十年后他与著名学者胡适初次见面,胡适还提起过这本书,可见这本书影响不小。除翻译外,蒋方震还时常得到朋友的接济,应了"在家靠父母,在外靠朋友"的谚语。1904 年蒋方震由自费改为官费,但始终未用政府的一毫

---

　　① 唐才质:《追忆蔡松坡先生》,中国人民政治协商会议湖南省委员会文史资料研究委员会编:《湖南文史资料》第 1 集,湖南人民出版社 1981 年版,第 99 页。

半分。

进入成城学校后,蒋方震和蔡锷等人在校内成立了校友会,借以联络感情,交流学问,互相帮助。不久,他们又联络校内外志同道合的蒋尊簋、范源濂、刘百刚、吴禄贞等 30 余人秘密结社,歃血为盟,以扫除腐朽、建设新国家为宗旨。

1902 年春,章太炎东渡日本,与留学生进行了广泛接触。他对来自浙江的同乡蒋方震和蒋尊簋十分欣赏,戏言曰:浙江二蒋,倾国倾城。

蒋方震和蔡锷等人在成城学校期间,还与后来以《革命军》一书而名闻天下的邹容多有交往。邹容,原名桂文,又名绍陶,字蔚丹,四川省巴县人,生于 1885 年。与蒋方震和蔡锷不同,邹容的父亲邹子璠是个富商,行商于沪、汉、陇、蜀之间,所以邹容少时衣食无忧,但聪明好学的程度丝毫不弱于蒋、蔡二人。邹容喜欢阅读名人传记,对历史上爱国民族英雄的事迹尤为着迷,对父亲为他定下的科举为官、光宗耀祖的路子不感兴趣,罢考童子试,未能中秀才。在这一点上,他与蒋方震和蔡锷有所不同。邹容在重庆经山书院读书时常常在同学面前指天画地,大发议论,抨击尧、舜、孔、孟,无所顾忌,被经山书院山长吕翼文开除,邹容也因此被呼为"狂徒邹二"。1898 年谭嗣同被杀害,邹容赋诗一首以志纪念:

> 赫赫谭君故,湖湘士气衰。
> 惟冀后来者,继起志勿灰。[①]

1901 年夏,四川省招考官费留学生,邹容以优异成绩入选,但就在他整装待发时,被四川总督奎俊以"聪颖而不端谨"为由除名。邹容虽遭此打击,但不改初衷,自费东渡日本,入东京同文书院学习。"狂徒邹二"到东京后如鱼得水,他在课余广交朋友,畅言排满革命,成城学校就是他常到的一个地方。邹容每次到成城学校,都与蒋方震、蔡锷、胡景伊、刘禺生等人聚谈。刘禺生从国内带来许多新会腊肠,大家围着火炉一边烤食腊肠,一边高谈阔

---

① 邹容:《题谭嗣同遗像》,张梅编注:《邹容集》,人民文学出版社 2011 年版,第 79 页。

论,每有惊人之言,就由邹容笔录。月余之后,腊肠食尽,邹容所书手稿也已不少,汇而成册,蔡锷在封面上写《腊肠书》以为纪念①。

后来,邹容以《腊肠书》为张本,参考大量文章、诗词,写成轰动全国的《革命军》一书,在社会上产生很大的影响。

1903 年春,邹容因与张继等人强行剪去留日陆军学生监督姚文甫的辫子,而被扣上"犯上作乱"的帽子,在日本政府的压力下返回上海。他的《革命军》由章太炎作序,在上海正式出版,"冒犯"了朝廷,因而获罪下狱,于 1905 年 4 月在狱中被迫害致死,年仅 21 岁,令人扼腕痛惜。中国革命失去了一位急先锋,海内外志士失去了一位好朋友。

同盟会员吴玉章曾赋诗纪念邹容:

> 少年壮志扫胡尘,叱咤风云《革命军》。
>
> 号角一声惊睡梦,英雄四起唤沉沦。
>
> 剪刀除辫人称快,铁槛捐躯世不平。
>
> 风雨巴山遗恨远,至今人念大将军。②

激荡的浙江潮

1902 年秋,浙江省留日学生达到一百多人,有了一定的规模,蒋方震等人按照国内的传统,发起组织了浙江同乡会,并决定出版《浙江潮》杂志,传播新知识和新思想,向国内介绍留学生的情况,同时也向海外介绍浙江的地理历史和风土人情。

蒋方震为同乡会和《浙江潮》的筹办付出了很大的努力。他草拟了同乡会的会章,负责杂志的编辑和出版事宜,精心撰写了创刊号的发刊词。

1903 年 2 月 17 日,在众人的资助和支持下,蒋方震参与主编的《浙江潮》第 1 期在东京出版发行。杂志为月刊,32 开本,每期约 8 万字,封面别

---

① 刘禺生:《世载堂杂忆》,中华书局 1960 年版,第 149 页。

② 刘运祺、蔡炘生编注:《辛亥革命诗词选》,长江文艺出版社 1980 年版,第 177 页。

具一格:汹涌激荡的白色浪潮上飘着三个大字:浙江潮。杂志的内容十分广泛,有政治、经济、军事、历史、教育、自然科学等栏目,也有国内外时事综述、东报时论、浙江各地动态以及文艺和科学小品文等,是一个知识性和思想性都很强的刊物。

蒋方震的发刊词气势磅礴、情文并茂,成为传诵一时的名篇:

我浙江有物焉:其势力大,其气魄大,其声誉大,且带有一段极悲愤极奇异之历史,令人歌,令人泣,令人纪念。至今日则上而士夫,下而走卒,莫不知之,莫不见之,莫不纪念之。其物奈何? 其历史奈何? 曰:昔子胥立言,人不用,而犹冀人之闻其声而一悟也,乃以其爱国之泪,组织而为浙江潮。至今称天下奇观者,浙江潮也。

秋夜月午,有声激楚,若怨若怒,以触于吾耳者,此何为者也? 其醒我梦也欤? 临高而望,其气象雄,其声势大,有若万马奔腾,以触于我目者,此何为者也? 其壮我气也欤? 夫子胥之事,文明之士所勿道;虽然,其历史可念也。呜呼! 亡国其痛矣,不知其亡,勿痛也;知之而任其亡,勿痛也;不忍任其亡而言之,而勿听,而以身殉之,而卒勿听,而国卒以亡。呜呼! 忍将冷眼,睹亡国于生前;剩有雄魂,发大声于海上。古事往矣,可勿言矣! 而独留此一纪念物,挟其无穷之恨,以为吾后人鉴,后人可勿念哉!

抑吾闻之,地理与人物,有直接之关系在焉。近于山者,其人质而强;近于水者,其人文以弱;地理之移人,盖如是其甚也。可爱哉,浙江潮! 可爱哉,浙江潮! 挟其万马奔腾、排山倒海之气力,以日日激刺于国民之脑,以发其雄心,以养其气魄,二十世纪之大风潮中,或亦有起陆龙蛇,挟其气魄,以奔入于世界者乎? 西望葱茏,碧天万里,故乡风景,历历心头。我愿我青年之势力,如浙江潮;我青年之气魄,如浙江潮;我青年之声誉,如浙江潮;吾愿吾杂志亦如之。因以名以为鉴,且以为人鉴,且以自警,且以祝。

除此之外,蒋方震还在创刊号上发表《国魂篇》《俄人之性质》和《俄罗斯之东亚新政策》三篇文章，连载数期，传诵一时。

人无魂不立，国无魂难强。

海外学子面对山河破碎的祖国和虎视眈眈的列强，发出了"重铸国魂"的呼号。

梁启超挥动如椽巨笔，写下《读陆放翁集四首》，以爱国大诗人陆游的精神勉励同胞，呼唤国魂，其中一首云：

> 诗界千载靡靡风，兵魂尽销国魂空。
> 集中什九从军乐，亘古男儿一放翁。[1]

蔡锷在《军国民篇》一文中，对国魂做了令人荡气回肠的解说：

> 国魂者，国家建立之大纲，国民自尊自立之种子。其与国民之关系也，如战阵中之司令官，如航海之指南针，如枪炮之照星，如星辰之北斗。夜光不足喻其珍，干将不足喻其锐，日月不足喻其光明，海岳不足喻其伟大，聚数千年之训诂家而不足以释其字义，聚凌云雕龙之词人骚客而不足以形容其状貌，聚千百之理化学士而不足以剖化其原质。孟子之所谓浩然之气，老子之所谓道，其殆与之相类似乎！[2]

蒋方震则以洋洋数千言，专门讨论国魂问题。他首先对帝国主义进行揭露："帝国主义者，民族主义为其父，而经济膨胀之风潮则其母也。"帝国主义以强大之兵力，侵略他国版图，增益己国领土。所以，"近顷以来，无论天之涯地之角，有一事之起，则无不是帝国主义者为之根"。中国在帝国主义的侵略之下，二十年后必面临如下惨况："其商凄凉，其农憔悴，其士困，其工苦，闻其声则号寒嘀饥也，问其事则鬻儿荡产也。"何以如此呢？"曰：无国故。夫未有无国之民，而能自存于大地者也。"[3]

---

① 梁启超：《读陆放翁集四首》，收入《梁启超选集》，人民文学出版社 2004 年版，第 333 页。
② 奋翮生：《军国民篇》，《新民丛报》1902 年第 1 号，1902 年 7 月 5 日，"兵事"第 4 页。
③ 飞生：《国魂篇》，《浙江潮》第 1 期，1903 年 2 月 17 日，"社说"第 13、14、15 页。

那么中国怎么办呢？唯有陶铸国魂，以统一全民之群力，发扬全民之爱国心，以与异族对抗。而"中国之国魂安在乎？祖国主义"！"祖国主义者何？根于既往之感情，发于将来之希望，而昭之于民族的自觉心"①。近代以来，凡同种之人，务求独立自治联合统一，以建立独立的国家，"其在德意志，其在伊大利，则所谓祖国主义是也。若曰：日耳曼，吾祖国也，吾誓守之；罗马，吾祖国也，吾誓守之。其在俄罗斯，则所谓斯拉扶司（今译斯拉夫——引者）统一主义；其在美，所谓美人之美洲；其在日，所谓大和民族，万世一系。凡兹诸说，其始不过一二人言之，一二人信之，而其究竟也，乃为其爱国心之源泉，自尊之种子，统一之原动力。虽刀刃迫于身，弹丸迫于目，而彼脑质中终有一'誓死以守祖国'之灵魂在。呜呼！彼盖以为是国也者，我祖长于是，我父长于是，非人之所有，而我之所有也"②。

而中国的情况则不然。蒋方震指出，"吾遍搜古今名士之诗，终不见有所谓'祖国之歌'者，痛哉！吾国竟无但丁其人哉"。虽然如此，蒋方震还是深信："二十世纪中祖国主义而不入中国则已，苟入中国，未有不发达者也。"蒋方震认为，国民不必怨异族凌我辱我，而应该"问我国民之能有建国之意愿及能力与否？果其有焉，则意大利、日耳曼虽亡而复存；果其亡焉，则印度、波兰虽昔为强国而终见灭于人。故曰：国也者，国民自守之，非他人之所能干预者也"。蒋方震还指出，中国当时面临着关乎生死存亡的三个大问题："曰道德问题，曰统一问题，曰自治问题。吾辈苟举此三问题而解决之，则此三问题做到之日，即我祖国出现之日也。而不然者，则永远沉沦，万劫不复，神明之胄，从此长辞世界矣。"③

蒋方震深深地爱着拥有四万万同胞和五千年文明史的祖国，他的呐喊发自肺腑，振聋发聩，警醒世人。

蒋方震对中国面临的瓜分之祸忧心忡忡，极为关注，对蹂躏我国东三省的俄国侵略者抱着高度的警惕。他曾指出："天下之大患在俄。"④

---

① 飞生：《国魂篇》，《浙江潮》第 3 期，1903 年 4 月 17 日，"社说"第 19、20 页。
② 飞生：《国魂篇》，《浙江潮》第 1 期，1903 年 2 月 17 日，"社说"第 11 页。
③ 飞生：《国魂篇》，《浙江潮》第 3 期，1903 年 4 月 17 日，"社说"第 21 页。
④ 飞生：《俄人之性质》，《浙江潮》第 1 期，1903 年 2 月 17 日，"各国内情"第 1 页。

1900 年义和团运动时期,八国联军入侵中国,占领北京,沙皇俄国乘机派遣大批军队,占领我国东三省。1902 年 4 月,俄国与清政府订约,规定将侵占东三省的俄国军队分三期于十八个月内全部撤走。然而一年过去了,沙俄不仅不撤军,反而增派军队,并向清政府提出了七项无理要求,激起全中国人民的愤慨。蒋方震对沙俄的侵略本质洞若观火,对满洲的前途充满忧虑。他在《俄罗斯之东亚新政策》一文中揭露道:"天津之役,英法联军以迫我,英也,法也、中国也,其互相注目也,彼乃乘之以取东三省以北之地矣!庚子之役,列强之注目北京也,而彼又乘之以入东三省矣。及和议既成,东三省之问题起,世界耳目一动,而彼又逃而入巴尔干半岛矣,又逃而问西藏矣。东争则西来,西争则东出,自有国际以来,其神妙之手段,未有如俄人者也。"[1]

针对东三省的现状和中国的前途,蒋方震大声疾呼:

> 满洲,满洲,今日之满洲,将来中国全部之倒影也。吾述至此,心为之战,肠为之裂,涓涓北视,泪竭而声枯。呜呼! 吾诚何心,而乃述此。虽然,吾知吾国民必犹梦梦焉,以谓今日之满洲,犹未亡也,则吾安得不掬一滴泪,以为吾国民告也。
>
> 诸君,诸君,以为今日之满洲,犹为支那之领属乎? 纵横驰骤于黑龙江左右,其声呜呜者,则俄人之铁路也;联翩上下于松花江上流,其旗翩翩者,俄人之汽船也;控北部之形势,立满洲沃野之中心,其人口达九千以上者,俄人之市府哈尔滨也。[2]

蒋方震指出,沙俄之侵略扩张,总是"以武力政策为先锋,以殖民政策为后劲,以铁道政策为交通两头之本营。其以威力也,用其强以乘人之危;其以殖民也,利其缓以入人之不觉;其以铁道政策也,则又巧其布置,以迫人于

---

[1] 飞生:《俄罗斯之东亚新政策》,《浙江潮》第 1 期,1903 年 2 月 17 日,"极东经营"第 5—6 页。

[2] 飞生:《俄罗斯之东亚新政策》,《浙江潮》第 2 期,1903 年 3 月 18 日,"极东经营"第 11 页。

无可如何,而其总结点,则着眼于经济"①。

由于俄国人蛮横霸道,拒不撤兵,在日本的中国留学生皆怒火中烧,决心采取实际行动,驱除沙俄。1903 年 4 月 29 日,东京留学生 500 余人在锦辉馆召开大会,会上群情激昂,许多人痛哭流涕。经过讨论,大会做出了组织拒俄义勇队赴前线杀敌等七项决议。几天后,报名参加义勇队的达到 1000 余人。蒋方震和蔡锷等人积极参加了拒俄大会,但由于他们已以入伍生资格被分配到日本军队中实习,不能擅离,所以没有报名参加拒俄义勇队。

鉴于中国兵弱民疲的可悲现状,留学生们十分推崇军国民主义。1902 年,蔡锷的《军国民篇》在梁启超主编的《新民丛报》上发表,连载数期,开风气之先,十分引人注目。蔡锷在文中明确主张中国应实行军国民主义,认为"居今日而不以军国民主义普及四万万,则中国其真亡矣"②。1902 年底,蒋方震也在《新民丛报》上发表译文《军国民之教育》,阐述了国家、军队和人民的关系:"军务者,国民之负债也。国防者,国民之义务也。今日之战争,国民全体之战争,而非一人一姓之战争也。其胜也,国民享其利,其败也,国民受其祸,非于国民之外,别有物焉。"③

蔡锷和蒋方震的文章不但获得了留学生的称赞,而且得到了日本人的重视。有个名叫下河边半五郎的日本人,把蔡、蒋二人的文章合编成书,题名为《军事编》,印行后大受欢迎,先后再版达七次之多。《军国民之教育》是蒋方震以百里为名发表的,从此以后,蒋百里的名字逐渐叫响了。

蒋百里还对老师梁启超的观点提出了质疑。他以飞生为笔名在 1903 年 10 月和 11 月出版的《浙江潮》第 8 期和第 9 期上,发表《近时二大学说之评论》,把当时流行的学说归纳于"新民说"和"立宪说",加以评论,提出了自己的观点。

新民思想,也就是革新人的思想。梁启超以新民为己任,在报刊上发表大量文章宣传新民思想,其中最有影响的是他在《新民丛报》上发表的"新民

---

① 飞生:《俄罗斯之东亚新政策》,《浙江潮》第 2 期,1903 年 3 月 18 日,"极东经营"第 17 页。

② 奋翮生:《军国民篇》,《新民丛报》1902 年第 1 号,1902 年 2 月 8 日,"兵事"第 2 页。

③ 百里:《军国民之教育》,《新民丛报》1902 年第 23 号,1902 年 12 月 30 日,"军事"第 1 页。

说"系列文章。他在文中对中国人的国民劣根性进行了彻底批判,痛斥中国人无公德心,只顾一身一家的荣华富贵,不顾国家的兴亡盛衰;只知有天下,不知有国家,只知忠于君,不知忠于国,甘为一姓之家奴走狗;主柔好静,不尚竞争;依赖成性,缺乏毅力;自暴自弃,自贬自损;搪塞责任,缺乏独立人格等等。梁启超认为,如果中国人成为具有权利义务思想、国家思想、生利思想、合群思想、尚武精神、进取冒险精神和自尊自重、自治自立、平等自由观念的"新民",就会产生新制度、新政府和新国家。

蒋百里对此提出了疑问:新民如何产生? 是先有新民还是先有新政府? 他对梁启超的新民在于人民"自新"的说法不表赞同,认为此说理论上可行,实际上行不通。他认为把一切责任归咎于国民是不公平的。他指出:"中国之亡,其罪万不能不归之于政府,国民之不责政府,国民之罪也。归亡国之罪于国民,而又劝其不责政府,则又何说焉。"他的结论是:"故必先造新政府,然后可以行新制度,断未有求旧政府而可以立新制度者也。"①

此文发表后,梁启超十分重视,立即写了《答飞生》一文,为自己进行辩护。师生之间心平气和地进行公开辩论,一时传为佳话。

"士官三杰"之一

蒋百里于 1902 年冬毕业于成城学校后,进入日军近卫步兵第一联队,成为入任生,又叫士官候补生,蒋尊簋被分配到近卫骑兵联队,蔡锷则被分配到了远离东京的仙台骑兵第二联队。士官候补生在军队中的实习期从半年到一年不等,接受下等兵至下士的训练,期满后以下士资格进入陆军士官学校。

日本的军队与中国的八旗、绿营、湘军、淮军和各地练勇完全不同。自明治维新以来,日本军队以武士道为精神基础,以"大和魂"为指导思想,以西方列强的军事教育制度和建军方略为楷模,配以新式的坚船利炮和各种

---

① 飞生:《近时二大学说之评论》,《浙江潮》第 9 期,1903 年 11 月 8 日,"论说"第 9、12—13 页。

枪械,迅速完成了近代化的进程,成为亚洲战斗力最强的军队。

甲午之战,日本陆海军大败清军,在国内和国际上声名大噪,不可一世。日本民众对军队敬若神明,推崇备至,与当时中国的军民关系不可同日而语。曾在日本陆军士官学校留过学的阎锡山在晚年曾回忆说,在一次行军经过一个村落时,他看见"有几个上了年纪的妇女,合掌朝着军队好像在拜神似的"。过后他问日本人,"你们为什么那样尊敬军人?他们的答复是,以前日本政府说过:'如果敌军来了,就是拜神,神是不能打败敌人的。打败敌人的是军人。所以,与其叩拜神,不如敬军。'"①

蒋百里到近卫步兵第一联队实习后,见日军纪律严明,组织紧凑,士气高昂,方才了解日军在甲午战争中屡战屡胜,并非偶然。

日军的衣食并非尽善尽美。由于服装紧缺,士兵的一套服装要穿三四年,外出时换上较新的军服,一归队,联队长就催促换下来收存好,以免弄脏。吃饭则不分饭量大小,每人每餐只许吃一中碗米饭,每周还要吃几次麦饭。下饭菜很简单,通常是三片咸萝卜,有时是一块咸鱼,只有到星期天才能吃到一点豆腐、青菜和肉片。

日军对军营的卫生要求很高,室内各处必须干净整洁,床上用品按统一的标准摆放,甚至痰盂也有明确规定,除内外必须整洁外,盂内放水量不得超过容量的1/3。查卫生时,官长带着白手套,一进门就往门框和各处角落摸,看有没有灰尘。

日军特别注重对官兵灌输军国主义思想。在日本人心目中,天皇是万世一系的天神,为天皇而死是军人的职责,更是军人的荣誉。日本经明治维新而使国力强盛起来之后,制定了称霸世界的罪恶计划,即先取朝鲜和中国东北而后征服全中国,再图称霸全球。在这样的教育和训练之下,整个日本军队成为一架军国主义的战争机器。

蒋百里时时感觉到一种紧迫感。俄军在我国东北迟迟不撤兵,东邻日本磨刀霍霍,英、美、法、德等列强在伺机而动,我华夏大地随时有被列强瓜

---

① 〔日〕冈田英弘著、赵长碧译:《日本陆军士官学校的留学生与中国革命》,中国社会科学院近代史研究所:《国外中国近代史研究》第9辑,中国社会科学出版社1987年版,第228页。

分的危险。他一方面努力学习,刻苦训练,尽可能多的掌握近代军事知识,一方面研究世界大势,关注俄罗斯的动态,总结其他国家的成功经验,谋求强国强兵之路。对祖国母亲的拳拳之心,化成一行又一行令人深思令人振奋的文字。

1903 年冬,蒋百里、蔡锷、蒋尊簋等人结束了在联队的实习,正式进入日本陆军士官学校,成为中国留学生的第三期学员。士官学校创办于 1868 年,初名"兵学寮",1874 年改名士官学校,专门培养陆军军官。1900 年开始接纳中国留学生。第一期和第二期的中国留学生比较少,且都是各省督抚直接保荐来的武学生,他们当中后来成名的人物有第一期的吴禄贞、张绍曾、铁良、王廷桢、陈其采、蒋雁行、唐在礼和第二期的哈汉章、良弼、蓝天蔚、冯耿光等。

第三期的中国留学生人数大增,共 95 人①,既有各省督抚保荐的武学生,也有蒋百里和蔡锷等投笔从戎的文学生。

蒋百里在士官学校还结识了一位好友,名叫张孝准。张孝准,字润农,湖南长沙人。他敏而好学,才华出众,与蒋方震和蔡锷等同龄人志趣相同,意气相投,同样怀着远大的抱负。这期留学生能文能武,在士官学校的表现十分突出,名气远远超过了第一期和第二期的留学生,蒋方震、蔡锷和张孝准更被称为"中国士官三杰",不仅中国留学生人人皆知,就是日本学生也不得不心悦诚服。

1904 年 2 月,就在蒋百里等人入陆军士官学校不久,日俄战争爆发了。

数十年前,日本还是一个处在中古时代的远东弱国,而今不但打败了貌似强大的中华帝国,还向西方强国俄罗斯发起了冲击,这使日本国内的军国主义思潮更加泛滥,全国上下一片鼓噪,发出了歇斯底里的战争叫嚣。

由于战争需要,日本政府在全国征召退伍军人入伍参战。应召来到东京的退伍兵被日本陆军部分配到居民家中暂住,居民纷纷腾出最好的房屋,拿出最好的食物供这些人享用。等军队出征之时,东京城里万人空巷,热烈

---

① 《日本陆军士官学校留学生名录》,中国社会科学院近代史研究所近代史资料编辑部编:《近代史资料》总 80 号,中国社会科学出版社 1992 年版,第 54 页。

欢送,许多人手持旗子,旗上写着"光荣战死""为国捐躯""祈必胜"和"祈战死"等等字样,令中国留学生不寒而栗。如此疯狂的军队和民众,终究会成为中国的心腹大患。

日本军民的疯狂,正应了蒋百里《军国民之教育》一文中的一句话:"今日之战争,国民全体之战争,而非一人一姓之战争也。"①将来中日之间再度爆发战争,只有军民一体的全民作战,才能阻遏日本军国主义的侵略凶焰,并最终取得胜利。蒋百里知道,这正是他们这一代青年肩上的重任。

蒋百里明白,没有强健的体魄,就不是一个合格的军人,所以他从进入成城学校起就十分注意锻炼身体。入伍之后,更是按照军队的纪律,严格要求自己,刻苦训练,使体格越来越强健,再也不是以前那个弱不禁风的文弱书生了。

蒋百里入士官学校后,有一天他的好友钱家治来看他。钱远远看见有个人在操场的单杠上翻跟头,身手矫健,体态轻灵,走近一看,发现是原来体质孱弱的老朋友。蒋百里从单杠上跳下来,颇为自负地对钱家治说:"我每晨锻炼体格,你看我不是比以前的身体结实多了吗?"②

钱家治,字均夫,杭州仁和人,也生于1882年,是蒋百里在杭州求是书院读书时结识的一个至交。蒋百里东渡时嘱钱均夫、张宗祥和单不庵三人照料他的母亲。1902年秋钱均夫赴日留学,入弘文学院学习,与蒋百里时相往还。

蒋百里虽然学的是步兵,但马上的功夫也很了得,在士官学校享有"善骑者"的美誉。他对骑马有独到的心得。他说:"要做到马上无人,跨下无马,人与马浑然一体,才可以与言骑。"他与蔡锷和蒋尊簋等学习骑兵的人谈到步兵和骑兵的苦乐:"我们步兵以行军时为最苦,除攀山越岭之外,身上还系着粮袋、水瓶和弹药,但到了站头,我们就苦尽甘来了。反之,骑兵行军时最乐,但到站后还得伺候马,替它擦汗,喂它草料,是他们最苦的时候。"③

军旅生涯,苦乐相依。对于胸怀远大抱负的人来说,苦更能促进他们奋

---

① 百里:《军国民之教育》,《新民丛报》1902年第23号,1902年12月30日,"军事"第1页。
② 陶菊隐:《蒋百里先生传》,第16页。
③ 陶菊隐:《蒋百里先生传》,第16—17页。

发向上。熟读圣贤之书的蒋百里一直记着孟子的名言："天将降大任于斯人也，必先苦其心志，劳其筋骨，饿其体肤，空乏其身，行拂乱其所为，所以动心忍性，增益其所不能。"在自筹学费的困难情况下，蒋百里毫不退缩，毫不动摇，认真参加军事训练，潜心钻研军事理论，终于取得了优异的成绩。

1904 年 11 月，蒋百里以优异成绩毕业于日本陆军士官学校。皇天不负有心人，他足以告慰远在故乡的慈母和其他亲友的殷切期望了。

与蒋百里一同毕业的有蔡锷、蒋尊簋、张孝准、高尔登、许崇智、胡景伊、曲同丰、陈文运、黄瓒、傅良佐等数十人。清末和民国初期，他们都成长为中国军队中的骨干力量。

参加蒋百里毕业典礼的来客中，有一位身份特殊的人物，他就是蒋百里在求是书院的恩师陈仲恕先生。

陈仲恕怎么到日本来了呢？

蒋百里在陈仲恕的呵护下顺利离开杭州求是书院后，该院的学风丝毫未变，学生们仍然议论时政，臧否时弊，利用各种机会对腐朽无能的清政府进行抨击，为此引发了一场大风波，差点导致严重的文字狱。

事情是几个思想激进的师生引起的。当时，杭州人孙翼中主讲求是书院国文第四班，给学生出一道作文题，名为"罪辫文"，旨在对满族入关后强迫汉人剃发留辫之事进行抨击。有个学生把作文中凡是应用"国朝"和"皇清"等词的地方，一律改用"贼清"。求是书院的旗籍学生获悉这个重要情况后，向驻防杭州的旗营官员作了汇报。清军入关，靠的是八旗和绿营等军队，江山坐稳后，全国各地的重要城市都派驻八旗子弟，他们高人一等，筑城别住，终年享受国家俸禄，不事生产，军事训练也逐渐松懈，到清末已成不堪一击的一群乌合之众。但是，打仗不行，有人公开骂他们的大清朝为"贼清"，他们还是有力量出头管一管的。

他们派兵把求是书院围了起来，力图把事情闹大，压迫地方政府逮捕相关学生，以"大逆不道"的罪名给予严惩。此事如果出在康熙、雍正、乾隆时代，肯定会兴起一场株连极广的文字狱。守旧的陆懋勋本来对学生的做法就持反对态度，今见旗兵围校，事情闹大了，吓得战战兢兢，不知所措。又是陈仲恕先生挺身而出，多方奔走，竭力调停，将这件事压了下来。最后双方达成协议,由求是书院增收 10 名旗籍学生入学,以便监视全体学生,旗兵这才收队归营。

蒋百里知悉这场风波的来龙去脉后,更加明白了陈仲恕告诫他的"救国不可托空谈而招实祸"的深意。

1901 年冬,求是书院改名为浙江求是大学堂,聘任劳乃宣为监督。劳乃宣,字玉初,号矮斋,晚号韧叟,同治进士,浙江桐乡县人。陈仲恕认为书院学生的水平只达到高中程度,一开始就反对把书院改为大学,与劳乃宣意见不合,只好求去,担任由养正书塾改建的杭州中学校长。

1904 年,陈仲恕抵不住留学浪潮的不断冲击,也东渡日本,由老师改作学生,入东京法学院学习法律。他与蒋百里再度相聚,不胜欣喜,回首当年,感慨万千! 蒋方震名冠千军的优异成绩,使他没有辜负老师的期望,而老师也因自己"慧眼识人"而大感安慰。前面的路还很长,这对师生还有许多次聚首共事的机会。

东京逸事

士官学校毕业之后,蔡锷立即乘船返回国内,在郭人漳的引荐下,被江西巡抚夏时聘为江西续备左军随营学堂监督,不久改为材官学校总教习及监督,而后由湖南至广西,最后到云南,一步一步走向了他的辉煌。

蒋百里没有和蔡松坡一同回国,而是和蒋尊簋、张孝准等继续留在东京。

按照日本军方的规定,在联队实习过的学生以下士资格进入士官等校学习,毕业后再回联队实习三个月至半年,期满后即可获得少尉资格。蒋百里即是按此规定,返回近卫步兵第一联队实习,将一年来在士官学校学到的知识用于实践,在实践中探索,在实践中提高。

实习期满后,蒋百里又入经理学校(即后勤学校)学习,与他一同入校的有张孝准等人。近代化军队的一个重大特点就是有一套完善有效的后勤供应体系。大清朝的军队山头林立,派系复杂,根本没有完善的后勤供应体系,粮饷都由高级将领负责自筹,效率极低,贪污中饱的现象十分普遍。蒋百里入经理学校学习,目的在于掌握近代化军队各个方面的知识,为回国后军事上的革新做准备。

在蒋百里刻苦钻研的几年中,赴日留学的中国青年络绎于途,逐年增加,到1905年已达8000人左右,形成了一个高峰。浙江来的同乡很多,有一些是专门来学习军事的,蒋百里认为有责任对他们进行必要的辅导,帮助他们尽快掌握基本知识,顺利考取军事学校。

为此,蒋百里开办了一个士官预备班教他们,上课地点在陆军士官学校对面的小田园老太太家。他们每个星期日都租用她的一间房子上半天课,租费由大家分摊,茶水由房东供应。蒋百里给大家讲解入学须知和日本军事教育及军事体制的基本情况,他既有深厚的理论功底,又有丰富的实践经验,加上他小时候说书练就的好口才,讲起课来抑扬顿挫,妙趣横生,极富吸引力和感染力,很受大家的欢迎。蒋百里的好友钱均夫就常来听课,不是为了报考士官学校,而是为了欣赏他的口才。

当时在日本的中国人已越来越多,鱼龙混杂,背景不一,其中有保皇派,有立宪派,有革命党,有胸怀远大志向的学子,有"两耳不闻窗外事"的书生,也有携带巨款以留学为名吃喝嫖赌的纨绔子弟。东京好像一个大舞台,各色人等来去匆匆,在这个舞台上扮演着不同的角色。在诸多派系中,有两派势力最大,一是以康有为和梁启超为首的改良派,一是以孙中山为首的革命派。两派都以救国救民为宗旨,但奉行的理论和采取的方法截然不同,矛盾越来越尖锐,渐成水火不相容之势。

1905年8月20日,孙中山联络革命派各路英豪,以兴中会和华兴会为基础,并联合光复会的成员,在东京创立中国同盟会,以"驱除鞑虏,恢复中华,建立民国,平均地权"为革命纲领,使革命运动达到了一个新的阶段。11月,同盟会在东京创办《民报》,大力宣传革命,与改良派主办的《新民丛报》进行论战,使革命派的声势大增。蒋百里的朋友蒋尊簋和张孝准等人就在东京加入了同盟会,成了革命党。

然而,蒋百里却与各派力量保持着一定的距离。他既没有追随梁启超,为改良派摇旗呐喊,也没有加入同盟会,为革命党振臂高呼,他只是默默地积累着知识和经验,以备归国后有一番大的作为。在这方面,他和蔡松坡完全相同。自从进入士官学校后,他们已不再无所顾忌地大谈革命了。关于此点,章士钊在数十年后的回忆文章中作了确切的描述。他指出:"彼等志存颠覆,而迹求隐晦,平日谨言词,慎交游,常恐以意外之疏忽,而招来本事之损害。"①

对于留日学生的动态,清政府一直十分关注,害怕这股力量成为反清的生力军。学习军事的学生归国后都派到军队中工作,对清政府的命运关系巨大,所以清政府派驻日本的留学生监督对他们考察甚严,经常有报告传回国内,如果成为活跃的革命党人,被留学生监督记录在案,回国后得不到重用,就掌握不了军队,于革命大业反而不利。

蔡锷在广西练兵时,虽然与黄兴等革命党人经常联络,但表面上不动声色,讲话时满口官腔,出门时乘轿骑马,工作之余则过着与人隔绝的生活,致使许多年轻的同盟会员误解他是一个贪官恋位的新官僚。他们发动倒蔡运动,迫使蔡锷转往云南。蔡临行前对年轻人讲的一番话颇能说明他的立场。他说:"你们何苦撵我,你们是革命党,我比你们资格更老。你们太年青,浑身带刺儿,不小心将来难免杀身之祸。我在此尚可为你们敷衍,我走后你们更须自爱,千万不可拔苗助长。"他还说:"成大事的人要有个修养,你们念过苏东坡的《留侯论》吗?所谓'卒然临之而不惊,无故加之而不怒'。你们能做到这一点,当成大事。"②

与蒋百里一样,蔡松坡也一直没有加入同盟会,但他们二人从来没有忘记过对国家和民族所负的责任。在辛亥革命的巨浪掀起之后,他们都在不同岗位上为推翻清王朝的统治做出了自己的贡献。

蒋方震在东京还参加了一次轰轰烈烈的学生运动。

1905年11月2日,日本文部省颁布了《清国留学生取缔规则》,引起中国留学生的极大愤慨和激烈反对,逐渐演变成一场声势浩大的学生运动。取缔二字有监督、管束、管理之意,《取缔规则》共十五条,对中国留学生刺激

---

① 章士钊:《疏〈黄帝魂〉》,中国人民政治协商会议全国委员会文史资料研究委员会编:《辛亥革命回忆录》第1集,中华书局1963年版,第248页。
② 何遂:《辛亥革命亲历纪实》,中国人民政治协商会议全国委员会文史资料研究委员会编:《辛亥革命回忆录》第1集,中华书局1963年版,第468页。

最大的是第 9 条和第 10 条。

第 9 条：受选定之公立或私立学校，其供清国学生宿泊之宿舍或由学校监管之公寓，须受校外之取缔。

第 10 条：受选定之公立或私立学校，不得招收为他校以性行不良而被饬令退学之学生。

中国留学生中参加革命活动的比较多，大部分租房住在校外，如对他们的住所进行限定和监管，将严重妨碍他们的自由，而所谓"性行不良"，既可以泛指堕落的学生，也可以泛指革命派学生。如果清政府和日本方面勾结起来，将参与革命活动的学生扣上"性行不良"的帽子予以开除，将使他们无学可上。

留学生的担忧并非毫无根据。实际上，《取缔规则》的颁布确与清政府有关。清政府对革命派的动态一直很关注，1905 年 8 月同盟会的建立更使清政府感到了事态的严重。恰好日俄战争结束后，中日双方代表在北京谈判东三省善后事宜，清政府借机向日本方面提出了监管留学生的强烈要求，这是日本颁布《取缔规则》的一个动因。

首当其冲的是自费留学生，他们大多属于革命派，所以率先发起了反对运动。

蒋方震担任学务干事的留学生总会也很快采取了行动，派代表拜见中国驻日本公使杨枢，陈述了反对第 9 条和第 10 条的各项理由。杨枢做了详细记录，答应向日本文部省转达。

蒋方震等人还召集各省同乡会的负责人，多次开会研究对策，收集意见，写出《学生公禀》，于 12 月 1 日呈交驻日公使杨枢。

《学生公禀》中反对第 9 条的理由有：(1)于经济有损害：入住宿舍，则须缴交定额费用。自费的穷学生因而不能实行节约的生活，结果必至停止留学归国。(2)于学问无补益：学校的宿舍多有管理不善之处，为学问计，不宜入住该等宿舍。(3)于卫生有妨害：即中国人与日本人之生活习惯不同。留学生每以日本饮食不合肠胃而生胃病；席地而睡则因潮湿而患脚气病。虽有纯为中国人而设的赁屋，但依此规程，今后已不可能供中国学生租住。(4)于兼修不便：留日学生中，以一人而兼赴二三校听讲者亦常有之。其居处必择二三校之间最便利之处。但如果要入住学校宿舍,则不能兼修,不能达到求学之目的。

关于第 10 条,《学生公禀》指出,学校方面有可能滥用"性行不良"一语而任意开除学生,对学生十分不利。

在《学生公禀》上署名的是:留学生总会干事长杨度,副干事长范源濂,学务干事陈榥、蒋方震、陈福颐、李宣威、邢之襄、周家彦、籍忠寅、顾琅,书记干事林长民、傅疆、徐志铎、方枢、钱良骏、陈应龙、刘思复,庶务干事张继、蹇念益、姚方荣,调查干事谭学夔、刘颂虞、陈荣镜、蒯寿枢、吴永珊、郑家彦,收支干事梁志宸、曾鲲化,招待干事周珍、匡一,各省分会职员长:直隶胡茂如、山东王丕煦、山西邵修文、江苏高朔、浙江金保康、安徽王赛、河南曾昭文、湖北王镇南、湖南章士钊、福建王兆楠、广西谭銮翰、广东朱保勤、四川杨湖、贵州韩汝庚、云南张耀曾、陕西康宝忠、江西徐敬熙等①。

12 月 3 日,学生们在中国留学生会馆召开代表大会,决定采取行动迫使日方彻底取消这一规则。会上,有人主张集体罢课,也有人主张全部退学回国,以此对日本的留学政策给予重大打击。

从 12 月 4 日开始,各校的中国留学生开始陆续罢课。5 日,300 余名留学生在富士见楼开会,实践女学校的鉴湖女侠秋瑾痛哭失声,发表了慷慨激昂的演说,事后并愤而退学,令须眉男儿自愧弗如。12 月 7 日,京都的留学生响应东京留学生集体罢课的决议,前赴东京,使这场运动演变为全体中国留学生的运动。

12 月 8 日,陈天华愤而蹈海自杀,把留学生的激烈情绪推到了一个新的高潮。

陈天华,字星台,号思黄,又号过庭,湖南新化县人,生于 1875 年。陈天华家境贫寒,但好学上进,胸有大志,"少时即以光复汉族为念"②。1989 年入新化县实学堂读书,以《述志》为题作文一篇,直抒胸臆:

---

① [日]实藤惠秀著,谭汝谦、林启彦译:《中国人留学日本史》,第 382—383 页。
② 冯自由:《革命逸史》第 2 集,中华书局 1981 年版,第 119 页。

　　大丈夫立功绝域,决胜疆场,如班定远、岳忠武之流,吾闻其语,未见其人。至若运筹帷幄,赞划庙堂,完变法之权衡,操时政之损益,自谓差有一日之长。不幸而布衣终老,名山著述,亦所愿也。至若循时俗之所好,返素真之所行,与老学究争胜负于盈尺地,有死而不已,不能为也![1]

　　1903 年,陈天华赴日留学,写出了《猛回头》和《警世钟》两部振聋发聩的著作,其影响与邹容的《革命军》不相上下。1904 年,陈天华与湖南志士黄兴、宋教仁等组织革命团体华兴会,1905 年加入同盟会,是积极宣传革命的一员健将。

　　中国留学生反对《取缔规则》的运动兴起后,陈天华开始时反对全体留学生罢课并退学回国的做法,但看到大家群情激昂,他立即改变立场,誓与全体留学生同进退。12 月 7 日,日本《朝日新闻》发表了有辱中国人的报道,说此次事件是因留学生狭隘理解日本文部省的规则以及中国人特有的"放纵卑劣性情"所促成的。陈天华看到日本人如此污蔑中国人,义愤填膺,怒发冲冠,决心以死抗争,一则警醒国人振作起来,奋发图强,二则踵古今中外杀身成仁的圣贤英烈之后,完平生报国救民之愿。7 日晚,陈天华伏案疾书,写下绝命遗书。第二天早晨,他将遗书挂号寄给神田区骏河台中国留学生会馆杨度收,并向友人借钱二元,从容出门乘车,赴大森海岸投海而死。

　　陈天华这种慷慨赴死的精神,实足以惊天地而泣鬼神! 留学生们闻此噩耗,无不痛心疾首,泫然涕下。12 月 14 日,204 名中国学生乘坐"安徽"号轮船启程回国,继之归国者络绎不绝,前后达 2000 余人。

　　陈天华的自杀给蒋方震以极大的震撼。人生如白驹过隙,在浩荡不息的历史长河中,几十年不过是刹那间事,与其苟且偷生,庸碌无为,不如仰天长啸,慷慨赴义。陈天华绝命书中的两段话给蒋方震留下了极深的印象:

　　诸君而念及鄙人也,则毋忘鄙人今日所言,但慎毋误会其意,谓鄙

---

[1]　刘晴波、彭国兴编:《陈天华集》,湖南人民出版社 1982 年版,第 10 页。

人为取缔规则而死而更有意外之举动。须知鄙人原重自修,不重尤人。鄙人死后,取缔规则问题可了则了,切勿固执,惟须亟讲善后之策,力求振作之方,雪日本报章所言,举行救国之实,则鄙人虽死之日,犹生之年矣!

鄙人志行薄弱,不能大有作为,将来自处,惟有两途,其一则作书报以警世,其二则遇有可死之机会而死之。夫空谈报国,人皆厌闻,能言如鄙人者,不知凡几。以生而多言,或不如死而少言之有效乎![1]

陈天华所言,至少有两点与蒋方震不谋而合,一是报国要讲实际,不应一味空谈,二是如果个人之死能唤醒千百万人,则不惜一死。七年后,身为保定陆军军校校长的蒋方震愤而自杀,与陈天华之死有许多类似之处,也是连夜奋笔写下绝命书,也是毫不犹豫地抱定"我不入地狱谁入地狱"的宗旨,从容赴死,也是万众同悲,惊天泣地! 当然也有不同之处:陈天华是蹈海自杀,蒋方震是举枪自戕;陈天华陈尸海上,被日本警方发现,蒋方震伤而未亡,被师生救活。虽然是一死一生,他两人的拳拳爱国心和大无畏的英雄气概都已载入史册,成为激励后人的宝贵精神财富。

远在海外的孙中山在痛悼陈天华的同时,对形势作了冷静的判断,认为不宜鼓励全体留学生罢课回国。他担心清政府会借此机会将学生中的革命党人一网打尽,使革命事业蒙受损失。他致电汪精卫等人设法劝阻。汪精卫联络原本反对回国的一些学生代表,于 12 月 24 日组成以反对集体归国为宗旨的维持留学同志会,代表有江庸、蹇念益、熊垓、陈楷,理事有黎迈、张孝准、蒋尊簋、李穆、熊范兴、谭学夔、李景析、李维钰、施召愚、熊朝鼎、朱学曾、钱家澄,书记有姚华、周大烈、汪精卫、张一鹏、胡衍鸿、许寿裳、朱大符、陈仲恕。

蒋方震没有参与维持留学同志会,尽管他的老师陈仲恕和朋友张孝准、蒋尊簋都列名其中。经历过此次惊涛骇浪,蒋方震更加感觉到他们这一代人肩负的历史使命有多么重大,前面的道路有多么曲折和艰难! 留学的目

---

[1] 黄尊三:《三十年日记》,1930 年作者自刊本,第 2 页。

的不是追求功名利禄和荣华富贵,而是为了祖国和民族的独立和强盛。他迫切希望回到六年来魂牵梦萦的祖国,展现自己的知识和才华,实现自己的理想和追求。

第四章　东北参议　德国实习

沪上相士测前程

　　蒋方震在日本的优异成绩和突出表现引起了浙江巡抚张曾敭的注意，他以家乡父母官的身份向这位海外游子发出正式邀请函，请他到浙江负责编练新军，既能尽显才华，除却游学六年之辛苦，又能造福桑梓，不负家乡父老之厚望。张巡抚同时函请蒋尊簋担任浙江新军第二标标统（团长）。

　　张巡抚本以为蒋方震会欣然从命，返浙江练新军，万没想到会吃闭门羹。蒋方震给巡抚大人回复一封信，拒绝了他的邀请。他在信中说："夫以不教之民，授之以不祥之器，而教之以杀人之事，吾恐今日之惟恐其无者，他日将惟恐其有。"[①]蒋方震很重视军人的素质，而当时的中国，有知识有文化的人耻于从军，士兵的素质极低，如不从根本上着手提高士兵的素质，则有枪有炮的乌合之众必将走上祸国殃民的道路。

　　蒋方震对练兵有独到的见解，他认为"先求战而后练兵者，其兵强，先练

---

　　① 蒋百里：《裁兵计划书》，蒋复璁、薛光前主编：《蒋百里全集》第 4 辑，台北，传记文学出版社 1971 年版，第 9 页。

兵而后求战者,其兵弱"①。浙江历来文风很盛,人们缺乏尚武精神,况且浙江地处东南,在地理上非首战之区,缺乏练兵和作战的紧迫性,所以他宁愿放弃优厚的待遇、舒适的条件和西湖的美景,到他时刻挂怀的东北边疆去实现自己整军经武的志向和抱负。他知道他的朋友蔡锷已经在广西巡抚李经羲的支持下在西南边陲开辟了崭新的局面,奠定了良好的基础,自己绝不能在苏杭美景和莺歌燕舞中消磨了意志,虚度了光阴!

蒋尊簋接受了张巡抚的邀请,回国担任了浙江新军第二标标统,并负责筹办弁目学堂,以培养下级军官。

蒋方震写信给儿时的伙伴张宗祥,要他到杭州帮助蒋尊簋。蒋方震怕张宗祥借故推辞,还特意写信给单不庵,叫单不庵劝说张宗祥。其实,以蒋方震与张宗祥的关系,张宗祥岂有推托之理。当时张宗祥正在嘉兴秀水学堂教书,特意请了假去杭州帮蒋尊簋的忙。他在海潮寺住了一个多月,等弁目学堂办好,蒋尊簋当了总办,他才返回嘉兴继续教他的书。

蒋百里驳了巡抚张曾敭的面子,张曾敭也是无可奈何,拿他没有办法,因为他不是浙江省官派的留学生。蒋尊簋则不然,他是前浙江巡抚刘澍棠保送的留学生,所以只能返回浙江。

张曾敭在浙江巡抚任上不足两年,即因杀害秋瑾遭到了舆论的强烈谴责。张曾敭,字润生,又字小帆,号静渊,室名渊靖居,河北南皮人,与晚清名臣张之洞同宗。他同治十年中进士,历任福建盐法道、广西布政使、山西巡抚等职。1905年调任浙江巡抚。1907年,光复会员徐锡麟和秋瑾等人密谋在安徽和浙江同时起义。7月6日,徐锡麟等在安庆起义,刺杀安徽巡抚恩铭,张曾敭指使绍兴知府贵福派兵在大通学堂逮捕秋瑾。贵福连夜提审,秋瑾坚贞不屈,仅书"秋风秋雨愁煞人"七字以对。7月15日,秋瑾被杀害于绍兴轩亭口。消息传出,天人共愤,舆论一致谴责张曾敭和贵福的暴行,使他们难安于位。清廷先后将张曾敭调到江苏和山西,都为社会舆论所不容,他在国人的一片责骂声中忧惧成疾,不得不辞官回了南皮老家。对于张巡抚的这番遭际,蒋方震是后来才听说的,因为他当时正在德国学习。

---

① 蒋百里:《裁兵计划书》,蒋复璁、薛光前主编:《蒋百里全集》第4辑,第16页。

对于回国后的去向,蒋方震有自己的打算。他关注的是中国的边疆,尤其是东北。

他的老师陈仲恕帮了他的忙。

陈仲恕先于蒋方震回国,投入盛京将军赵尔巽的幕府,颇受器重。陈仲恕向赵尔巽详细介绍了蒋方震的情况,求才若渴的赵尔巽非常高兴,决定破格任命蒋方震为督练公所总参议。此项任命与蒋方震的追求相符合,所以他得到消息后即束装就道,欣然回国。

1906 年暮春的一天,上海四马路的一家旅馆里来了一位英气勃发的青年,他就是刚从日本返国的蒋方震。

踏上阔别六年的故土,蒋方震的心情格外激动。六年前的他是一个穷途末路的文弱书生,而今山河依旧,他却已学成归国,成为各省督抚争相罗致的对象;六年前的他对军事一窍不通,而今他已成为胸中装有甲兵百万的东北新军督练公所总参议。年方 25 岁的蒋方震不禁踌躇满志,豪情勃发。

蒋方震特地穿上一身戎装,腰挂佩刀,足蹬军靴,挺胸收腹,俨然一位得胜凯旋的将军,引得路人纷纷驻足观望。

蒋方震在旅馆里安顿下来,准备在上海探访几位朋友之后先回硖石老家省亲,然后转赴东北走马上任。

有一天,蒋方震在旅馆的庭院里散步时,碰到了一个身着长衫、面容清癯的中年人,他从头到脚仔细打量蒋方震,口中啧啧有声,心中若有所思,一副欲言又止的样子,使蒋方震颇觉诧异。出于礼貌,蒋方震随口与他打了声招呼,这人乘机作了一番自我介绍,说他是远近闻名的张铁口,是个相面的相士,见蒋方震气度不凡,愿意为他免费相一相面。蒋方震自幼饱读圣贤之书,对算命先生的一套本不感兴趣,但这天见张铁口一副郑重其事的样子,忽然间心血来潮,乃逢场作戏,听张铁口有何见教。

张铁口仔细观察了蒋方震一番,脱口说道:"神清音雅,雪彩春融,文名千载,疆场无功。"[①]蒋方震听到"疆场无功"四字,认为是无稽之谈,不觉笑出声来。张铁口抱拳拱手,匆匆作别而去。

① 高拜石:《古春风楼琐记》第 3 集,台湾新生报社 1979 年版,第 313 页。

踌躇满志的蒋方震当然不会把张铁口的话放在心上。古语有云："事在人为。"方今国家处在多事之秋,正是英雄豪杰建功立业的大好时机,只要认认真真做事,踏踏实实做人,不怕苦,不怕死,又怎么会"疆场无功"呢?

然而天下之事却也难说得很,纵观蒋百里的一生,虽然门人弟子满天下,且多有战功显赫的高级将领,但蒋百里本人的功勋却不在战场之上而在庙堂之内,命耶? 运耶? 只有老天知道。

无奈的总参议

蒋方震在硖石老家探亲访友,盘桓十数日之后,即北上直奔奉天(今沈阳),就任总参议之职。

他的顶头上司是盛京将军赵尔巽。赵尔巽,字公镶,号次珊,室名遂园,1844 年生于辽宁铁岭县,隶属汉军正蓝旗。他同治十三年中进士,授编修,历任安徽、陕西等省按察使,甘肃、新疆、山西布政使。1903 年任河南巡抚,后内调北京,署理户部尚书。1905 年 4 月 9 日,盛京将军增祺奉召进京陛见,5 月 7 日以丁忧免职,同日命赵尔巽为盛京将军。

东北地区是满族人的故乡,是所谓"龙兴之地",历来被清政府视为禁区,禁止外地民众擅自迁入。东北未设省,由盛京将军全权负责军政事务,地位高于各省的总督巡抚。

东北地广人稀,物产丰富,土壤肥沃,是山东、河北和河南等地贫苦民众向往的乐土,在有清一代,尽管禁令极严,但他们一批又一批地冒着极大的风险从海上和陆路潜往东北,俗称"闯关东"。正因为如此,关东历来民风剽悍,土匪猖獗,吏治松散,文化落后,不但各级官吏束手无策,就是清廷也颇感头疼。

关东的土匪以辽河两岸最多,经过多年的互相残杀和合并,到 20 世纪初形成了几个大帮:

(一)冯麟阁帮。冯麟阁是辽宁海城县人,官府衙役出身,因个人私欲太大难以满足,遂聚众抢掠,横行于辽河两岸。他纠合各处散兵游勇和赌徒流氓等数百人,盘踞在田庄台、辽中、台安、锦州和彰武一带,抢劫淫掠,无恶不作,是几股土匪中势力较大的一帮。

(二)金万福帮。金万福又名金寿山,辽宁海城县人,兵痞出身,早年混入天津小站的北洋新军,当过一段时间的小头目。后来跑回家乡,纠集了一批地痞流氓和赌徒,干起了打家劫舍的罪恶勾当。

(三)杜立三帮。杜立三原名杜国义,字阁卿,乳名立子,排行老三,辽中县青麻坎人,出身土匪世家,是个凶悍残酷杀人如麻的枭雄。他盘踞在辽阳、新民和海城三县交界处的三界沟。此地沟渠纵横,堤道骈联,碉堡四立,重门深巷,地势险要,易守难攻。据说杜立三有8个老婆,都是骑马打枪百发百中的刁女悍妇,其中有个姓王的是用菜刀砍死前夫后嫁给杜立三的。

(四)张作霖帮。张作霖,字雨亭,1875年生于海城西小洼子。张氏家族原籍河北省河间府大城,先祖本姓李,过继张家后改姓张。道光年间,因家乡灾害频仍,饿殍遍地,张作霖的曾祖父张永贵被迫拖家带口闯关东来到东北,先在广宁高山子落户,后迁往海城县。张作霖从小游手好闲,不务正业,嗜赌成性,长大后拉帮结伙,当上了土匪头目。1901年他与张景惠匪帮合并,后又接纳汤玉麟和张作相两股土匪,势力大增,成为各帮土匪中的"后起之秀",其活动范围主要在新民厅境内。

对于这些横行于"龙兴之地"的土匪,清政府曾多次派兵清剿,但收效甚微。1902年,盛京将军增祺采纳新民厅同知廖彭的建议,改清剿为招抚,成立南路辽河两岸招抚局,负责招抚事宜。

善于投机钻营的张作霖闻风而动,率先向增祺输诚,表示愿意接受招安。1902年10月,新民厅改为新民府,以增韫为知府,他按照增祺的指示,将张作霖一伙招安,编成巡防马步游击队,下设一营,营下设两哨骑兵、三哨步兵,以张作霖为管带,张景惠为帮带,依荣廷为书记官,孙烈臣、汤玉麟和张作相等为哨官。张作霖摇身一变,由土匪转为朝廷命官。后来,冯麟阁和金万福等匪帮也接受了招安。

1905年赵尔巽继任盛京将军后,对土匪仍旧采取招抚政策,他还采取以匪治匪的办法,命张作霖清剿未接受招安的土匪。张作霖已今非昔比,人手增多,兵强马壮,武器精良,数次出击皆凯旋而归,深得赵尔巽的器重。

赵尔巽虽然是进士出身,在旗人中颇有文名,在湖南巡抚任上的官声也不错,但他毕竟见识有限,才具也不足。尽管他想有所作为,但在旧思想的支配下,在旧势力的包围中,很难开辟一个新的局面出来。

1906年,赵尔巽在军事方面采取了两个新举措,一是设立负责训练新军的督练公所,自兼督办,特任蒋方震为总参议,具体负责练军事宜,二是设立负责整顿地方旧军的巡防营务处,以张锡銮为总办,以张作霖为前路统领,将新民巡防营扩编为马步五营,由张作霖统带。

张锡銮,字金波,浙江杭州人,行伍出身,1875年在奉天讨伐土匪立了战功,历任通化知县、锦州凤凰厅候补道、直隶海防营务处总办和福建兴化知府等职。1901年调回东北,任奉天东边道税务总监、中军各营统领等职。他和张作霖等形成东北地区旧军人的代表。

与南方相比,新思想、新观念和新学问在东北地区的传播还处在萌芽状态,守旧势力根深蒂固,占压倒优势,赵尔巽在奉天推行新政,比在湖南巡抚任上困难得多。至于编练新军,一开始即受到以张锡銮和张作霖为代表的旧军人的抵制和掣肘,因为编练新军直接威胁到旧军队的地位和生存。

踌躇满志的蒋百里一到奉天上任,即卷入了新旧矛盾的漩涡之中。与他一同到奉天的还有张孝准和林摄等人。虽然请来了一些高才生,但由于东北情况特殊,赵尔巽也不敢得罪旧军人,所以旧军人的气焰十分嚣张。蒋百里等人显得势单力薄,处处受到掣肘甚至敌视,不但新局面不易开辟,而且安全问题也令人担忧。

陈仲恕先生看到问题严重,私下里对蒋百里说:"奉天军队庞杂,新旧水火,你留在这里是无益的。你年事还轻,不如到德国求深造,将来的前程更远大。"蒋百里非常感激老师的提醒和忠告,在奉天上任虽已三个月之久,但诸事还未理出头绪,短期内新旧格局也不会发生大的改变,所以决定先离开这个是非之地。

他找机会直接向赵尔巽进言:"我在日本学的是初级军事。中国国防应当取法乎上,研究世界军事。世界陆军以德国陆军为最强,我希望能有赴德实习的机会。"[①]

---

① 陶菊隐:《蒋百里先生传》,第24页。

赵尔巽与当时的许多封疆大吏一样,很爱惜青年人才,也怕蒋百里等人在旧势力的包围中被埋没。他爽快地同意了蒋百里的要求。他选蒋百里、张孝准和林摄三人赴德国实习,不过他要蒋百里先作为奉天的观操大员赴彰德观秋操,然后直接出洋。这样的安排使蒋百里顺利地摆脱了困境,踏上了新的征程。

观彰德秋操

所谓秋操,就是秋季军事演习。

1905 年 10 月末,袁世凯编练的北洋军在河北省河间府举行了中国历史上第一次大规模的近代化军事演习。北洋六镇中抽调 2 万多人,分成两军,由王英楷、段祺瑞分别担任总统官。王军由山东北上进攻,段军由保定南下防御,最后两军在河间一带会合,演习结束后举行阅兵典礼。这次演习检验了清政府 10 年来编练新军所取得的成绩,受到了中外舆论的关注。

1906 年 10 月 22—25 日,北洋军和湖广总督张之洞编练的新军在河南彰德府举行更大规模的野战演习。清政府派直隶总督兼北洋大臣袁世凯和练兵大臣铁良为阅兵大臣,以王士珍为中央审判长,冯国璋为南军审判长,良弼为北军审判长,各省选派观操大员,各国驻华武官和中外记者也应邀前来观礼。蔡锷是广西的代表,蒋百里是东北的代表。

这次秋操以驻扎在山东的第五镇(师)内抽调步兵一协(旅),骑兵和炮兵各一标(团),工程队一营,驻扎北京南苑的第六镇内抽调步兵一协,驻扎直隶的第四镇内抽调炮兵一标,编成混成第五镇,又在京旗第一镇内抽调步兵一协,骑兵和炮兵各一标,工程队一营,编成混成第一协,合编为北军,以袁世凯的虎将段祺瑞任总统官。

南军则以驻扎湖北的第八镇全镇和驻扎河南的第二十九混成协全协合编而成,以张彪为总统官,两军官兵总计达 32900 余人。

北军拥有陆路炮 54 门,过山炮 36 门,步枪 9288 枝,马枪 1116 枝,接济车 415 辆,弹药车 54 辆,马骡 1500 匹。北军一律穿土黄色军服。

南军拥有陆路炮 36 门,过山炮 54 门,步枪 9294 枝,马枪 1080 枝,接济车 393 辆,弹药车 36 辆,马骡 1243 匹。南军一律穿蓝色军服。

1906 年 10 月 20 日,南军集结在淇县北关一带,北军集结于彰德府的刘家辛庄和丰乐镇一带,形成两军对垒之势。

10 月 22 日,随着一声令下,演习正式开始,南北两军以实战模式展开对攻,马步炮各军全部投入了战场,一时之间枪炮声四起,喊杀声震天。蒋方震和各省观操大员随同几位裁判官骑马驰骋各处战场,往来观察,比较南北两军的成败得失。

经过三天的较量,实战演习于 24 日圆满结束。评比结果,北军在各方面都优于南军。

阅兵大臣犒劳全体将士,每镇发赏银 5000 两,每协发 2500 两,令官佐采购酒肉让官兵开怀畅饮。

25 日,南北两军整齐地集合于彰德阅兵场,按照预颁教令,依次排列,接受检阅。阅兵大臣袁世凯和铁良,裁判官王士珍、冯国璋和良弼,各省观操大员以及外宾皆身着军衣,腰挂佩刀,骑马巡视检阅,场面颇为壮观。

检阅完毕,袁世凯和铁良在彰德城内大摆宴席,庆贺此次秋操圆满成功,八方来客在觥筹交错和欢声笑语中度过了难忘的一天。

蒋百里见到了分别两年之久的好友蔡松坡。蔡松坡在广西深得巡抚李经羲的赏识和扶持,在广西办学堂、练新军,颇为得心应手。此次奉派前来观操,以广见闻,带着他的得意弟子雷飙作随员,自有不同凡响的翩翩风度。

两人见面,诉不完的别来之情,道不尽的人生百味。流逝的是无情的岁月,不变的是真挚的友谊,在未来的人生道路上,他们两人还将风雨同舟。

蒋方震还通过良弼结识了青年俊才李英华。

良弼,字赉臣,爱新觉罗氏,满洲镶黄旗人,生于 1877 年。他是日本陆军士官学校第二期步兵科的毕业生,在日本时就认识蒋方震,对蒋方震的才华和学识十分激赏。良弼和曾赴日本考察过军事的铁良都是八旗子弟中的后起之秀,对练兵和网罗人才都很重视。良弼向蒋方震介绍了四川总督锡良派来观操的李英华。

李英华,字小川,云南人,毕业于四川武备学堂,能文能武,名气不弱于当年的"硖石才子"蒋方震。

日本留学归来的良弼获悉李英华的情况后,有意培养和提携他,就派他到日本考察军事,并嘱咐他前去向蒋百里请教。不巧的是李英华到日本时,蒋百里已回国,两人就这样失之交臂。李英华此次奉派观操,是个拜会蒋百里的好机会。

蒋方震曾受到方雨亭、陈仲恕、梁启超等师长的提携,所以他十分爱惜人才,对奖掖晚辈后学不遗余力。当他听完良弼的介绍后,迫不及待地连夜去找李英华。

李英华和另外三人睡在一个大炕上,忽然有人摸到他的头,问他是不是云南人李小川,他答应说:是。那人便叫他穿衣起床,一同去看夜间演习,李小川依言而行。出门以后,那人自报姓名,原来就是他仰慕已久的蒋百里。

他们两人志趣相投,个性相近,谈得极为投机,都有相见恨晚之感。李小川视蒋百里为良师,而蒋百里则视李小川为益友,二人互相勉励,期待将来都有一番作为。

秋操结束,众人各自打道回府,李小川径回四川,蒋百里则南下到汉口,乘轮船赴上海,准备放洋赴德国。

李小川回到四川不久,即收到蒋百里在船上给他写的一封信:

> 小川吾兄阁下:
>
> 河梁一握手,北走南驰,正不知此日行旌行将何指,而此书之能入公目触公手者,又复不知何日?仆之作此书,则九月十四日离芜湖十里许长江轮舟中也。仆预定十五日至申,二十东渡。出汉口,乃知申府兄已向宜昌,本欲有言由申府兄转达,今无及矣。阁下以明敏之资,又复富于研究,务记扩其眼界而坚其志向,则此后功业,要非仆所能识也。仆之于君,交仅一面,遽觍颜作此等语,人或笑之,但区区之忱,固有莫知其然而然者也。到东后,公如有志往东留学,尽以书来,一切事当为君设法任之。临风怀想,不尽依依。[1]

---

[1]　蒋百里:《致李华英(小川)函》(光绪三十二年九月十四日),蒋复璁、薛光前主编:《蒋百里全集》第1辑,第71页。

李小川当时年仅 18 岁,蒋百里与他只有一面之缘,却写出了如此感人肺腑的书信,使李小川非常感动,给他留下了极为深刻的印象。数十年后,双鬓斑白的李小川还能一字不漏地背诵这封信的全文。每谈到蒋百里的知遇之恩,他总是禁不住潸然泪下。

10 月 31 日,蒋百里在旅途中写信给李小川,11 月 1 日抵达上海,稍作勾留之后,于 6 日乘船至日本,然后乘远洋巨轮前赴德国。赵尔巽给他拨款万元,经费十分充裕,与当年自费留学日本的苦况不可同日而语。

甫离东洋,又向西洋,蒋百里脚下的路还很长!

游学德国的日子

20 世纪初,德国的军事在世界上数一数二,是所有初出茅庐的青年军人向往的地方。蒋方震在日本时就曾大量阅读过日本人翻译的德国军事名著,如克劳塞维茨的《战争论》等。他和士官学校的其他人一样,也梦想有朝一日到德国去,学习世界上最先进的军事理论和战术技巧。

他没有想到这一天会来得如此之快。

1907 年初,26 岁的蒋方震远涉重洋,来到了德国。他在这个完全陌生的环境中整整生活了四个年头。他遍访名师,努力吸收最先进的军事理论。他大量阅读欧洲的文学、哲学和史学名著,探求欧洲文化的底蕴。他遍游德国和意大利的名胜古迹,追寻历代诸侯征战杀伐的遗存和仁人志士留下的遗风。在这过程中,他丰富了学识,增长了见闻,开阔了眼界,为他后来在军事、文化和外交等领域取得非凡的成就奠定了良好的基础。

蒋百里到德国突击学习了一段时间的德语后,直接到德国陆军第 7 军中担任实习连长,驻扎在柏林附近的埃伯斯瓦尔德。由于他勤奋好学,踏实肯干,很快就熟悉并掌握了德军的管理制度和行为规范。加上他深厚的中外文化知识根基和在日本士官学校所受的系统训练,使他很快在第 7 军中崭露头角,获得了下属的尊敬和上司的赏识。

当时担任第 7 军军长的是德国名将兴登堡。在一次演习中,蒋方震表现出了卓越的组织和指挥才能,引起了兴登堡的注意。他亲自召见蒋方震,拍着他的肩膀勉励说："从前拿破仑说过，若干年后东方必出一伟大的将才，这或者就应在你的身上吧！"①事后，兴登堡又与蒋方震合影留念。兴登堡的评语传扬开来，军中同僚对身材瘦小的蒋方震更是刮目相看。这些话还通过在德国的其他中国留学生之口传到国内，蒋方震的名头就更加响亮了。

蒋方震长相清俊，为人谦和，好学上进，深得驻地附近德国居民的喜爱。热情好客的阿司特夫人主动辅导蒋方震学德语，成了他最好的德语老师。她对蒋方震关怀备至，使身处异国他乡的蒋方震深受感动，后来干脆认她作了干娘。三十年后，当蒋方震携妻带女再到柏林时，这位令人尊敬的阿司特夫人依然健在，谈起蒋方震在德国游学时的往事，她如数家珍，讲得绘声绘色，令人称奇。

德国军人在社会上拥有极高的地位和声望，年轻有为的中下级军官更是未婚的名媛淑女争相抛撒彩球的对象。这与中国的情况截然不同，中国素有"好铁不打钉，好男不当兵"的说法，许多人是生活所迫才去当兵的，所以缺乏荣誉感和责任感，开小差的现象十分严重。经过对比，蒋方震对中国军队种种积弊的原因有了更深刻的洞察。后来他担任保定军校校长，着意培养优秀的军事人才，并在各种场合呼吁优秀青年学子投笔从戎，从根本上改变中国军队的素质。凡此种种，都与他在德国的经历有关。蒋方震还特别注重培养军人独立的人格意识，反对军人干预政治，这也与德国军人相对独立和超然的特点有关。

蒋方震是个多才多艺的人，他很快就融入了德国军人的生活之中，与地位相当的青年军官参加各类活动。他学会了交谊舞，甚至跳得比德国人都好。有一次，他参加交谊舞比赛，以优美流畅的华尔兹舞步荣获第一名，引起了不少窈窕淑女的注意。

蒋方震在军中有一好友，是军事名著《战略论》的作者伯卢麦将军的侄子。两人年龄相仿，意气相投，在军营中结下了深厚的友谊。有一次野外演习归来，他们两人骑马并肩而行，一路谈天说地。蒋方震忽然问小伯卢麦："你看我将来在军事上，可以做什么官？"小伯卢麦笑着回答说，蒋方震可以

①　陶菊隐：《蒋百里先生传》，第26页。

担任军事内阁长（即德国皇帝的军事秘书长）。

蒋方震颇为不服，说："我难道不配做参谋总长？"

小伯卢麦说："不是这么说的，我们德国参谋部要选择一个有性癖的，或有点疯子气的人做参谋总长。"

蒋方震虽然觉得很奇怪，但未让小伯卢麦进一步解释，转而问他对陆军部长有何看法。小伯卢麦说："参谋总长是公的，陆军部长是母的，我们青年军人不想当陆军部长，因为他是陆军的母亲，要有点女性的人，才干得好……参谋总长的性质同陆军部长不同，不要他注意周到，要他在作战上看出一个最大要点，而用强硬的性格，不顾一切地把住它，因为要不顾一切，所以一方面看来是英雄，一方面看来是疯子。军事内阁长是专管人事，要是有性癖的人去干，一定会结党，会不公平，要是有女性的人去干，就只会看见人家的坏处，这样不好，那样不好，闹得大家不高兴。我是恭维你人格圆满，不是说你没有本领啊！"[1]

蒋方震后来享誉华夏，除了他具有超凡的文韬武略外，也与他近乎完美的品德修养有很大关系，小伯卢麦在当时堪称慧眼识人。

1910 年秋蒋方震回国以前，曾承小伯卢麦的介绍，在柏林以南的森林别墅中拜见了心仪已久的伯卢麦将军。当时伯卢麦将军已 70 余岁，须发皆白，垂垂老矣，但是"老骥伏枥，壮心不已"，老将军每天仍然伏案挥毫，笔耕不辍，要把自己全部的军事思想和实践经验传示后人。

伯卢麦将军热情地接待了蒋方震。由于有许多共同的话题，他们两人谈得十分投机。老将军投入许多时间和精力对他的代表作《战略论》一书进行了修改和补充，交由出版社出版。他向蒋方震展示了修改时参考的各种材料，不厌其详地阐述了过去五十五年里战略战术的演变概况，使蒋方震获益匪浅。最后，他还把新版《战略论》的中文翻译出版权无偿地授予蒋方震。他勉励蒋方震继承和发扬中国古代军事大家的思想和风格，力争成为中国新一代兵略家中的佼佼者。这次会面给蒋方震留下了深刻的印象，成为激

---

① 蒋百里：《张译鲁屯道夫全民族战争论序》，蒋复璁、薛光前主编：《蒋百里全集》第 2 辑，第195—196 页。

励他奋发图强的一个重要因素。

蒋方震从小酷爱读书,经常手不释卷。德语过关后,便利用空余时间大量涉猎文学、史学和哲学名著。由于赵尔巽给他的经费十分充裕,他便大批购买自己喜欢的书籍,如《歌德集》《席勒集》和但丁的《神曲》等名篇巨著,他都买来置于书架之上,时常翻阅。

莎士比亚是西方文学巨匠,在欧洲各国享有极高的声誉。德国人自诩德文版的《莎士比亚全集》比英文原著还要好,蒋方震从友人处借来一套,日夜攻读,几乎到了废寝忘食的地步,只用一个星期的时间就读完了全书。

蒋方震对歌德的作品情有独钟。埃伯斯瓦尔德的周围有许多橡树,一到秋天,橡树的叶子落下来铺在地面上,到处都是黄澄澄的一片,宛如一幅优美的风景画。蒋方震经常席地而坐,高声朗诵歌德的作品。他的德语发音虽然不太准确,但声调抑扬顿挫、铿锵有致,给阿司特夫人留下了深刻印象。三十年后,阿司特夫人对蒋方震的女儿们讲述当时的情景,犹自赞叹不已,说坐在"画"中诵读的蒋方震依稀如神仙中人。

在哲学方面,蒋方震对康德最为推崇,对康德的作品颇下了一番功夫。1930年他被蒋介石关进监狱后,仍在研究康德的著作。他还让人把一张康德的画像配上像框,挂在牢房的墙上,为自己增添战胜困难和噩运的信心与勇气。

蒋方震精通中国历史,对历史事件和人物的评价常有独到的见解,不喜欢人云亦云。到德国以后,他通过读书和游历,对欧洲的历史和文化有了深入的了解。他对古希腊的文明和古罗马的强盛赞叹不已。他对发轫于意大利的欧洲文艺复兴运动的历史尤其感兴趣。他利用假期到意大利游历,追寻达·芬奇、米开朗基罗等文艺复兴巨匠的足迹。他徘徊在罗马的大街小巷,体察一种全新的文化氛围和生存状态。

有一天,他到一家设在地窖中的小酒家,要了一盘牡蛎、一瓶酒,坐在角落里独斟独饮。四周摆放着酒瓶架,陈列着各式各样的醇醴美酒,使人仿佛置身于酒乡之国。突然间一个卖唱的人拉着小提琴唱着歌走进来,给这安谧宁静的酒家平添了几分浪漫的情调。

蒋方震参观了梵蒂冈的圣彼得大教堂,有幸看到了天主教的弥撒大典。

在一片庄严肃穆的气氛中，教徒们诚惶诚恐地向教皇顶礼膜拜，一如中国的臣民向皇帝三跪九叩一样。蒋方震虽非教徒，但他的心灵也被那宏伟壮观的场面深深地震撼了。

蒋方震到历史名城佛罗伦萨，欣赏历代艺术大师的雕塑和绘画，领略传世之作巧夺天工的神韵。他到那不勒斯，参观被维苏威火山埋葬过七次的那座小城，既惊叹于大自然威力无比的破坏力，同时又深为当地人民与灾难斗争的勇气所折服。

在欧洲期间，蒋方震受到了西方文化的熏陶，接受了民主精神和人文精神的洗礼，这些都对他那与众不同的独立人格的养成起到了很大的促进作用。他后来写作出版的《欧洲文艺复兴史》，其基础就是在这个阶段奠定的。日本和德国的游学生涯，最终使他成为通古晓今、学贯中西的大学问家而名垂青史。

蒋方震在德国还受到了共产主义思潮的影响。20世纪20年代他主编的《改造》杂志，曾发表多篇文章，参加了当时的社会主义和共产主义问题大讨论。他在《是不是奢侈的装饰品？》一文中回顾说："吾之共产思想盖发生于留德之时。吾见夫学府之宏博高远非有相当资产不可以得学也，吾见夫中产阶级之子弟以学费之困难而中途辍学也，吾乃言曰：贵族占有地位不要紧，贵族占有学问则可恶；资本家独占财产不要紧，资本家独占智识则可恶。"[1]蒋方震从小家贫，差点上不起学，所以他希望每一个人都能享有上学受教育的权利。他后来不遗余力地奖掖和提携后学晚辈，与他早年的经历大有关系。

1907年－1908年，清政府派驻德国的公使是孙宝琦。当时国际关系风云变幻，在远东有重大利益关系的英国和日本结成盟友，以对抗俄、美、德等国。德皇威廉二世审时度势，提出了结成中、美、德三国同盟的构想。他认为世界上德国最强、美国最富、中国最大，三国结盟，必将雄霸世界。他派人与驻德公使孙宝琦秘密磋商，并建议中国派特使赴美国进行商谈。

威廉二世打算等三国的协商略有眉目后，让皇太子到中国访问观光，以示隆重，以表诚意。

1909年4月，荫昌继孙宝琦担任驻德公使。荫昌十分欣赏蒋方震的才

---

① 蒋百里：《是不是奢侈的装饰品？》，蒋复璁、薛光前主编：《蒋百里全集》第1辑，第162页。

学,认定他将来必能成为国之栋梁,所以有意培养和提携他。荫昌打算让蒋方震负责德国皇太子访华时的各项接待工作,给他一个充分展现才华的机会。可惜的是三国同盟之议始终停留在口头上,没有实质性的进展,德国皇太子终未成行,接待工作也就无从谈起了。

京华烟云

1910 年秋,蒋方震结束了在德国的游学和实习,绕道莫斯科,乘火车经西伯利亚回到了阔别四年的祖国。

当年派蒋方震赴德的盛京将军赵尔巽已不在东北,蒋方震在东北素无根基,没有赵尔巽,他在东北很难立足,所以他来到日本士官毕业生云集的北京城谋求发展。

清廷在新军之外,另组建了一支禁卫军,作为嫡系部队,由宗室载涛统领,并任命良弼为禁卫军第一协协统,辅佐载涛。由于载涛对军事一窍不通,良弼实际上担负着全军的管理和训练工作。

良弼得知蒋方震学成归国,十分高兴,将他接到光明殿胡同自己的家中居住,两人朝夕相处,商讨练兵大计。

良弼请蒋方震到第一协担任一名标统,助自己一臂之力,但蒋方震力辞不就,自请担任一名管带(相当于营长)。他在德国只担任过实习连长,他不想越级升迁,让别人说他是靠良弼升官发财的。他想凭自己的真本事从基层扎扎实实干起,在实践中锻炼和提高自己。

由于蒋方震学识渊博,带兵有方,且为人正直,待人谦和,所以很快就赢得了士兵们的尊敬和信任。当时军中逃兵非常之多,防不胜防,当官的叫苦不迭,因为军纪规定,逃兵达到一定数量,主官要受处罚,逃兵穿走的军装,也要由主官赔偿。由于蒋方震能善待士兵,所以在他任管带的四个月中,属下的 500 余名官兵中只出现了 10 余个逃兵,在全军各营中是逃兵数量最少的。他既受上司的赏识,又受士兵的拥戴,这在当时的军营中是比较少见的。后来,当赵尔巽调他去奉天任职时,士兵们围住营门不让他走,他得到良弼的协助才得以脱身。

蒋方震在北京还常与吴禄贞、李书城等士官毕业生来往。吴禄贞从友人处筹得2万两银子送到庆亲王奕劻的手中,谋到了驻扎保定的陆军第六镇统制(相当于师长)的职位。他摩拳擦掌,准备大干一番,练成一支能征善战的精兵。但到任以后他才发现事情远比想像的复杂,他时时受到陆军部各级官僚和军中守旧势力的掣肘,有令难行,有禁不止,想调的人调不进来,想撤换的部将撤换不了,使他陷入了困境。这与蒋方震当年在东北的境遇颇为相似。吴禄贞见事情难为,遂生去意,向日本正金银行借款8000元,在北京东城大方家胡同修建了一所楼房常住下来,很少再过问保定的军务。李书城常追随吴禄贞左右,也应邀住进了这座楼房。

蒋方震回国后也成了吴禄贞府上的常客。当时,士官派在军队中已形成了一定的势力,吴禄贞的家是他们聚会的一个主要场所。

吴禄贞曾介绍蒋方震和李书城到军谘府大臣载涛的府邸,替载涛整理和编辑他赴各国考察军事的记录。载涛不善于舞文弄墨,又不懂军事,让他担任军谘府大臣并统领禁卫军,实在是难为了他。

吴禄贞1907年曾随东三省总督徐世昌赴奉天,充任军事参议。由于日军寻找借口侵占了吉林延吉的间岛,挑起边界纠纷,徐世昌派吴禄贞充任延吉边务帮办,前往调查处理。根据历史文献和实地考察,吴禄贞写成《延吉边务报告书》三册,证明延吉自古就是中国领土,并据理交涉,迫使日军退出了侵占的地方。有了这次正面交锋,吴禄贞、李书城等士官生对日本亡我中国之心有了深刻的洞察,对日本人的一举一动保持着高度的警惕,都想加强边防力量,御敌于国门之外。这与蒋方震从日本归来后赴奉天整军经武的初衷可谓不谋而合。现在他们几个人聚在一起,朝夕恳谈,讨论应付日本的长远之计。讨论结果,他们决定先给清廷上一道密折,提出几条建议,要清廷洞悉日本人之奸谋,采取有力措施,作未雨绸缪之计。

密折揭露了日本的侵略本质,明确指出:"日本图我,已非一日。甲午之战,启外人侮我之端;庚子之役,为各国进兵之导。胜俄以后,野心愈炽。夷朝鲜为版图,视东省为外府。"他们陈述了造成祸端的原因,列举了有关的证据,然后提出了一项治本之策和两项治标之策。

治本之策:改革中枢机构,将军事和行政分开管理,"凡与国防甲兵有关系之交通及外交事宜须受军谘大臣处理,以一事权;军机处改为内阁,以政事委之,不必令其参与军务"。

治标之策:一是制定外交政策,二是制定防御计划,内政外交双管齐下,有效遏制日本人的凶焰,使他们不敢轻举妄动。

他们在密折中还痛切陈述了国内军队腐败落后的情形。他们举第六镇为例加以说明。第六镇共有官长 400 名,而其中受过正规军事教育、符合军官条件者不足 50 人,甚至有年届 60 岁仍担任排长者,"官长如此,兵士可知。是曰新军,实为乌合",其他如长官克扣军饷、体罚士兵;部队军纪败坏、装备简陋等等弊端,不胜枚举。所以他们向清廷呼吁:"冀自今始,急筹所以补救之道。否则,一旦有事,虽予以一月之准备,而拔队起程,未可期也;能战与否,未可知也。"[①]

他们呈上密折后,清廷特赐御馔,以资表扬和鼓励,并表示要采纳他们的建议。但是,由于辛亥革命的激荡风云很快席卷而来,清廷自身尚且不保,更谈不上加强边防抵御外侮了。

尽管如此,蒋方震对日本的狼子野心始终保持着高度的警惕。在以后的岁月里,他不论是在朝还是在野,不论处在顺境还是逆境,都始终关注着日本人的动向。他常年订阅日本的报纸,广泛接触日本朝野人士,研究日本的政治、经济、军事和外交动态,追踪日本对华政策的演变,为中国的国防建设出谋划策,奔走呼号,晚年拖着病弱之身积极投身于全民族的抗日战争中,因劳累过度、积劳成疾而病逝于陆军大学代理校长任上。他为抗日而逝,实现了自己为国家为民族"鞠躬尽瘁,死而后已"的诺言。这一切绝不是偶然的,在他早年的思想和活动中就可看出,爱国主义对他来说不是一句空洞的口号,而是实实在在的行动。

蒋方震在北京还见到了儿时的好伙伴张宗祥。张宗祥 1899 年中秀才,1902 年中举人,因科举制度废除,无缘高中进士,乃于 1910 年到北京参加了选拔官吏的考试,获殿试一等的优异成绩,被选入大理院任推事。少时好

---

① 李书城:《我对吴禄贞的片断回忆》,《辛亥革命回忆录》第 5 集,中华书局 1963 年版,第 453 页。

友,京华聚首,自有聊不完的话题。

有一次他们两人深夜长谈,蒋方震说起与查品珍的婚约,感慨系之。他们订的是娃娃亲,谈不上有什么感情,后来蒋方震出国留学,眼界大开,觉得在文化程度、生活习惯和思维方式诸方面与查品珍差异太大,勉强成婚对两人都将是不幸之事,所以写信给母亲提出退婚。蒋母杨镇和夫人婉转地对查家人说,蒋方震留学得许多年,恐怕会耽误查小姐的青春,不如解除婚约。但查小姐坚决不同意退婚,她答复说,若蒋方震留学十年,她便等待十年,若留学百年,她便等待百年。按当时风俗,两人订亲就等于结下了生死之约,女方无故遭男方退亲,是一件极为丢脸的事,为家族和个人考虑,查品珍当然不会轻易解除婚约。

随着时间的推移,蒋方震和查品珍都接近了而立之年,即使按照今天的标准来看,他们也步入了大龄青年的行列,这样继续拖下去,多有不妥,何况杨镇和夫人还盼望着早一天抱孙子呢!

1911 年早春,蒋方震返回硖石老家,与查品珍举行了婚礼。虽然他对这桩婚姻很不满意,但他别无选择。

蒋方震在硖石稍作逗留后,来到杭州,在西湖边上的高庄大宴宾客。他在杭州有许多同学和朋友,这顿喜酒是无论如何也免不了的。高庄是蒋方震的士官同学高子白的宅第,他们两人也是至交,兄弟般的友情保持了数十年。1938 年蒋方震病逝后,高子白曾赋诗四首以为纪念,其中两首云:

> 忍将老泪哭齐年,童稚情亲倍黯然。
>
> 岂仅文章垂后世,更无谈笑获随肩。
>
> 攘夷方急中原日,赍志长悲欲晓天。
>
> 伯道乏儿苏武妇,我来何处吊新阡?
>
> 松坡早谢韵松亡,黯黯同侪欲息锃。
>
> 驱狄方期峰井伯,挥戈忽丧鲁灵光。
>
> 才闻汉节旋殊域,遽报箕星陨鬼方。
>
> 寂寞宜州山下月,只应黄九与参行。①

---

① 高子白:《挽诗》,蒋复璁、薛光前主编:《蒋百里全集》第 6 辑,第 204 页。

在老家度过蜜月后,蒋方震告别母亲和新婚的妻子,回到北京继续担任禁卫军的管带。不久,赵尔巽调任东三省总督,召蒋方震前去任职,蒋方震遂再度出关,远赴奉天。

第五章　峥嵘岁月　祸福相依

奉天历险

1911 年 4 月 20 日，清廷谕命赵尔巽为东三省总督。

赵尔巽把蒋方震等人派往德国留学之后，在盛京将军任上并未呆太长时间。

1906 年底，在庆亲王奕劻和袁世凯的推动下，清政府决定将东北改为行省，派奕劻之子载振和徐世昌出关考察。当时，奕劻和袁世凯内外勾结，权势熏天，一切用人行政主要由他们二人商定。袁世凯认为东北改行省是扩张其北洋势力的绝好机会，所以在载振路过天津时大加贿赂和笼络，他的手下段芝贵还投载振所好，将女伶杨翠喜买下送给载振为妾，极尽巴结之能事。

1907 年 4 月，东北正式改制，分为奉天、吉林和黑龙江三省，盛京将军一职撤销，以徐世昌为东三省总督，兼管三省将军军务，以唐绍仪、朱家宝和段芝贵分任奉、吉、黑三省巡抚，他们 4 人均是袁世凯的党羽。这样一来，清政府历来不愿让汉人染指的"龙兴之地"转眼间纳入了袁党的势力范围，赵尔巽在东北失去立足之地。

清政府也没有亏待赵尔巽,调任他为四川总督,9月改授湖广总督,1908年又再度调任四川总督。

1909年1月2日袁世凯被勒令"回籍养疴"后,徐世昌即于2月9日被调离,而以蒙古族人锡良接替东三省总督。

1911年初,赵尔巽进京陛见。4月18日,锡良因病免职,赵尔巽得到了再回东北的机会。当年被人挤出奉天,而今蒙浩荡皇恩再度出关主政,赵尔巽打算以总督的身份在东北兴利除弊,有所作为,以不负众望。他上奏清廷,要求赋予他用人行政的便宜处置之权,以求事权划一而减少各方面的阻力。5月6日,清廷发布上谕,准其所请。谕曰:

> 东三省情形本与腹地不同,自日俄战后,改设行省以来,朝廷鉴及办事诸多棘手,更未尝尽以文法相绳,现值事机愈迫,尤须内外协力维持,以期稍补万一。着即照所请,所有用人及各项要政,均准其便宜措置。①

要想有所作为,网罗人才是要紧之务。赵尔巽上任伊始,即想到了当年派往德国学习军事的蒋方震,如此誉满中外的人才,怎能不为我所用?

他专折奏请朝廷批准蒋方震再回东北任督练公所总参议。与前次不同,蒋方震正在良弼的禁卫军中任管带,是中下级军官,越级升为总参议,不符合朝廷按部就班的升迁原则,赵尔巽就在奏折中加以变通,不提蒋方震的管带官衔,而称"陆军留学生蒋方震",顺利地得到了朝廷的批准。这样,蒋方震又成了头戴二品顶戴的高级官员了。

良弼视蒋方震为左右手,当然不愿放他走,但一则有清廷的谕旨,二则良弼也不能耽误蒋方震的前程,所以只有忍痛放人。

不过,营中官兵获知他们的管带要走,群情激昂,把蒋方震包围起来,坚决不让他走,连良弼也劝解不开。最后,良弼派人用梯子把蒋方震从楼房后

① 《宣统政纪》卷52(自宣统二年五月至宣统三年十二月),沈云龙主编《近代中国史料丛刊》三编第十八辑,台北,文海出版社1986年版,第905页。

面偷偷接下来,让他当天就乘火车离开了北京。

蒋方震赴奉天上任,见到了老长官赵尔巽,也见到了恩师陈仲恕。陈仲恕一直在赵尔巽幕府中,颇得赵的倚重。有缘则聚,缘尽则散,陈仲恕和蒋方震的师生缘绵延不绝,堪称一奇。

此时的东北已与六年前大为不同,虽然张锡銮和张作霖等旧军人还较为活跃,拥有一定的实力,但新军的力量更大,军事装备和军事素质更好。以张绍曾为统制的新军第二十镇驻在新民府,以蓝天蔚为协统的第二混成协驻在奉天。张绍曾毕业于日本陆军士官学校第一期,与吴禄贞同学,蓝天蔚是第二期毕业生,与良弼同学,都是当时清政府军队中风头颇健的"士官派"骨干人物。有他们做后盾,蒋方震底气十足,豪气干云,按照自己的设想,大刀阔斧地行动起来。

蒋方震平生最大的抱负就是整军经武,巩固国防,抵御外侮。自留学日本开始,他就一直在关注和研究东北问题。东北地大物博,土地肥沃,矿藏丰富,前景广阔,然而北有沙皇俄国虎视眈眈,南有日本帝国磨刀霍霍,如不立即振刷精神,建立强大的国防,必为敌国所乘,而使我国大好河山落入外人之手。

蒋方震对日本的情况了如指掌,而对俄国比较陌生。孙子云:"知己知彼,百战不殆。"只有了解对手,才能通筹对付的良策,为此,他特别提请赵尔巽批准,聘请彰德秋操时认识的西南才子李小川担任军事参议,打算派他去俄国留学考察。可惜的是,由于武昌起义爆发,天下大乱,李小川的俄国之行被迫取消了。

在蒋方震游学德国期间,张作霖的官越做越大。1907年徐世昌任东三省总督时,张作霖设下鸿门宴,将"结拜兄弟"杜立三骗到新民府杀死,然后派部队端掉了杜立三匪帮的老窝,立了大功,被清廷授为蓝翎都司。1908年,张作霖奉命率部驻防吉林的辽源,后移洮南,剿灭了蒙匪陶克陶胡帮和白音大赉帮,被擢升为洮南镇守使,并乘机将原来的五营兵力扩为七营,使其手下达到3500多人。他们多系土匪出身,数年来追随张作霖东征西战,行动飘忽,作风强悍,实战经验极为丰富,是一支不可轻视的力量。

奉天城里还有一股势力,那就是立宪派。1906年清政府迫于各方面的压力,宣布预备立宪。1909年在北京设立咨政院,在各省设立谘议局,作为施行立宪的机关。谘议局设议长、副议长,议员由各府、州、县从官绅名流中选派,任期三年。时任奉天谘议局议长的是吴景濂,副议长是袁金铠,袁是赵尔巽的幕僚,与赵的关系非同一般。

1911年10月10日,武昌起义爆发,正式敲响了清王朝的丧钟。

10月22日,湖南和陕西革命党人起兵响应。23日江西九江新军举起义旗。29日,山西新军中的革命党人发动起义,杀死巡抚陆钟琦,建立山西军政府。10月30日,蔡锷、唐继尧等人在云南起义,组成云南军政府,蔡锷被选为都督。

11月初,上海、浙江、江苏、贵州、安徽、广西、福建、广东先后爆发革命,脱离了清政府的统治,武昌起义的星星之火以燎原之势燃遍了大半个中国。

蒋方震虽不是同盟会员,与同盟会员的交往也不深,但他绝不反对革命,因为他十分清楚,清政府腐败无能,似一株老朽不堪的枯木,无法长久支持下去,劲风一吹,必会轰然倒地。故而,他听到起义消息后即私下里对李小川说:"革命早晚必成,你出国已成泡影,也毋庸再出关了,我看你南下参加革命为上策。"①

李小川依言南下,成为一名革命党人。蒋方震仍旧留在奉天,静观局势的变化,打算为东三省起而响应革命贡献一份力量。

武昌起义时,第二十镇统制张绍曾率部驻扎在河北滦州,第二混成协协统蓝天蔚虽然心向革命,但势力较为单薄,加上他手下的标统聂汝清和刘恩鸿反对革命,处处作梗,使蓝天蔚不敢轻举妄动,奉天局势仍被以赵尔巽为首的守旧派控制。善于投机的张作霖也乘机攫取到了更大的权力,为他进一步称霸东三省、问鼎中原打下了基础。

武昌起义爆发时,赵尔巽正在黑龙江视察,闻讯后于10月15日匆忙返回奉天,连夜召集文武官员开会讨论应付变局的方策。会上众说纷纭,难有定见,最后谘议局副议长袁金铠提出上、中、下三策,供赵尔巽抉择。

袁的三策是:整军保境,震慑革命,策之上也;遥作勤王,静观事变,策之

---

① 陶菊隐:《蒋百里先生传》,第35页。

中也；响应民军，甘居叛逆，策之下也。袁并建议调张作霖所部进驻奉天，以收震慑之效。

赵尔巽对大清朝廷忠心耿耿，当然不会"响应民军"，他经过权衡，选择了袁金铠提出的上策，力求"整军保境，震慑革命"。但他深知张作霖的为人，阴险狡诈，诡计多端，土匪本性难改，所以没有调动张的部队，而是密调驻防通辽的后路巡防营统领吴俊升率部开往奉天。

然而张作霖可不是一盏省油的灯，他虽远在洮南，却无时无刻不在密切关注着奉天的动态。

赵尔巽任东三省总督后，为提高巡防营的战斗力，在奉天开设了讲武堂，轮训各营的中下级军官，张作霖的手下汤玉麟、张景惠、张作相等人均前往受训。

当张作相等人从洮南动身时，张作霖叮嘱他们要随时写信把省城奉天的情况告诉他，他已不甘心蛰居洮南一隅了。

在讲武堂受训的张景惠获悉赵尔巽的决定后，急忙报告了张作霖。张作霖认为这是千载难逢的好机会，当即决定先斩后奏，于 10 月 26 日亲率500 轻骑兵，从洮南星夜赶赴奉天，其余部队由参谋长依钦保率领，随后赶来。

张作霖未经许可，擅自调动部队，本为军法所不容，但因情势紧迫，正值用人之际，赵尔巽非但未予追究，反而任命张作霖为剿匪司令和奉天城防司令，统率马、步十四营，共 5000 余人，张作霖并表示坚决效忠赵尔巽，唯赵马首是瞻。

10 月 29 日，张绍曾和蓝天蔚约同其他新军将领通电清廷，要求召开国会、组织责任内阁、制订宪法、特赦国犯、削除皇族特权等。电文语气强硬，声称如不允许，将统兵进攻北京。这就是有名的"滦州兵谏"。第六镇统制吴禄贞也与张绍曾等取得了联系，准备联合进攻北京。一时之间北京城里传说纷纭，一片恐慌。达官贵人纷纷避往天津，隆裕太后也预备携带小皇帝溥仪逃往热河避难，北方的形势对革命派极为有利。

然而就在此时，在河南彰德"养疴"的袁世凯复出，被授为钦差大臣，全权负责前方军事。

袁世凯上任伊始,即派人用 2 万元巨款买通吴禄贞的卫队长马步周,于 11 月 7 日在石家庄车站将吴刺死,使革命派遭受了重挫。袁世凯还通过徐世昌授意张绍曾手下的第十四协协统潘矩楹逼迫张绍曾离开第二十镇,避往天津租界,部队则被分散调开。这样,吴、张、蓝等联合进兵北京的计划就被袁世凯瓦解了。

蓝天蔚失去吴禄贞和张绍曾两大强援,孤掌难鸣,就在奉天与谘议局议长吴景濂和革命党人张榕等人开会密议,要采取措施迫使赵尔巽出走,然后以蓝天蔚为关外革命军"讨虏大都督",张榕为奉天省都督兼总司令,吴景濂为奉天省民政长。蒋方震也参与了这些密谋活动。

赵尔巽获悉了蓝天蔚等的密谋,乃与袁金铠等筹划成立"奉天国民保安会",于 11 月 11 日夜召开筹备会,拟定了简章。

就在这一天,梁启超来到了奉天。

梁启超在日本与革命党人进行大论战后,数年来一直在推动立宪运动。武昌起义爆发后,他认为应该抢在革命党之前控制各地尤其是北京的局势,所以他计划利用与清廷内较开明的载涛、善耆、良弼等满洲亲贵建立的联系,发动禁卫军实行宫廷政变,同时策动吴禄贞、张绍曾和蓝天蔚等新军将领发动兵变威胁北京,造成内外夹攻之势,把昏聩颟顸的奕劻赶下台,拥立载涛为内阁总理,召开国会,以资政院和各省谘议局全体议员充任国会议员,并由清廷下罪己诏,对革命党人实行安抚,借此消弭革命,完成君主立宪大业。

为实现多年的夙愿,梁启超决定亲自回国指挥调度。11 月 6 日,梁启超化名陈用,携随行人员 4 名,由日本乘"天草丸"轮船返国。9 日,梁启超一行抵达大连。梁踏上祖国的土地,不觉豪情勃发,当即赋诗一首,大有主天下沉浮之英雄气概。其诗云:

> 虎牢天险今谁主,马角生时我却来。
> 醉抚危舷望灯火,商风狼藉暮潮哀。[1]

---

[1] 梁启超:《舟抵大连望旅顺》,梁启超:《饮冰室合集》文集之四十五(下),中华书局 1941 年版,第 69 页。

然而，一日数变的国内形势使梁启超的希望终成泡影。梁回国后，袁世凯复出，吴禄贞遇刺，张绍曾丢官，载涛和良弼的禁卫军被袁世凯牢牢控制，梁失去了凭借的力量。尽管如此，他仍决定赴北京进行一番拼搏。

11月11日，他由旅顺乘汽车抵达奉天，本拟先拜见赵尔巽，谈自己的政治主张，然而赵尔巽正在筹建保安会，自顾不暇。梁启超乃数次约见蒋方震，研讨形势，商议进退大计。

日本一别，忽忽数年，在国事艰危的多事之秋，梁启超与蒋方震再度聚首，均感慨系之！他们没有时间畅叙别来之情，谈的都是关乎中华民族前途和命运的国家大事。

11月12日下午，奉天保安会成立大会在谘议局召开，由赵尔巽和袁金铠主持，与会者有奉天军、政、农、工、商、学各界自治团体的代表。

蓝天蔚、吴景濂、张榕等人欲乘此机会逼走赵尔巽，实现奉天独立的计划。为此，蓝命令他的队伍入城以控制局势。然而他手下的标统聂汝清、刘恩鸿抗命不从，蓝天蔚见部队已不听指挥，故未参加会议，守旧势力最终在会上占了上风。

大会开始后，张作霖紧随赵尔巽之后予以保护，他手下的张景惠、汤玉麟等人均密携手枪在会场内外警戒。

赵尔巽首先讲话，他说："当此关内风云多变的情势下，我们东三省是处于日俄两强之间，稍有异动，深恐前途不堪设想，最好望全省父老们各安生业，静观时局演变。"

革命党人赵忠鹄突然站起来打断了赵尔巽的讲话，使局面变得异常紧张起来。如果革命党人群起而攻之，很可能将赵尔巽赶下台。

就在这千钧一发的关键时刻，张作霖登上讲台，把手枪放在桌子上大叫道："我张某身为军人，只知听命保护赵大帅，倘有不平，我张某虽好交朋友，便我这支手枪，它是不交朋友的！"[1]

---

[1]　宁武：《东北辛亥革命简述》，中国人民政治协商会议全国委员会文史资料研究委员会编：《辛亥革命回忆录》第5集，中华书局1963年版，第547页。

张作霖布置在会场内外的手下也都拿出手枪,威胁众人,再无人敢发一言,保安会就在这样的气氛中宣告成立了。

奉天保安会以赵尔巽为会长,谘议局议长吴景濂、第三十五协协统任祥祯为副会长,袁金铠为参谋总长,张榕、蒋方震为副总参谋长,聂汝清为军事部长,张作霖为军事部副部长。

13 日,奉天城里不断传出蓝天蔚将不利于梁启超的传言,熊希龄在大连也几次发电报给梁,促他尽快离开是非之地,梁只得与蒋方震等人告别,匆匆离开奉天,取道大连回日本去了。

同一天,赵尔巽决定削去蓝天蔚的兵权。他致电已到北京的袁世凯,汇报了奉天成立保安会的情况,并说蓝天蔚与手下的两个标统"素不相洽,今则全协皆不听其命令",应解除其职务,由聂汝清暂时兼任第二混成协协统,继续驻扎奉天,以确保治安①。赵的请求得到了袁世凯的批准。

11 月 14 日,赵尔巽召见蓝天蔚,对他说南方风潮日烈,让他前去实地调查,据实以报,并拿出 2000 元旅费给他。蓝天蔚见大势已去,匆忙逃往大连,转赴上海。

蒋方震见革命派的势力,大为削弱,难成气候,只好审时度势,深居简出,与赵尔巽等人小心周旋,等待时机。

张榕不愿一切听从赵尔巽的安排,就联络一部分人于 11 月 17 日成立了奉天联合急进会,张榕任会长,柳大年、李德瑚、张根仁为副会长,吴景濂和袁金铠等为参议,办公地点设在小北关容光胡同张榕的住宅内。

张榕,字荫华,号辽鹤,1884 年生于抚顺,籍隶汉军镶黄旗,是个富有传奇色彩的人物。1903 年张榕到北京入京师译学馆学习,1904 年日俄战争爆发后辍学返回家乡,组织"关东独立自卫军",不久被清政府勒令解散。1905 年 7 月,张榕再赴北京,创办秘密刊物,宣传革命,结识了志士吴樾。9 月 24 日,吴樾在前门车站怀揣炸弹混上载泽等五大臣的专车,欲进行暗杀,因车身忽然震动,引发炸弹,吴樾骨碎腹裂,以身殉国,张榕作为同谋犯被捕入

---

① 《宣统三年九月二十三日东三省总督赵尔巽致袁世凯电》,中国史学会主编:《辛亥革命》第 7 册,上海人民出版社 1957 年版,第 421 页。

狱,判处终身监禁。1908年,张榕奇迹般地越狱成功,逃至日本东京,结识孙中山,加入同盟会。1910年秋,张榕潜返大连活动,武昌起义爆发后,他才到奉天。

联合急进会成立后,各地报名入会的人十分踊跃,不久,会员即达3万余人。张榕一边与赵尔巽、袁金铠等人虚与委蛇,一边密派党人赴各地策动起义。

1912年元旦,中华民国临时政府在南京成立,孙中山被举为临时大总统,黎元洪任副总统,黄兴任陆军部总长。蓝天蔚被临时政府委任为北伐军第二军总司令,率领2000余人于1月中旬乘轮船到山东烟台,准备乘船渡渤海,在辽东登陆,与张榕的革命力量里应外合,赶走赵尔巽,策动东三省独立。

在蓝天蔚与张榕秘密联络之时,赵尔巽和张作霖等人决定先发制人,除掉张榕,免除后顾之忧。

1月23日夜,袁金铠和张作霖在德义楼宴请张榕,张榕不疑有他,欣然前往。饭后袁金铠又邀张榕去妓院消遣,当行至"聚福班"门口时,张作霖事先埋伏下的杀手于文甲和高金山突然出现,用手枪连向张榕射击,张榕猝不及防,被当场打死,年仅28岁。

张作霖随后派人抄了张榕的家,联合急进会秘书田亚宾和张榕的满族好友宝昆同遭杀害,家也被抄。此后接连数日,张作霖指挥部下在奉天大肆搜查革命党,凡遇剪去发辫或形迹可疑的人,即行逮捕入狱甚至杀头,闹得奉天城内鸡飞狗跳,一片恐怖气氛。

蒋方震到总督衙门拜见赵尔巽,赵不在,便与恩师陈仲恕讨论时局,仍想谋求东北独立。忽然一个听差匆匆进来对陈仲恕说,张作霖带着人气势汹汹来到客厅,声称要见赵大帅,但似乎另有图谋。

陈仲恕意识到张作霖是冲着蒋方震来的,急忙拿出身上的钞票,又向同事借了一些,凑了100余元交给蒋方震,叫他赶快从后门出去,乘火车离开奉天。

蒋方震不敢大意,急速赶到火车站,上了火车。不久,张作霖闻讯率人赶来,在各个车厢搜查了好几遍,没有见到蒋方震。张问一位列车员:"蒋总参议在哪儿？我要替他送行,还有话向他说呢。"列车员回答说:"未上车。"[①]张作霖搜索未果,带人悻悻而去。

蒋方震在哪里呢？他在厕所里。

原来,他上车后忽觉内急,要上厕所。火车未开时厕所本不打开,但列车员见蒋方震身着戎装,气宇轩昂,非等闲之辈,所以不敢怠慢,就开门让蒋方震进去了,而张作霖问的是另外一个列车员。这样前赶后凑,恰好让蒋方震躲过了此劫。

列车启动后,蒋方震心潮起伏,久久不能平静。两次满怀希望和激情来到奉天,两次带着遗憾和怅惘失望而归！这次如不是陈仲恕先生当机立断,自己很可能要遭张作霖的毒手。蒋方震虽不把个人的生死放在心上,但多年所学未得实践机会,整军经武的夙愿远未实现,如死在张作霖之流的手上,确实不会甘心。此次侥幸逃过一劫,更当珍惜一切机会,为自己的理想而奋斗。

游子回故乡

蒋方震在疾驰的列车上感叹:天下之大,何处是我蒋方震的落脚之地呢?

不如归去,回到朝思暮想的母亲身旁,回到魂牵梦萦的西子湖畔,如有机会,为家乡贡献一份力量,如无机会,就学弃官归隐的陶渊明,回硖石老家做一个教书匠,所谓"达则兼济天下,穷则独善其身"者是也。

蒋方震兼程南下,直趋杭州。

南方各省均告光复,齐聚于孙中山的中华民国临时政府旗帜之下。蒋方震的许多同学和校友都在临时政府和各省政府的军政部门谋到了一官半职:蔡锷任云南省都督,蒋尊簋任浙江省都督,李小川在黄兴的陆军部任职,高子白在浙江省政府任职,士官学校的校友在军中任职的不计其数。

浙江是较早独立的一个省份。1907年秋瑾遇害以后,浙江革命党人不

---

① 陶菊隐:《蒋百里先生传》,第36页。

但没有被吓倒，反而加强了反清革命的宣传工作和准备活动，奠定了较好的群众基础。武昌起义的枪声点燃了浙江各地革命烽火。11 月 5 日，杭州革命党人率先发动起义，攻占军械局和浙江巡抚衙门，公举浙江谘议局议长汤寿潜为都督。

南京临时政府成立后，汤寿潜被任命为交通部总长。1912 年 1 月 11 日，浙江都督府召集各方面代表 22 人开会，投票选举新都督，蒋尊簋得票最多，被推为都督，16 日正式接任。

蒋方震回到杭州，回到朋友们中间，多年漂泊在外，郁积在心头的孤独和寂寞一扫而空。他每日与朋友们往来应酬，其乐融融。

远在云南的好友蔡锷获悉蒋方震回到杭州的消息，即于 2 月 6 日以都督身份致电孙中山和黄兴，极力推荐蒋方震。其电文云：

> 南京孙大总统、黄总长鉴：临时政府成立，各部长官皆极一时之选，仰见任官唯贤，无任钦佩。惟缔造伊始，军事方殷，折冲樽俎之才，相需尤急，苟有所知，不敢壅闻。蒋方震君留学东西洋十余年，品行学术，经验资望，为东西洋留学生冠。亟应罗致，以餍海内之望。闻蒋已由奉返浙，如畀以参谋部总长，或他项军事重要职务，必能挈领提纲，措置裕如。不独中枢有得人之庆，而军国大计亦蒙其庥。锷于蒋君相知最深，为国荐贤，伏希留意。滇都督锷叩。①

此时南北议和已到关键阶段，孙中山和黄兴关注的重点是临时政府与袁世凯的谈判，人事安排已成不急之务，加上蒋方震不是同盟会员，又未公开参加革命，在革命党中"资望"不足，所以蔡锷的建议没有得到孙中山和黄兴的采纳。

2 月 12 日，清廷在各方面的压力之下，被迫接受优待皇室的条件，下诏退位。至此，统治中国达二百六十八年之久的清王朝宣告垮台。

退位诏书指明由袁世凯全权组织临时共和政府，与南京临时政府协商

---

① 蔡锷：《致孙中山黄兴电》，曾业英编：《蔡松坡集》，上海人民出版社 1984 年版，第 228 页。

统一办法。孙中山为实践让位诺言,于2月13日向南京临时政府参议院提出辞职,并推荐袁世凯继任临时大总统。15日,参议院举行临时大总统选举后,一致选举袁世凯为临时大总统,南北议和宣告完成。

浙江都督蒋尊簋见蒋方震不为南京临时政府所用,就决定聘请他担任督署总参议,这对蒋方震而言,当然是为家乡的振兴大业尽力的一个好机会。

然而,各种不利于蒋方震的闲言闲语在江浙一带流传开来。有人借蒋方震在良弼的禁卫军中担任过管带一事对他进行攻击,说他是反对革命的守旧派,甚至有人在报纸上公开指斥他为汉奸,给蒋方震的名誉造成了极大的损害。其实,革命派在清政府军政部门中担任过职务的不知凡几,现在单攻击蒋方震一人,或许是别有用心的人为了不让他在新政府中担任职务而使的计谋。

黄兴虽然没有按蔡锷的建议委任蒋方震为参谋部总长,但对外界攻击诬蔑蒋方震之事没有坐视不管。2月25日,黄兴以陆军部总长的身份致电各报馆,为蒋方震辩诬,其电云:

> 各报馆鉴:阅昨日报,有电称蒋方震君为汉奸一节,殊为失实。现在南北统一,人人尽力民国,断未有甘心向虏者。前有小怨,亦在所不问,请登报申明,以彰公道。更盼浙省同盟会诸君,急为查究,有无挟嫌诬陷情节,以保本会名誉。黄兴叩。①

黄兴此电发表后,对蒋方震不利的各种流言不攻自破,为他出任总参议扫清了障碍。

尽管如此,被诬为"汉奸"一事给蒋方震心头留下的阴影始终挥之不去。另外,浙省军政界的情况也很复杂,既有革命党与立宪派的矛盾,又有革命党内各个派系间的斗争,蒋方震虽为浙江人,但游学在外十余年,除与蒋尊簋、高子白等人有同窗之谊外,与各党各派及浙江军队素无渊源,虽居总参

---

① 湖南社会科学院编:《黄兴集》,中华书局1981年版,第133—134页。

议之位,但处境颇为尴尬。经过再三考虑,蒋方震辞去公职,回到了硖石老家。

外面的世界很精彩,外面的世界也很无奈! 离开家乡十余年的蒋方震暂时躲开了这纷纷扰扰的浮华尘世,像他的祖父蒋光煦一样寄情于硖石的山山水水,一边侍养老母,一边读书为文,倒也逍遥自在。

然而,蒋方震毕竟是蒋方震,他虽有陶渊明"采菊东篱下,悠然见南山"的名士气,但却不想就此在"桃花源"中终老此生。他总有一种使命感。他时刻不忘自己对国家和民族担负的责任和义务。

他坚信古人的一句名言:天生我材必有用,千金散尽还复来。

他在等待时机。

保定军校起风潮

古语云:"山中方一日,世上已千年。"蒋方震家居数月,全国的形势已发生了很大的变化。

1912 年 3 月 10 日,袁世凯在北京宣誓就任中华民国临时大总统职,以唐绍仪为内阁总理。唐绍仪经过与各方协商,于 3 月 30 日发表各部总长人选:外交陆征祥、内务赵秉钧、陆军段祺瑞、海军刘冠雄、财政熊希龄、司法王宠惠、教育蔡元培、农林宋教仁、工商陈其美、交通由唐绍仪兼任。革命党人本来要黄兴担任陆军总长,被袁世凯拒绝。袁答应成立南京留守处,由黄兴任留守,统率南方各省陆军。

4 月 1 日,孙中山宣布解除自己的临时大总统职务。5 日,参议院议决临时政府迁至北京。这样,全国的政治、军事全统一在了袁世凯的北京政府手中,辛亥革命给社会带来的狂波巨澜暂时平静下来。

大局初定,百废待兴,行伍出身的袁世凯在处理纷繁复杂的国事之余,仍念念不忘军事人才的培养。

袁世凯以练兵起家,所以知道练兵首先要培养合格的军官。袁自小站练兵起,先后开办过新军陆军行营武备学堂、讲武堂、北洋行营将弁学堂、练官营、参谋学堂、测绘学堂、北洋速成武备学堂(后改称陆军速成学堂)、北洋陆军师范学堂、军械学堂、军医学堂、马医学堂、经理学堂、保定军官学堂等学校,培养了成千上万名效忠袁世凯的各级军官,构成袁记北洋军的骨干力量。袁世凯正是依靠这支力量,才在波谲云诡的辛亥革命风潮中使出纵横捭阖的种种手段,迫使清廷下诏退位、孙中山拱手让权,如愿以偿地当上了中华民国临时大总统。

在抓枪杆子和培养军事人才方面,袁世凯比孙中山棋高一着。

为革命奔波大半生的孙中山直到1924年才在广州开办了黄埔军校。

1912年7、8月间,袁世凯即指示陆军总长段祺瑞开办保定陆军军官学校,10月20日,保定军校学生正式开课。

北有保定,南有黄埔。民国时期许多叱咤风云的人物都出自这两所学校,而保定比黄埔早开办了十余年。

保定军校从1912年开办至1923年结束的十一年间,共培养了6000余名各种军事人才。保定军校直接隶属于陆军部军学司,学校的领导机构称为校本部,校长是负责一切事务的最高官员,以陆军少将衔以上的军职人员充任,历任校长为赵理泰、蒋方震、曲同丰、王汝贤、杨祖德、贾德耀、张鸿绪、孙树林。

在历任校长中,以蒋方震最为有名,不仅因为他学识渊博、品格高尚,为全体保定弟子所敬重,而且因为他曾举行枪自杀,震惊全国,也为天下人树立了恪守承诺、勇于负责的好榜样。

校长之下设教育长,负责全校教学事务,相当于清末各学堂的监督,由少将衔军职人员充任。历任教育长是毛继承、张承礼、贾德耀、程长发、刘汝贤、孙树林、赵协璋。

教育长下设教育副官一人,一等副官、二等副官数人,由校级、尉级军官充任,协助教育长工作,并负责总务、庶务。

校本部下设五个专科,即步兵科、骑兵科、炮兵科、工兵科、辎重兵科。骑兵科和辎重兵科各设教务长一人,步、炮、工各科设科长一人,均由上校级军官充任,负责本科教学及管理。

各专科以下设学生连,每连设连长一人,由少校级军官充任。

连以下设排,每排设排长一人,上尉级别。

全校共设十三个连,其中步兵科设七个连,每连设三个排;骑兵科设两个连,每连四个排;炮兵科设两个连,每连三个排;工兵科设一个连,下设三个排;辎重兵科设一个连,下设三个排。

保定军校第一期学生共 1114 名,其中步兵科 565 人,骑兵科 199 人,炮兵科 175 人,工兵科 94 人,辎重兵科 81 人。

这些学生大有来历,其中许多人参加过辛亥革命炮火的洗礼,非一般中规中矩的学生可比,所以军校开办伊始,学校内就爆发了大风潮。

1906 年,清政府练兵处制定了《陆军学堂办法》,规定陆军学堂分为四等:陆军小学堂、陆军中学堂、陆军兵官学堂、陆军大学堂。

陆军小学每省设一所,凡年满 16 岁的青年均可投考,三年毕业后择优升入陆军中学。全国共设陆军中学四所。第一陆军中学设在北京清河镇,收训河北、山东、山西、河南、奉天、吉林、黑龙江七省学生。第二陆军中学原计划设在西安,但因故未开办。第三陆军中学设在武昌,收训湖南、湖北、贵州、云南、广西、陕西、甘肃七省学生。第四陆军中学设在南京,收训江苏、江西、安徽、浙江、福建、广东、四川七省学生。

陆军中学学制两年,毕业后编为陆军入伍生,入伍实习半年,然后进入陆军军官学校学习。

1911 年,三个陆军中学的毕业生共 1200 多人组成陆军入伍生队,分步、骑、炮、工、辎重五科,总队长是曾任过长江水师统领的萧先胜,教官及队排长大都是陆军速成学堂毕业生,也有一部分是行伍出身。

他们实习不到三个月,武昌起义的枪声打响了。消息传来,大部分学生奔走相告,兴奋异常,某些激进学生摩拳擦掌,准备起而响应,但一则群龙无首,没有一个极富号召力的人来领导,二则他们只有枪炮而无弹药,故而未敢轻动。萧先胜等旧军人和地方官吏害怕入伍生队造反会连累他们受朝廷的处分,就请求清政府陆军部批准,将入伍生队解散,遣返回原籍。

入伍生们皆大欢喜,特别是南方的学生,因为当时已经独立的各省的军政府正在招兵买马,组织革命武装,需要大量军事干部,他们前去正好派上用场。

湖北学生刘文岛和张森到上海后,受到沪军都督陈其美的接见。陈其美委托他们组织了一支北伐敢死队,江苏学生季方等许多人都是敢死队成员。湖南的唐生智和广西的李品仙等人也在本省军队中担任了职务,其中有担任连排长以至营团旅长者。

自南北和议告成,南北统一后,陆军部召回原来解散的入伍生队,开办保定陆军军官学校,又放宽尺度,凡各陆军中学和二期毕业而尚未入伍的学生,一律准予入校。陈铭枢即是南京陆军中学第二期的毕业生。他在校时即加入同盟会,积极参与革命活动。武昌起义后,他率领蒋光鼐、陈果夫和李章达等100余名同学奔赴武汉前线,被黄兴编为学生军,参加了战斗。后黄兴赴上海,选陈铭枢为卫士。南北议和后,陈铭枢辞职北上,入保定军校学习,成为蒋百里的学生。1930年蒋百里被蒋介石逮捕下狱,就是由陈铭枢多方营救出狱的。

辛亥革命时,南方各省都组建了学生军,准备北伐。1912年1月1日中华民国临时政府成立后,陆军部长黄兴把各处的学生军集中到南京,合编为一个入伍生团,进行军事训练。黄兴打算以入伍生团为基础,办一所陆军学校,培养军事人才。南北统一后,黄兴的计划搁浅,北京政府陆军部同意把入伍生团插入保定军校学习。

这批入伍生由南京北上保定,引起保定军校学生的激烈反对,因而酿成了一次风潮。

保定军校的学生都是经过小学六年、陆小三年、陆中二年,共十一年的艰苦奋斗才进入军官学校的,所以他们认为南京入伍生团没有资格入学。此外,军校学生中有一些人担任过南方各省学生军的连排长,所以不愿与原来的下属同窗共学。

保定军校学生的态度引起了入伍生团的激烈抗争,双方矛盾不可调和,终至爆发械斗,引起北京政府和社会各界的关注。在军校学生的坚持下,陆军部不得不改变初衷,在武昌南湖设立陆军军官预备学校,专门收容南京入伍生团的学生。他们在武昌修学两年后,才转入保定军校,成为第三期的学员。后来在国共两党关系中扮演过重要角色的张治中将军就是入伍生团中的一员。

一波未平,一波又起。保定军校学生发现长官和教员多为陆军速成学堂或行伍出身的旧军人，他们学识有限，作风拖拉，旧军人的习气很深，这使学生们极为不满。

第一任校长赵理泰也难以服众。赵理泰，字康侯，安徽合肥人，天津北洋武备学堂毕业，清朝末年曾任清政府驻日本东京陆军留学生监督数年，回国后任陆军速成学堂总办。他任保定军校校长后，凡事因循守旧，少有创新，主要因袭过去速成学堂旧的办学方法，不能满足学生们求新知的强烈欲望。他缺乏军人的英武气度，衣着随便，连军服上的风纪扣也不扣好，偶尔带几个马弁前呼后拥地到学校溜达一下，其余时间，连他的影子都见不到。

骑兵科和炮兵科的学生率先贴出了墙报，大意是：无耻的速成学生，不学无术，居然要当我们的官长，大家应该起来把他们撵出校去！看到有人带头，其他人也纷纷贴出墙报，语气越来越激烈，要求把速成学堂的教官和连排长一律撤换。

校长赵理泰集合学生在操场上训话三四个钟头，但学生们坚决不让步，使他下不了台。他派陆军士官学校出身的教官分头去找学生代表谈话，进行调停，也没有结果。

事情传到陆军部，总长段祺瑞颇为恼火。他派军学司的科长丁锦和军法司的一个军法官到学校处理此事。丁锦在操场上集合学生训话："今天陆军部总次长要我来，是准备把你们马上轰出去的。我想你们有些人是误会。你们说速成学生不懂普通科学，不能当你们的官长，就是误会。殊不知他们的普通科学，是在家中自己学的，没有花公家的钱。你们的普通科学，是在陆军小学、陆军中学花了公家的钱学来的，现在你们还要闹事，想一想，对得起公家吗？"

学生们不为所动。

那位军法官则操着安徽口音威胁说："你们大家想想，你们是军人，军人不服从命令，该当何罪？"①

但学生们是吓不倒的，他们依旧毫不退缩。

---

① 刘莘园：《记保定陆军军官学校》，河北省政协文史资料研究委员会、保定市政协文史资料研究委员会编：《保定陆军军官学校》，河北人民出版社1987年版，第99—100页。

陆军部见风潮难以平息,就派当地驻军进行弹压。据 10 月 12 日天津《大公报》报道:"保定东关外陆军入伍生队大起风潮一节,已志前报。兹闻王统制占元以该生等气势汹汹,恐酿事端,特派军队二营前往该校围墙外驻扎,以资弹压。并闻由该校长官派密查数人,分赴内外,侦探各生之动静,兹已探获为首数人,解赴二镇执法处惩办。"①

出动的军队是驻扎保定的北洋陆军第二师王占元、鲍贵卿所部,炮兵于军校外进入阵地,机关枪对着军校大门,步兵主力四面包围军校,围墙外三步一岗,五步一哨,严禁翻墙出入,大门和侧门都断绝了交通,并以步兵一部进入校内操场,禁止各连学生互相往来。

与此同时,校长赵理泰发布告示,勒令闹事学生退出学校:

> 本校前有无知学生,诱众要挟,无理取闹,迭经明白开导,始终执迷不悟,无可理喻,刻已一律遵照部令,迫令出校。惟前颇有洁身引退,或先期请假,以避风潮恶习者,以此立志向学,曙然不同,本校长殊深嘉许,现虽人数无多,而于此等有志各生,仍应照旧培植。合亟通告以上各项学生,仰即赶速,克日回校,切勿观望自误。②

赵理泰使出的是分化瓦解的手段。

王占元和校方根据陆军部的指示议定了解决办法:把学生分为留校和退学两大类来处理,愿留校的,送往第二师营房暂住,愿退学的,由摄影师拍摄半身照一张留存后即刻离校。结果,只有百余人愿意留校,绝大多数人自愿退学。这样,保定军校刚刚开办就面临着解体的危险。

消息传出,舆论哗然。参议院和众议院的议员就此事对政府和陆军部提出质询,各省派驻国会的军事代表大多支持学生,其中以湖南代表仇亮支持最力。至于国民党方面的报纸,更借题发挥,对北京政府口诛笔伐,对学生表示支持。

---

① 《陆军学堂风潮再志》,1912 年 10 月 12 日《大公报》,第 2 张。
② 《解散入伍生之公告》,1912 年 10 月 13 日《大公报》,第 2 张。

在舆论的强大压力下,陆军部不得不收回成命,让全体离校学生回校上课,并接受了学生提出的不得开除风潮活跃分子的要求。

10 月 19 日,外出学生全部回校,第二天正式开课。

尽管风潮暂归平息,学生们并不满意,因为他们的目的没有达到,他们盼望一个富有感召力并熟谙近代军事理论和军事教育的新校长来整顿校务,振刷精神。

风潮也引起了大总统袁世凯的关注。保定陆军学校虽开办未久,但在国人心目中的地位已高不可攀,如果校长一职择人不当,难免风潮迭起,影响到政府的威信,因此想到撤换赵理泰,另择贤能之士。

这时候袁世凯的身边有两位赏识蒋百里的人,一位是荫昌,一位是陈仲恕。

荫昌和蒋百里在德国作别回国后,历任江北提督、陆军部侍郎和尚书等职。武昌起义爆发后,清廷谕令荫昌统率第一军火速南下镇压。第一军由第四镇(统制吴凤岭)、第三混成协(协统王占元)和第十一混成协(协统李纯)组成。荫昌虽在德国学习过陆军,但缺乏实际指挥作战的经验,而吴凤岭、王占元和李纯等人都是袁世凯一手培植起来的,荫昌很难指挥裕如,所以在武汉前线屡战屡败。袁世凯复出伊始,即奏请以冯国璋接替荫昌担任第一军统帅,荫昌权力被夺,只好回北京供职。

袁世凯当上大总统后,没有亏待荫昌,委任他为总统府高等顾问、侍从武官长。

陈仲恕先生协助蒋百里逃离东北后继续留在赵尔巽幕府中。赵尔巽和张作霖冥顽不化,曾打算“武装勤王”,保卫清廷。然而清廷很快下诏退位,赵尔巽和张作霖见大势已去,转而赞成共和,赵尔巽由清朝的东三省总督变成了中华民国的东三省都督。陈仲恕久在赵幕,熟知他的为人,料定这位念念不忘皇恩浩荡的前朝遗老在民国改元的新时代不会有什么大的作为,乃辞别而去,到北京投入袁世凯的门下,成为总统府秘书厅的秘书。

总统府最初设于外交大楼。总统府下设一秘书厅,凡需要罗致的人才,都由秘书厅发函邀请,以秘书名义到府办事,前后罗致了三四十人。总统袁世凯也设一张办公桌,但不在此处办公。不过,袁世凯每天中午都与秘书们同桌吃饭,边品尝美味边聊天,常聚者有张一麐、陈仲恕、叶恭绰、施愚、蔡乃煌等人[①]。

在保定军校闹风潮的时候,蒋百里结束了在硖石老家的读书生活,北上入京寻找出路,见到了荫昌和陈仲恕等人。所以,当保定军校校长的人选问题被提上议事日程时,荫昌和陈仲恕即向袁世凯推荐了蒋百里。

袁世凯对蒋方震的大名早有耳闻,一经举荐,即表示同意,一则蒋方震学贯中西,文武双全,名望卓著,是个难得的人才,让他担任校长,可收得人之效,获爱才之名。二则蒋方震全无派系色彩,与北洋派无瓜葛,与国民党无渊源,又年轻,富有朝气,是北洋派、国民党和学生三方都能接受的人物。另外,袁世凯还有一个更深远的想法,即通过整改保定军校,培养出一批新的军事骨干,逐步取代北洋原来的老班底,因为他一手培植起来的段祺瑞和冯国璋等的势力已越来越大,渐有尾大不掉之势,使他心怀隐忧。

基于以上考虑,袁世凯直接下手令给陆军总长段祺瑞,委任蒋方震为保定军校校长。

此举使段祺瑞颇为不悦。

因为保定军校隶属陆军部直接管辖,被陆军部总长段祺瑞视为自己的地盘,袁不与他商量就直接决定校长人选,他觉得很不舒服,乃采取消极对抗之策,把任命令暂时压下,不予发表,想拖一段时间再说。

就在此时,云南都督蔡锷来电要蒋方震南下昆明,就任云南省民政长,蒋方震就到陆军部向段祺瑞辞行。

正在左右为难的段祺瑞闻言大喜,他认为云南省民政长是个名利双收的好差使,而军校校长是一个吃力不讨好的角色,蒋方震肯定不会舍弃肥差而自找苦吃,所以他就把袁要蒋任校长之事说了出来,只要蒋辞谢不就,他向袁大总统就有了交待,军校校长人选就可以另作计较。

出乎段祺瑞意料的是,蒋百里一听之下,即不假思索地回答说:"这是建军基础,万万不可解散。总长如果要我当校长,我就不去云南也好。"[②]培养

---

① 曹汝霖:《一生之回忆》,香港春秋杂志社 1966 年版,第 96 页。
② 陶菊隐:《蒋百里先生传》,第 41 页。

高素质的军事人才是蒋百里梦寐以求之事。蒋百里留洋多年,深知近代化的军队与过去的军队不同,官兵必须具备一定的文化知识,要有较高的素质。保定军校的学生文化程度高,又受过多年较为系统的军事教育,的确是一批难得的人才,蒋百里自信以自己的学识和能力,假以时日,必能把他们培养成国家的栋梁之材。

段祺瑞见事与愿违,便谈到保定军校的风潮,说学生的学杂费都由公家供给,每月每人还有两元的生活补助费,还要闹事,实在不成体统,要管好这批人,不太容易。他想让蒋百里知难而退。但蒋百里不为所动,段祺瑞只得颁发委任状。他勉励蒋方震振刷精神,切实整顿,把军校办好,并表示将在经费方面给予一定的支持。

这是蒋百里期待多年的一个机会,所以他非常珍惜,他决心把全部的身心都投入到教书育人中去。

十年树木,百年树人,蒋百里深知自己肩上担子的分量,他要做出骄人的业绩,以不辜负天下人的厚望和自己平生所学。

举枪自杀惊天下

刚过而立之年的蒋百里以少将军衔荣任保定陆军军官学校校长,在碛石老家来说,是一件惊天动地的大事,不但光耀了蒋氏家族的门庭,而且使碛石地方父老乡亲的脸上平添了不少光彩。蒋母杨镇和夫人和蒋妻查品珍夫人更是乐得合不拢嘴。想当年孤儿寡母苦苦奋斗,人世间的辛酸苦辣尝了个够,尤其难耐的是母子离别之苦和多年的思念牵挂。查品珍夫人则是苦等多年,从一个豆蔻年华的少女成为年过 30 岁的老姑娘,才与"父母之命、媒妁之言"的夫君成亲,期间的艰辛和痛苦不足为外人道,只有自己默默地承受。

而今,这两个苦命的女人都得到了最好的报偿,因为她们最亲的人有了一个光辉灿烂的前程。她们的辛苦没有白受,她们的等待终于有了结果,这是她们最为幸福的时刻。

就在众人同乐的时候,杭州府中学一位 17 岁的青年专为蒋百里出任校

长之事卜了一卦,以测吉凶,卦辞云:

> 一二三四五六七,八九相逢数乃毕。
>
> 老阳未变不能生,占者逢之静者吉。①

这位青年细读卦辞,心中不禁掠过一丝隐忧。此卦得最后之数,预示着蒋百里任职不会太久;"静者吉"一句说明占此卦者不宜轻动,应采取"一动不如一静"的低姿态,继续观望和等待,以趋吉避祸,而蒋百里在家乡休闲数月,所谓静极思动,这才北上入京,这一静一动之间,隐含着许多变数,非普通人可以预料。

这位青年当然不会把这次占卜的结果告诉蒋百里和蒋母,因为他们都在兴头上,给他们泼冷水既不礼貌,也犯忌讳,所谓"是福不是祸,是祸躲不过",他只是悄悄地把这次占卜的结果做了记录,以求日后验证。

这位青年何许人也? 他就是数年后蜚声海内外的天才诗人徐志摩。不过,当时他的名字叫徐章垿。

徐章垿,字槱森,1896 年生于硖石镇保宁坊徐氏老屋,不但与蒋百里同乡,而且沾亲带故,因为他的姑父蒋谨旃是蒋百里的族兄。徐章垿于 1918 年赴美留学后改字志摩,不久,中外诗坛上就有了徐志摩的鼎鼎大名。蒋百里和徐志摩还有许多交往,此是后话。

准备就任保定军校校长的蒋百里并不知道徐章垿卜了一个凶卦,况且以他急于任事的心态而言,即使明知前路有刀山火海,他也会毫不犹豫地向前迈进。

保定军校的学生们得知蒋百里先生接替赵理泰任校长的消息后,兴奋异常,立即派出步、骑、炮、工、辎重各兵种代表专程到北京迎接。

1912 年 12 月 15 日,蒋百里乘火车抵达保定,正式就任校长一职。

上任伊始,蒋百里集全校师生讲话。他身着笔挺的黄呢军装,披着一袭红缎里子的黄呢披风,腰挂长长的指挥刀,脚蹬漆黑发亮的高筒马靴,骑一

---

① 陈从周:《徐志摩年谱》,上海书店 1981 年版,第 7 页。

匹全身雪白的高头大马,就像凯旋归来的大将军,那种卓尔不群的风度和笑傲江湖的威仪,令全体师生惊叹不已。

蒋百里以简洁的语言宣示了办好军校的宗旨,更以决绝的语气表明了"不成功,则成仁"的决心,他说:

> 今世之谈陆军者,不曰德国,即曰日本。这两国我皆到过,其军队我皆深入考察过。他们的人也不是三头六臂,他们的办法也没有什么玄妙出奇。不过他们能本着爱国精神,上下一心,不断的努力,所以能有那样的成就。我相信我们的智慧能力,我更不相信我们的国家终于贫弱,我们的军队终不如人。我此次奉命来长本校,一定要使本校为最完整之军校,使在学诸君为最优秀之军官。将来治军,能训练出最精锐良好之军队。我必当献身于这一任务,实践斯言!万一不效,当自戕以谢天下![①]

对蒋百里"自戕以谢天下"的话,全体师生当时都没有放在心上,以为他不过是为了强调自己的决心而已,不料半年后枪声果然响起,使师生们在痛惜之余对他产生了更多的钦佩和敬仰。

蒋百里首先全方位了解军校的情况。

保定军校位于保定东北约三四华里的地方,校舍坐东向西,是一个长方形的大院子,四面的围墙都是砖砌的,墙外有护墙壕沟,南西北三面有木桥,壕沟边上是成排的杨柳树。

由学校西大门进入校院,首先映入眼帘的是四四方方的尚武堂。这是校长、教育长和其他校领导办公和住宿的地方。尚武堂门口有袁世凯亲题的楹联:

---

① 史射陵:《保定军官学校沧桑史(一)》,台北,《艺文志》1968 年第 34 期,第 18 页。

尚父鹰扬,简练揣摩成一派;

武侯经略,鞠躬尽瘁法千秋。[①]

尚武堂南北两侧的房屋大多是教官和职员的宿舍,西北角有官长会客厅和学生会客厅。尚武堂以东是面积很大的内操场,场中央有两棵10多米高的古柏树,树上安装了电灯,以备夜间活动时照明。

内操场的东端有几栋房子,是骑兵科第一连、第二连,炮兵科第一连、第二连,工兵连及辎重连的寝室、讲堂、自习室和各兵科的饭厅所在地。步兵科则按照七个连的前后次序住在内操场的南北两端。

靠北边的围墙内有官长厕所和洗脸室。东北角上驻着一支军乐队。东南角上有劈刺场,是训练刺杀等动作的小操场。转弯南行,则有官长厕所、学生厕所、洗脸室、大洗澡池、官长住室和医院等等。由此转弯北行,有轻、重禁闭室。

在学校的围墙之外,还有不少场地和设施。围墙的东北边和东边,有器械操场、马棚、炮房等。围墙北面有宽约600米、长约800米的操场,四周都是杨柳树。操场东端有一个一米多高的石砌方台,称为演武厅,是检阅军队的地方。保定驻有不少军队,操场便由军校学生与驻军共同使用。

演武厅的东、南两面也有不少杨柳树,树林中间有军校的马场,初学骑马的学生,就在马场里练习马术。演武厅的南边是器械操场,有铁杆、双杠、浪桥、平台、跳台、天桥、木马、秋千等器械。

军校的房屋绝大多数是平房,而且很陈旧,光线也不好。

学生的情况很复杂,大体说来,这1000余名学生可分为三类:一是革命的或倾向革命的,他们大多加入过同盟会,参加过辛亥革命,担任过各级军职,少数人还负过伤;二是中立派,对政治不太关心,但求学好各门课程,顺利毕业,将来奔一个好的前程;三是坚决拥护清朝或北洋军阀、反对革命和反对国民党的,他们一般是满族学生,思想顽固守旧。

---

① 李宗黄:《李宗黄回忆录:八十三年奋斗史》第1册,台北,中国地方自治学会1972年版,第283页。

部分学生也没有摆脱当时军队共有的恶习，一有时间就大赌特赌，麻将、扑克、单双宝等古今中外的赌法应有尽有。有些学生出手豪阔，一掷千金。师生中喝花酒、逛窑子的也不乏其人。北京的声色场所称为八大胡同，保定的则称为"八条胡同"，这里南莺北燕，浪语淫声，引得军校部分师生如过江之鲫，纷纷出入其门。据说有个叫艳卿的妓女姿色超群，技压群芳，在军校学生中就有"朋友"百余人之多。每逢节假日的夜晚，"打茶围"的军校学生络绎不绝，出入于八条胡同，真是车如流水马如龙。

蒋百里经过通盘考虑，着手整顿校务与校风。

他首先将暮气沉沉的教育长毛继承调离，改以时任陆军部参事的张承礼为教育长。

张承礼，字耀亭，浙江杭州人，1902 年 15 岁时即赴日本留学，入成城学校学习陆军，后入日本陆军士官学校，与蒋作宾、魏邦平等同属第四期。张耀亭任参事时，蒋作宾任陆军部次长。张耀亭少年得志，才华出众，勇于任事，蒋百里要他来当教育长，颇有知人之明。蒋百里还撤换了一些速成学堂出身的教官和连、排长，代之以日本士官学校的毕业生，使师资力量得到了加强。

蒋校长特别强调清洁与严肃，他认为不清洁象征着民族的衰老，不严肃意味着国民散漫无组织。他筹措了一笔钱，为每个学生制作了一套灰色呢军服，皮鞋、马靴等也换上新的，使学生们的面貌焕然一新。他对学生的仪表非常重视，凡遇帽子未戴正、纽扣未扣好、皮带未扎紧的，他必令其止步，亲自加以纠正。

他严申军纪，强化管理，改进教学，处处以身作则，遇有教官缺席，就自己代课。在操场或野外，他常常亲自为学生示范。那年冬天保定大雪，他曾率全体学生到大操场作雪战游戏，寓教于乐，使大家都很开心。

蒋百里很重视对学生进行精神教育，每逢星期六下午，就集合师生讲述古今中外军事家的言论事迹，以激励同学们的士气。他亲笔签名给每个学生赠送了一册梁启超著的《中国之武士道》，内容都是军人忠于职守忠于国家的言行。

蒋百里非常关心学生的生活。他每天必巡视厨房,考察食物的营养成分,与学生共同进餐。他还按照日、德两国军校的成例,定期举行师生大会餐,以增进师生间的友谊。

经过一番整顿,军校面貌发生了很大的变化,学生们对蒋百里的学识、风度和品格都很佩服,称他为"百里师",终生不变。以后各期的学生虽未亲聆蒋百里的教诲,但也常以"百里师"的门生自居,堪称一奇。

蒋百里的得意门生龚浩在对当时的情况作了精彩的描述:

> (百里师)莅事之始,衣不解带,髭发则修;晨夕督励,不稍宽贷。自学生服食之微,以至课律,必戒必周,毋辍毋怠。日必匹马登坛,令如山岳;变化阵伍,如风雨骤至。监临所及,敬畏如神。晚或集合诸生,精神训话,又俨然博学鸿儒,引用古今中外学说思想,及伟人名将修养,如宫墙之俊美,若大海之汪波。凡所导学生于忘身报国之崇高伟大,令人热血沸腾,心灵浚发。不数月,士心翕服,教育猛进。①

另一个学生孙震也写道:"吾侪同学既惊于百里师对教育之热诚及品学之优异,尤震惊于百里师之多才多艺,群情翕服,奉命惟谨。一时校内学术研究之风甚盛,校风丕变,壁垒一新。"②

然而,蒋百里的军事教育之路并不是一帆风顺的。实际上,他在就任之日起就卷入了复杂的人事纠纷中,并最终成了派系斗争的牺牲品。

保定军校由陆军部军学司直接管辖,用人、拨款、教改等事均需通过军学司,而军学司司长魏宗瀚和教育科长丁锦却因蒋百里不属他们一派而处处予以刁难和掣肘,使蒋百里逐渐陷入了困境。

魏宗瀚,字海楼,出身于陆军速成学堂,虽然也到日本士官学校留过学,但回国后一直追随在段祺瑞左右,是段祺瑞身边的红人。他与士官派扞格不入,处处关照甚至包庇速成学堂出身的人。当时的中国军界,北洋

---

① 龚浩:《蒋方震百里先生之生平风格》,蒋复璁、薛光前主编:《蒋百里全集》第6辑,第262页。

② 孙震:《怀蒋百里师》,蒋复璁、薛光前主编:《蒋百里全集》第6辑,第277页。

速成派与日本士官派的明争暗斗相当厉害,蒋百里虽然任人唯贤,对事不对人,但他的许多举措却触动了速成派的利益,他们认为是蒋百里有意与速成派过不去,所以就处处与他为难,并散布各种流言蜚语,中伤他,贬抑他,打击他。魏宗瀚对蒋百里提倡的德国式军事教育也很反感,不以为然。

据 1913 年 6 月 26 日《大公报》发表的《保定军官学校职员为校长殉职缕陈情形书》揭露,在蒋百里任职期间,军学司直接干涉校务或加以掣肘之事,有以下数端:

1. 军学司想方设法安插私人,良莠不分,贤奸倒置,某些品行不良者因有所恃,不把校纪国法放在眼里,或数月长假,或放弃责任,考试都不临场,视职责如儿戏,遭校长斥责亦毫不悔改。

2. 有一位负责看护马匹的马术教官玩忽职守,使马匹在不到五个月的时间内死亡 1/3,理应绳之以校纪,免职治罪,不料该教官竟向校长蒋百里行贿 500 元。蒋校长当即予以痛责,并将 500 元没收充公,令其反省悔过。此人不但不悔过,反而旷职两个月,最后请求辞职。但因此人属速成派,军学司不但不允许他辞职,反而予以嘉奖,坚持让他留任。

3. 步兵三连排长刘克厚原为速成学堂毕业生,留学日本振武学校,未入士官学校即返回国内。刘克厚工作积极,为人忠厚,深得蒋百里倚重。后来,校方呈请军学司委任与刘克厚经历相同的赵以宽为炮兵科排长,而军学司以赵未入士官学校为由,不许派充排长,并且迁怒于刘克厚,将刘撤职。军学司这么做的内在原因是刘、赵与蒋百里走得太近,在魏宗瀚等人看来就是对速成派的背叛。

4. 军校某连的苗连长,学识水平太低,任以学课而学课茫然,任以术科而术科不解,自知难以胜任,不愿误人子弟,请求军学司准予长假乞休,而魏宗瀚、丁锦等人则认为是蒋百里等人有意排挤苗连长,反而极力维持,不准苗连长所请。

5. 教学用书,本已由有关方面批准统一教材,军校多次呈领,军学司搁置不问,致使教学受到影响。

6. 军校学生李森春、赵仲英、张鸿藻、唐英 4 人,逾假不归,根据校规,应予开除,但军学司横加干预,不准开除此 4 人,使校纪成为一纸空文。

7. 炮兵科长谭学夔是日本陆军炮工专科学校毕业生。他热心教育,克尽职守,深得学生们的拥戴,却遭到炮科某些人的嫉恨,竟以联名请假相要挟,致使谭离职他就。蒋百里为了挽留谭,亲赴军学司交涉,竟然见不到魏宗瀚的面。教育科长丁锦公然对蒋说,魏司长与谭学夔意见甚深,誓不两立。

以上种种仅是军学司刁难蒋百里、干预军校校务的典型事例,其他如请求武器、马匹、资金之类,军学司无不从中全梗,使蒋百里不胜其烦。

蒋百里任职期间,上海发生了一件轰动全国的政治谋杀案,对保定军校师生也产生了一定的冲击,因为被谋杀的是国民党代理理事长宋教仁,军校中一小部分学生离校南下,参加了孙中山领导的"二次革命"。

宋教仁,字遯初,号渔父,湖南省桃源县上香冲人,与蒋百里是同龄人。1904 年宋教仁赴东京,创办《二十世纪之支那》杂志,宣传排满革命。1905 年同盟会成立后被推举为同盟会司法部检事长和《民报》编辑。1911 年 1 月,宋渔父回到上海,任《民立报》主笔,并与谭人凤等在上海组建同盟会中部总会,积极筹备在长江流域发动革命。1912 年 1 月南京临时政府成立,他任法制院院长。北京政府成立后,他任农林总长,不久辞职,专门从事政治活动,是一个富有激情的优秀演说家和政论家。

1912 年 8 月,在宋教仁的积极推动下,同盟会联合统一共和党、国民共进会、共和实进会和国民公党组建了国民党,推孙中山为理事长,宋教仁、黄兴等人为理事,党务实由宋教仁主持。孙中山赴日本后,理事长由宋教仁代理。

1913 年春,国民党在国会选举中以压倒性多数的优势获胜,力主责任内阁制的宋教仁穿梭奔走于全国各地,发表竞选演说,进行责任内阁制的宣传和鼓动,影响极大。

1913 年 3 月 20 日晚,宋教仁在上海北站准备乘火车返北京参加即将召开的国会。正当他在站台上与送行的黄兴、廖仲恺等人话别时,突然从暗处冲出一名刺客,举枪向他射击。据说子弹浸了毒液,宋教仁于 22 日在昏迷中死去。

宋案发生,全国掀起了一股抗议和声讨的巨浪。一时之间,各方函电交驰,舆论哗然,街谈巷议,沸沸扬扬。国民党人的反应尤其强烈,孙中山从日本回国后,决心发动二次革命,武装讨袁。内阁总理赵秉钧在宋案中嫌疑极大,成为众矢之的,被迫辞职。袁世凯任命陆军总长段祺瑞代理国务总理,决心以武力对付南方革命力量的武装斗争。

保定军校的革命党人一直在密切注视着局势的发展。陈铭枢、蒋光鼐、季方等30多人,多次秘密集会,决心到南方去参加反袁起义,另有不少学生也跃跃欲试,准备南下有所作为。

蒋百里复出以后醉心于军事教育,不介入国内的政治斗争和党派纷争。他希望学生们珍惜时间,学好本领,将来报效国家。宋案发生后,他告诫学生力持镇定,心无旁骛,坚持正常的学习,不要私自离校,因为成大事者要有定力,不必急在一时。

然而,言者谆谆,听者藐藐,前前后后还是有一些学生离开学校南下参加了二次革命,如陈铭枢、季方等人,后来二次革命失败,他们亡命天涯,没有再回保定军校完成学业。

有人说蒋百里自杀是学生私自离校造成的。其实不然,学生离校之事虽然使蒋百里颇感不快,但他绝不会因此走上自杀绝路。实际上,致使蒋百里自戕的是陆军部军学司的刁难与掣肘。

蒋百里花很大精力精心制订了一份扩建军校的计划,以便为国家培育更多更好的军事人才。这份计划得到了袁世凯的首肯,蒋百里满怀信心,在全校师生大会上予以宣布。然而,计划呈报陆军部却没有了下文。蒋百里通过总统府军事处副处长傅良佐询问此事,魏宗瀚说需要研议。蒋百里耐心等待了一段时间,仍不见动静,决定亲赴北京交涉。1913 年 6 月 17 日,蒋百里到陆军部找魏宗瀚,魏说部里拿不出这笔钱支持他的计划。蒋百里说这件事已在全校宣布过,不能失信于全体师生,何况总统和军事处都赞同此事,遭到魏宗瀚的嘲讽。

蒋百里气得脸色煞白,说不出一句话来,在回保定的火车上,他越想越失望,下决心以死明志,履行刚进校时对全体师生许下的诺言。

他回校后,脸色非常难看,与往日的温文尔雅截然不同。夜幕降临后,他让勤务兵李树义铺纸研墨,然后独自坐在办公室里,一边喝啤酒,一边奋笔疾书。他给教育长张耀亭和教官张翼鹏写了遗书,交待了后事,又给好友蔡锷写了一封长信,可惜这封信后来遗失了。他还给陆军总长段祺瑞写了信,但写好后又撕成碎片。

他给张耀亭的遗书,谈之令人荡气回肠:

> 耀亭吾兄鉴之:仆于校事,不能尽责,今以身殉职。所有后事,处置如左:对于总长处,望即以告学生之语告之。惟有一事不能不加入者,对于军事,非有一至善之目的不能达到,勿以彼善于此之言聊以自慰也。校中款项,责成某经理提回,内有仆薪饷五百元,留作二侄女下半年结婚时费用足矣。家母处,望告以仆之死为殉职、殉国,善为劝解为祷。家中薄田数亩,老母寡妻,尚能度日。如能时常询问,聊慰高堂之寂寞也。十年知交,半年同事,知无不言,言无不尽,一朝永别,能无惨然!魂魄有灵,二十年后当再相见也。

张翼鹏,字印鹍,湖南人,日本陆军士官毕业生。蒋百里给张翼鹏的信,内容如下:

> 半年以来,诸君之惠我者至矣!仆实不德,今以身殉职,是别无他法也,欲以此尊重职守之观念也。此致印鹍吾兄转诸同事诸君同鉴。[1]

几封书信写好,已是6月18日凌晨,蒋百里让李树义传令给号兵吹集合号。5时整,保定军校师生1000余人站在尚武堂前听校长讲话。

蒋方震穿着黄呢军装由办公室走出来,直立在尚武堂的石阶上,表情严肃,神色凛然,以低沉的语调作告别演说:"我到本校后曾经教训过你们,我要你们做的事,你们必须办到,你们要我做的事,我同样也要办到;你们办不

---

① 刘莘园:《记保定陆军军官学校》,河北省政协文史资料研究委员会、保定市政协文史资料研究委员会编:《保定陆军军官学校》,第104-105页。

到,我要责罚你们,我办不到,我要责罚我自己。现在你们一切都还好,没有对不起我的事,我自己不能尽责任,是我对不起你们!"他还说:"事情办不好,应该辞职。但是中国的事到处都是一样,这儿办不好,那儿也未必行得通。你们不许动,不要灰心,要鼓起精神来担当中华民国未来的大任!"然后掏出手枪,朝着自己的胸膛开了一枪。勤务兵李树义见校长自京城返回后行为反常,就一直在留意他的举动。当他看到校长越说越悲愤,又伸手摸腰际,就觉得情形不对,预备上讲台。等校长掏出手枪,他奋不顾身跳上台去,使劲拉校长的右手。多亏他这一拉,才使子弹偏离了心脏,挽救了蒋百里的性命。

枪声划破了黎明的寂静。

学生们被这突如其来的一幕惊呆了。

步兵科的刘文岛首先反应过来,大叫一声:"校长自杀了!"[①]

只见蒋校长目光直视着学生,双手用力按着他的指挥刀,脸色惨白,殷红的鲜血浸透了胸部的军装。他吃力地向前挪动了几步,倒在地上。

站在前面的学生纷纷抢上前去,有的要扶他,有的要抱他,有的要背他,乱作一团。有的学生打电话给医院,有的跑出校去请医生。直到教育长张承礼闻讯赶到,宣布一切由他负责,才把局面稳定住。

张承礼和几个学生把蒋百里抬到校长室后,急忙打电报给总统府谘议孙翼中报告此事。孙和蒋百里是老朋友,曾在日本共同主办过《浙江潮》杂志。孙得到消息,立即通知了在总统府总务股任机要秘书的陈仲恕先生。

陈先生得知自己钟爱的弟子被逼得走上绝路,生死难料,顿觉血往上涌,双腿发软,心痛如遭针刺。他们师生情深义重,久而弥笃,以前学生数次身处逆境、险境,都是老师极力维护,助其脱困,而今老师身为总统府机要秘书,反而眼看着学生走上绝路而束手无策,怎不令老师扼腕痛惜和深深地自责!

事情紧迫,陈仲恕来不及多想,立即面见袁世凯,汇报此事。袁世凯也未料到蒋方震是个如此有血性的人,闻报大惊。他连连跺着脚对陈仲恕说:

[①]　陶菊隐:《蒋百里先生传》,第44—45页。

"你快快打电话给交通总长曹汝霖,叫他快快到日本公使馆找日本好外科医生到保定,看看还有救否?"[①]

根据 1901 年签订的《辛丑条约》的规定,日本驻华使馆驻有日本兵 220人,有医官和军医各一人负责医疗事务。日本公使得到消息,立即派平户医生和护士长佐藤屋子小姐乘坐交通部特备的专车前往保定。

火车到保定车站时,军校派副官长易金标来迎接。平户医生和佐藤小姐登上一辆漆黑发亮的马车。这是专门从伦敦新买来的校长专用车,非常华丽。车前有 6 匹骏马奋蹄疾驰,车后有 8 名骑士执缰扈从,场面威武壮观,引得路人纷纷驻足观望。

到了校长室,平户医生仔细察看了蒋百里的伤势,不禁啧啧称奇。俗语云:无巧不成书,这原是小说家自圆其说的惯用之笔,但现在用来形容蒋校长的这一枪,再恰当不过:子弹由前胸的两根肋骨间射入,擦伤了桑叶式的小肺尖,然后从后背的两根肋骨间穿出,口腔里流出的血和胸腔内的瘀血都是从擦伤的肺部流出的,人无性命之忧,也无须做手术。这实在是一个奇迹,是不幸中之大幸。

平户医生说不用把伤者胸腔内的瘀血抽出来,以免影响到心脏,不如留待自干。伤者虽无生命危险,但需要长期静养,尤其要有良好的精神状态,不能再有悲观厌世之念。就蒋校长而言,精神上的安慰比药物治疗更为重要。

全校师生获悉蒋校长无生命危险,都松了一口气。平户医生因北京日本兵营中的病人也很多,不能久留,就命佐藤屋子小姐留下继续看护蒋校长,自己于次日返回北京。

蒋校长自杀的消息传出后,全国舆论大哗,慰问蒋校长的函电和信件,雪片似的从全国各地飞来。云南都督蔡锷首先发布通电,要求政府认真查明原因,追究有关人员的责任。与蒋百里在奉天共过事的湖南名流熊希龄发表声明谓:"此案如不得水落石出,誓不干休。"[②]北京的国会议员联合向

① 陶菊隐:《蒋百里先生传》,第 47 页。
② 陶菊隐:《蒋百里先生传》,第 46 页。

政府提出质询,各省公法团也致电谴责政府。1913 年 6 月 21 日,天津《大公报》就此事发表了一篇专评:

> 保定军官学校校长蒋方震自杀,其事甚奇,其气甚烈,传者曰,因陆军部军学司遇事掣肘,忿校事之不可为,故激而出此也。
>
> 蒋之行宜不深知,然当其受任校长之时,该校风潮正剧,蒋入校而学生即兢兢率教,堆垛悉化烟云,是其长于军人教育,才望之足以服众也可知。夫以全校服从之校长,而忽出之以自杀,则其必有不可得之隐情也又可知。
>
> 观其事前之演说,与事后之遗书,又从容,又激烈,洵属可敬可悲。今陆军部已派员查办矣。吾不知奉派之员,果能秉公查明报告否,即能矣,段总长果能秉公切实处分否。
>
> 呜呼,我国教育之无进步,由于办学之非人者半,由于教育行政官之掣肘者亦半。今有蒋之以身殉学,非惟足以儆陆军部,内而教育部,外而教育司,尤当借镜自悟,而办理学务者,亦可以知所风矣。①

因舆论的压力,加上有宋教仁案的前车之鉴,袁世凯对蒋校长自杀案极为重视,下令陆军部彻查:"该案突然发生,其间必有种种之关系,因交谕该部饬即切实查明,详细呈复以备核办。"②

由于事涉陆军部,总长段祺瑞第二天一大早即来报告,说经陆军部调查,蒋百里自杀另有原因,与学校之事无关。袁世凯见段祺瑞敷衍塞责,立即沉下脸来,冷冷地说:"你陆军部莫管这件事,你莫听你手下人的话!"③

袁世凯撇开陆军部,命令总统府侍从武官长荫昌和参谋部次长陈宦负责调查此事。

荫昌和陈宦先到段祺瑞府上征求意见,段说这件事是魏宗瀚与蒋方震的私怨造成的,与公事无关。他先把陆军部的责任推得一干二净,同时又假

① 《闻评一》,1913 年 6 月 21 日《大公报》,第 1 张。
② 《大总统交查蒋方震自杀案》,1913 年 6 月 22 日《大公报》,第 2 张。
③ 陶菊隐:《蒋百里先生传》,第 47 页。

惺惺地要求二人秉公查办,务求水落石出云云。

荫、陈二人熟知官场上的规矩,无非是大事化小,小事化了,如认真追究,各方面都会有麻烦,加上段总长的态度已很明了,蒋方震的生命已无危险,最后也只能以"事出有因,查无实据"搪塞一番。

这时,因宋教仁案和善后大借款案引起的北洋派与国民党间的矛盾日趋尖锐,南北双方剑拔弩张,战争迫在眉睫,袁世凯决心用武力镇压南方的反抗,当然不会为蒋百里这件事而与段祺瑞闹翻,所以这件事就慢慢地不了了之了。

受自杀事件刺激最深的是格外爱戴校长的保定军校师生。

事情发生后,大多数学生悲愤万分,各科马上推举学生代表,组成一个代表团,准备与魏宗瀚等斗争。代表团通电各省,指责魏宗瀚、丁锦等任用私人,破坏军事教育。教官中以张翼鹏、杨言昌为首的留日陆军士官派数十人联名向总统府控告魏宗瀚、丁锦任用私人、干扰军校校务、把持军事教育的种种罪状。

荫昌和陈宧曾派总统府军事处处长朱庆澜和参谋部科长黄慕松到军校调查。稍后,李士锐等人来校召集全校学生在操场演武厅讲话,学生们推举总代表刘文岛和张森陈述一切,要求上面对此事有一个明确的交待。然而最终未见下文。后来蒋百里辞职,陆军部改派曲同丰担任校长,军校的风潮也就平息下去了。

在这次风潮中最为活跃的学生是刘文岛。

刘文岛,字尘苏,湖北省广济县人,生于1893年4月3日,是蒋百里的得意门生之一。蒋百里辞职后,刘文岛在军校的处境较艰难,蒋百里就资助他赴日本早稻田大学学习。刘学成后,于1918年回国。1918年底蒋百里随梁启超赴欧洲考察时,携刘文岛同行,助刘进入巴黎大学学习。刘于1925年获博士学位,回国后与老师蒋百里还有许多的交往。

事件发生后,学生龚浩曾口占一绝:

武德衰微道不扬,先生说教振煌煌。

一声霹雳惊天地,唤起军魂撼八荒。[1]

蒋百里自杀案虽然最后不了了之,但他勇于负责、视死如归的精神却激励着他的学生们。他的学识,他的品格,他的爱国精神,尤其是那惊天动地的一枪,使他成了保定系军人的精神领袖。

黄征夫回忆说:"就我所接触的许多保定出身的军人,大大小小,前前后后,只要谈起蒋百里先生,无人不敬重,无人不景仰。其实他只任保定军校第一期的校长,受他亲自训练过的只限于第一期的学生。但是很奇特,几乎所有保定军校的学生,不论前期后期,都是一致拥护他,所以'蒋老师'三字,成为保定生对他的普遍称呼。"[2]

施教者最大的幸福莫过于桃李满天下,蒋百里生而有幸,得数千弟子的衷心拥戴,为自己一生的名山事业增添了若许斑斓的色彩。

梅花香自苦寒来

俗语有云:大难不死,必有后福。又说:官场失意,情场得意。证之蒋百里自杀前后的遭际,此言着实不虚。

蒋百里在鬼门关前走了一遭,可谓大难不死,至于有无后福,九死一生的蒋百里当时并未放在心上。不过,蒋百里确实因此而找到了自己心爱的人,成就了一段美满和谐的异国婚姻,给他坎坷的人生旅途上增添了无穷的乐趣,给他因官场屡屡失意而变得黯淡的生活带来了温馨和活力。这段婚姻还赐予他 5 个美丽善良的女儿。只是,他为这"情场得意"四字所付出的代价未免太沉重了。

人生是许许多多看似偶然的因素组合而成的一个必然的过程。蒋百里由辉煌而堕入深渊,乃是"山重水复疑无路",由深渊摆脱出来归于澹泊,乃

---

[1]　龚浩:《怀蒋师百里先生并序》,蒋复璁、薛光前主编:《蒋百里全集》第 6 辑,第 268 页。

[2]　黄征夫:《怀蒋百里先生》,黄萍荪编:《蒋百里文选》,新阵地图书社 1940 年版,第 397 页。

是"柳暗花明又一村",前者起因于军学司的掣肘,后者则归功于日本护士佐藤屋子小姐的爱情。

佐藤屋子是日本北海道人,生于 1890 年,比蒋百里小 8 岁。父母共生下佐藤姐妹 5 人,以膝下无子为憾。屋子从小立志做一名职业妇女,让没有儿子的父母因自己而感到骄傲与自豪。在受过十年的基础教育后,屋子进入助产护士专门学校学习,毕业后在帝国大学产科实习了五年。实习结束,她被派来日本驻华使馆工作,没想到就此与中国结下了不解之缘。

佐藤小姐乘船到秦皇岛登岸,然后乘火车到北京。北京的糖炒栗子香气四溢、回味无穷,给这位异国他乡的女子留下了极为深刻的印象,她对中国的认识就是从这妙不可言的清香中开始的。

她随平户医生前往保定,虽说是一次不同寻常的出诊,但她绝未想到她的一生会就此彻底改变。

当时,上级神色严肃地对平户医生和她讲述了这次出诊任务的重要性,要他们立即乘专车出发。

在驰往保定的列车上,佐藤小姐一面观赏窗外的风景,一面想:"说走就走,真是救人如救火呀!"①

坐在校长华丽的专用马车上,佐藤小姐初次体验到了前呼后拥的豪阔场面带来的那种舒适惬意的感觉,恍惚间,自己似乎变成了来自远方的一位公主。她想,校长的威风真是不一般呀!他为什么要自杀呢?有什么过不去的沟沟坎坎呢?

等见到"一枪惊天下"的蒋校长,佐藤小姐不禁一怔:面庞白皙清秀如处子,神态温文尔雅如文士,动作闲适潇洒如棋手,无论如何也难以把他与叱咤风云的将军和管理 1000 余人的军校校长联系在一起。这样的人举枪自杀,那得需要多大的决心和勇气啊!

平户医生回北京后,照料蒋校长的重担就落在了佐藤小姐的肩上。平户曾在蒋校长的枕头下搜出许多安眠药,怀疑他还未消除自杀的念头,就对

---

① 陶菊隐:《蒋百里先生传》,第 49 页。

佐藤小姐说："校长命不该绝,劝他放宽眼界,你的责任比我的重。"①

在给蒋百里打针喂药侍候饮食之际,佐藤小姐渐渐地与他交谈起来。蒋百里在日本留学六年,二人之间不存在语言障碍。

佐藤小姐从别人口中了解到蒋百里的过去:日本留学,德国实习,得到德国名将的赞誉,的确是一个不可多得的人才。经过深思熟虑,她决定从"忍"字着手,对情绪低落的蒋校长加以劝解和开导。

何为忍?忍乃心上一把刀。忍不下一口气,勃然而起,以性命相搏,只是匹夫之勇。韩信甘受胯下之辱而终成一代名将,司马迁忍宫刑之羞而终传千古文章,越王勾践卧薪尝胆灭吴国,苏武牧羊一十九载归故里,他们都是古代忍者的典范。

佐藤小姐虽然不知道中国古代的这些故事,但她知道日本武士的忍耐功夫。日本武士虽有剖腹自杀以信守诺言的传统,但日本民族更看重的是一个忍字,忍常人所不能忍,受常人所不能受,百折不回,万难不惧。

某日,佐藤小姐见蒋百里心情比较好,乃乘机进言:"忍是大勇者之所为,自杀非勇而系逃避人生责任。人生责任要以大无畏的精神冲破一切难关,求其理想之实现。你如果不能忍,将来如何能够成大功胜大业?有热血有能力的好男儿如果轻言牺牲,国事由何人承担,如何对得起国家及培植人才的老前辈?"②

这一席豪气干云的话出自一位东瀛窈窕淑女之口,长于口才善于辩论的蒋百里竟无言以对。作为一校之长,半年来他常以大道理训诫和勖勉下属及学生,不想今日却被护士小姐上了一课,他不禁怦然心动,对这位小姐刮目相看了。

日本北海道,自古多美人,在病中的蒋百里看来,佐藤小姐更是美中之冠、花中之魁,堪与沉鱼落雁、羞花闭月的中国古代四大美人相媲美。她讲起话来慢语轻声,如和风细雨,走起路来袅袅婷婷,似仙女凌波,做起事来有条不紊,如凤姐当家,待人接物则落落大方,似宝钗再生。尤其是她那灿然

① 陶菊隐:《蒋百里先生传》,第50页。
② 陶菊隐:《蒋百里先生传》,第50—51页。

一笑,能使满屋生辉,举座皆欢。她体贴入微的照料,耐心细致的劝解,使病榻上的蒋百里得到了极大的安慰。从她对"忍"字的理解来看,她是个有见识、明事理、识大体、顾大局的奇女子,非寻常贪图享受的流俗之人可比。蒋百里暗想,如能与此女共结连理,比翼齐飞,那真是不虚此生了。

"洞房花烛夜,金榜题名时",原是人生最快意的两件大事。对蒋百里来说,"金榜题名"的荣耀和风光已充分领略,而另一方面,由于"父母之命,媒妁之言"的旧式婚姻,他与查品珍夫人感情疏淡,鲜有倾心的恳谈与交流,致使"洞房花烛夜"徒有其名。蒋百里在夜深人静之际,每每有怅然若失之感。

佐藤小姐的出现给蒋百里带来了重新选择的机会。可以说,正是佐藤小姐使蒋百里彻底放弃了轻生之念,获得了新生,再次焕发出了青春的活力。

蒋百里决定试探一下佐藤小姐的意向。两星期后,他对佐藤小姐说:"我依你的话不再轻生了,但以后遇到生死难关,没有像你这样的人在我身边,谁来提醒我、鼓励我的勇气呢?"[1]他这样说,既是一种试探,也是为以后继续追求埋下了一个伏笔。

佐藤小姐没有听出蒋校长的话外之音,她只是觉得高兴和自豪,因为她的努力没有白费,一个铁骨铮铮的汉子在她的劝慰下回心转意,完全弃绝了轻生之念,这是多么了不起的一件事啊!

这时的她根本没有其他方面的考虑,她所做的一切只是出于护士的职责和对蒋校长的敬重。这些年来忙忙碌碌,她还未认真考虑过自己的终身大事,至于嫁给一个中国人,她从来就没有过这样的念头。

远在杭州的张宗祥从报上获悉蒋方震自杀的消息后,急忙打电报到保定军校询问好友的生死,但未得到军校的回音。他又打电报到硖石,向蒋百里的家人打听消息,得知蒋母杨镇和夫人在蒋百里自杀前就已启程北上。过了几天,报上说蒋百里子弹穿胸,幸而不死,张宗祥悬着的一颗心才放下来。

蒋母是到保定送亲的。军校有个教官叫尹凤鸣,也是日本士官学校毕

---

[1] 陶菊隐:《蒋百里先生传》,第51页。

业生，人很干练，蒋百里很器重他，就作主把堂侄女蒋珍慧许配于他，然后写信让母亲带着她到保定完婚。蒋百里在遗书中曾提及此事。

蒋母由蒋百里的堂兄蒋方夑陪同，携蒋珍慧由上海乘轮船北上，在天津听说了蒋百里自杀的消息。蒋母素来深明大义，知道儿子此举必有迫不得已的隐衷，她对蒋方夑说："我虽只此一子，当他学陆军时，即以身许国。殉职与死于疆场初无二致，万一性命得保全，将来必有大事可任。"[①]

他们赶到保定时，蒋方震养伤已达三周。有了母亲的温语安慰，加上佐藤小姐细致周到的照料，蒋百里的身体和精神复元情况越来越好。随着对佐藤小姐了解的加深，蒋百里已跌入爱情的旋涡之中。

佐藤小姐见他总是用异样的目光审视自己，一副欲言又止的样子，这才意识到他对自己产生了恋情。她颇觉尴尬，因为她是本着治病救人的原则照料这位校长的，感情方面的事，她从来没有考虑过。

北京来的一份电报解了她的围。有位日本贵夫人即将分娩，使馆催她回京照料，她乘机辞别蒋百里北上。蒋百里恋恋不舍，却也无可奈何，他只希望以后能再见到佐藤小姐，圆一个美丽的梦。

松、竹、梅岁寒三友，蒋百里最爱梅花。

梅花香自苦寒来，蒋百里知道，如不顶着严寒冒着风雪忘我追求，他是不会欣赏到梅花的艳丽，不会领略到梅花的芬芳的。

蒋百里和母亲到天津休养了三个月。期间，他致电陆军部辞职，得到批准。1913 年 9 月 2 日，曲同丰正式接任保定军校校长职务。曲同丰虽然与蒋百里同为士官学校第三期的毕业生，但他与段祺瑞的关系非同一般，是段手下的"四大金刚"之一。

从天津到北京后，蒋百里住进位于东单的川田医院继续疗养。袁世凯亲自下手令委任他为总统府军事处参议，月薪 300 元。袁让陈仲恕先生到医院转告蒋百里，让他静心休养，不必急于上班任事。

蒋百里在川田医院又见到了朝思暮想的佐藤小姐。他的伤是平户医生和佐藤小姐料理的，所以现在仍由他们负责。

---

① 　陶菊隐:《蒋百里先生传》，第 52 页。

　　蒋百里决定抓住这次机会,向佐藤小姐发起求爱攻势,无奈她仍无动于衷,或婉言却之,或顾左右而言他,使蒋百里哭笑不得。

　　蒋百里使出了走上层路线的招数。他求大总统袁世凯帮忙。袁很看重蒋百里的才学和人品,这样的好事当然不会拒绝。袁特请日本驻华公使从中说合,公使又转托平户医生征求佐藤小姐的意见。

　　平户医生人到中年,妻儿都在东京。他见佐藤小姐漂亮,平日里常向她挤眉弄眼,甚至说些不三不四的话,颇有挑逗之意,使她非常反感。现在他来替蒋百里说媒,她当然不会给他好脸色看。她直言相告:绝无此意。

　　此事惊动了大总统和日本驻华公使,使佐藤小姐感觉到了很大的压力,她不是一个爱出风头的人,却在不知不觉中成为众人注目的焦点,如何才能摆脱困境呢?"三十六计,走为上。"

　　她悄悄写信给家里,让父母给她发"母病速归"之类的急电,助她一臂之力。不久,父母依计拍来电报,她向公使辞职后,急匆匆地由天津浮海归国,暂时摆脱了压力和烦恼。

　　蒋百里却未因心上人的婉拒和回避而轻言放弃,他早就做好了"踏雪寻梅"的思想准备。

　　出院后,蒋百里赁屋居住于东城区锡拉胡同,一边继续休养,一边读书为文,对法语尤其下了一番苦功夫,水平有了相当大的提高。

　　他的另外一件要事就是给心目中的"梅花"写信倾诉衷肠。佐藤小姐回国后,蒋百里设法打听到她家的地址,于是一封封道爱慕情诉相思苦的信就飞到了她的手中。蒋百里走南闯北,奔波半生,见过不少倾国倾城的美女艳妹,而对佐藤小姐却情有独钟,颇有"众里寻他千百度,蓦然回首,那人却在灯火阑珊处"的神奇感觉,所以他的信言词热烈,感情诚挚,像一枝枝丘比特的神箭,射向佐藤小姐的芳心。他抱定一个宗旨:精诚所至,金石为开。

　　人非草木,孰能无情,温柔善良如佐藤小姐者更是如此,更何况她对蒋百里并非没有感情。

　　她向蒋百里道出了自己的苦衷:日本女子嫁给中国人有很多的困难;她曾向父母提及此事,父母坚决反对,他们说日本不是没有好青年,何必嫁给一个身带暗伤的中国人呢?她劝蒋百里死了这条心。

收到此信，蒋百里大喜过望：以前她总是说"职责所在，别无他意"，给我软钉子碰，此信终于承认她的心中是有我的，只是因为种种困难而自我逃避罢了。

摸清了佐藤小姐的真情实感，蒋百里决定再烧一把烈火，一举攻占爱之堡垒。为此他使出了撒手锏绝招，写信给她说："我因你而生，你现在又想置我于死地！我马上到日本，要死就死在你的家里。"①

这手绝招摧毁了佐藤小姐心理上的最后一道防线，她了解蒋百里言出必行的个性，自杀过一次的人，再自杀一次绝不稀奇。她最终决定不顾一切阻力和困难，投入蒋百里的怀抱，把自己一生的福祸荣辱与他紧紧地联系在一起。

她把与蒋百里交往的详细情况告诉父母，把蒋百里的全部来信拿出来给父母看，父母终于被这一对异国儿女的挚诚爱情所感动了。母亲说："一个人呱呱坠地时，就把一生的命运带来，你救过他一次，便应当再救一次！爱情是无国界的，我料他终身不会让你受委屈，你若舍弃他再嫁别人，你此生必耿耿于怀，这精神的痛苦对你也是不利的。"平时寡言少语的父亲也满怀爱意地对女儿说："你嫁后若受别人的委屈，随时回国来，我把你应得的产业分下来留给你。"②

长达一年的求爱终于有了圆满的结局，蒋百里欣喜万分。他一面委托正在日本的士官学校同学周承炎迎护佐藤小姐，一面做结婚的准备工作。1914年秋季的一天，佐藤小姐一行乘轮船抵达天津塘沽港，蒋百里满面春风，在码头上迎候。他让周承炎作证婚人，在天津德国饭店与心上人举行了婚礼。第二天，新婚夫妇联袂赴京。蒋母请来张宗祥夫妇等数位亲友，在锡拉胡同宅第设宴庆贺儿子新婚，大家尽欢而散。

一对有情人终成眷属，蒋百里补上了"洞房花烛夜"的缺憾，生活更加完善起来。

蒋百里酷爱梅花，给妻子起了个很好听的中国名字：左梅。后来，他在

---

① 陶菊隐：《蒋百里先生传》，第55页。
② 陶菊隐：《蒋百里先生传》，第56页。

故乡硖石东山的西麓购地数亩,种植梅树两百株,并广莳花草,号曰"梅园",他还在园中造屋数间,预备晚年携左梅夫人归隐故里,读书赏花,尽享天伦之乐。可惜在抗战期间,蒋百里客死异乡,梅园则被占领硖石的日本侵略军用作马厩,梅树被砍伐一空,一处美好的景致和一个美好的愿望都被日本鬼子彻底破坏了。

蒋百里的元配查夫人未生育,一直住在硖石蒋宅,于 1939 年冬谢世,享年 59 岁。

参与反袁护国

蒋百里在追求红颜知己的同时,从未放弃对国家大事的关注和参与。

他与良师梁启超和益友蔡锷一道,积极参加了反对袁世凯称帝的护国运动。

辛亥岁末梁启超在奉天与蒋百里匆匆作别,返回日本,静观时局的演变。待清帝逊位,南北议和告成,国内激进力量对梁的敌意消除之后,他才于 1912 年 10 月 8 日返抵天津,结束了长达十四年的海外流亡生活,受到各界人士的热烈欢迎。

梁启超到京后积极参与政治活动,促成共和党、统一党和民主党的大联合,组成进步党,在国会中与国民党相抗衡。进步党以副总统黎元洪为理事长,梁启超、张謇、伍廷芳、孙武、那彦图、汤化龙、王赓、蒲殿俊、王印川等 9 人为理事,而梁启超实际上是进步党的领袖。

梁对袁世凯抱有幻想,在许多问题上维护和支持袁,曾先后担任司法部总长和币制局总裁等职,积极筹划全局,革新政治,想拥戴袁世凯走上正常的政治轨道,替国家做些建设事业。

然而,袁世凯毕竟不是乔治·华盛顿,他本质上是一个独裁者。当梁启超逐渐认识到这一点后,便开始一步步地走上了与袁决裂的道路。

云南都督蔡锷则是应袁世凯之召于 1913 年 10 月到北京任职的。

孙中山发动"二次革命"反袁时,南方各省只有浙江都督朱瑞和云南都督蔡锷保持中立。不到两个月,"二次革命"失败,孙中山、黄兴等国民党人亡命日本，袁的北洋势力伸进南方，权势盛极一时。

蔡锷有意北上入京，到中枢要地，有一番作为，以实现整军经武建设国防的理想。他当时对袁世凯也抱有幻想，认为袁是中国的一个人才，能把中国治理好。袁对蔡则存在戒心和疑虑，很想把他调到京中，就近监视和约束。双方各有所谋，一拍即合。

1913 年 8 月 13 日，蔡锷离开经营多年的云南，绕道越南河内北上赴京。10 月 4 日，蔡锷乘火车抵达北京，受到了各界人士的热烈欢迎。袁世凯也派代表到车站迎接，并致送大洋万元作为见面之礼。蔡锷辞谢不受，陆军部次长陈宧来劝说，如果拒绝，是对大总统的不礼貌行为，蔡锷只好接受下来。

袁世凯任命蔡锷为陆军部编译处副总裁（总裁为段祺瑞），并加昭威将军头衔。

蔡锷住西城区护国寺街棉花胡同，蒋百里住东城区锡拉胡同。昔日同窗，而今聚首京城。二人时相往还，谈理想，谈抱负，商讨军国大计。他们经常拜访恩师梁启超，师生三人又像在日本时一样荣辱与共了。

同蒋百里一样，蔡锷对军事改革和军事教育也十分热心，想在国家大一统的良好环境中开创出新局面。

入京后，蔡锷把自己在西南时精心拟定的《军事计划》原稿交给蒋百里修改和润色。蔡锷的计划与蒋百里的抱负不谋而合，蒋百里力疾从公，昼夜披览，增删校改，最终定稿。可以说，《军事计划》是蔡锷和蒋百里二人的心血结晶。这份计划共七章，洋洋三万余言，全面论述了练兵的目的、国力和兵力、义务兵役制、兵器、编制、军事教育和军纪、人事和后勤保障等关系军事建设的重要问题，是中国军队实现近代化和国家化的一份纲领性文件。1914 年 5 月，袁世凯组建参政院，委副总统黎元洪兼任院长，另遴选参政 70 人，其中有当朝显宦周学熙、梁士诒、王揖唐、陆征祥、杨度等；有进步党名流梁启超、熊希龄、林长民、严复等；有前清大官僚赵尔巽、那彦图、李经羲、荫昌、于式枚等，蔡锷和蒋尊簋也列名参政。

5 月 8 日，袁世凯下令撤销总统府军事处，成立"陆海军大元帅统率办事处"，任段祺瑞、刘冠雄、陈宧、萨镇冰、王士珍、蔡锷为办事员，唐在礼为总务厅长,张士钰为副厅长,蒋百里、陈仪、程璧光、姚宝来、姚鸿法等人为军事参议官,蒋百里和蔡锷成了可以经常见面的同事。他们联络阎锡山、张绍曾、尹昌衡等 11 人组织军事研究会,经常聚会讨论和演讲各种军事问题和计划,还请外国军事专家举行演讲会,进行学术交流活动,力图改进军事教育,提高军事学术。

袁世凯还委蔡锷兼任全国经界局督办。经界局主管全国土地经界的测量,清丈田亩,确定各类田亩之等级及其应纳税之数额等事务。蒋百里对中国古代的井田制度颇有研究,认为井田制是抵御周边游牧民族侵袭和巩固农业经济的好办法。他和蔡锷曾计划把经界局主持的测量和清丈土地的工作与国防建设结合起来进行。为此,他们厘定了详细办法,但因与袁世凯的目的不同,计划被搁置起来。

随着时间的推移,袁世凯的独裁本质和勃勃野心逐渐暴露于世人面前。他施展一系列的手段,由临时大总统成为正式大总统,进而成为终身大总统。他并让国会同意,总统继任人可由袁推荐三个候选人(袁的儿子、孙子皆无不可),然后书于嘉禾金简,藏之金匮石室,届时交大总统选举会选举。这与封建帝王已无区别,而袁仍不满足,非要黄袍加身,让全国人民口呼万岁才肯罢休。

所谓上梁不正下梁歪,朝野上下一班趋炎附势的献媚之徒见袁世凯有称帝野心,就迎合他的心理,牵强附会,编造出种种天命攸归的瑞验,广泛传播,制造舆论。如 1914 年底,河南项城袁家祖茔坟丁来京报告,说袁世凯生父袁保中的坟侧生出一条紫藤,长逾丈许,蜿蜒盘绕,状似龙形。袁的妻姜子女听了大喜,认为这是袁将做皇帝的征兆。袁的心腹段芝贵、雷震春和张镇芳等人也鼓鼓噪噪,策动袁世凯称帝。

对帝制最热心的是袁世凯的长子袁克定,因为他想等袁世凯死后子承父位,做君临天下的大皇帝。他原住在北海团城,门上挂着"大爷处"的牌子。1914 年 7 月,他以"养病"为名移住京郊汤山,暗中推动帝制。

袁克定知道梁启超名重海内外,虽已辞官不做,但一言一行仍有极大的影响力,如能取得梁的支持,则大事有望成功。

1915 年元月,袁克定在汤山居所宴请梁启超,只有杨度一个陪客。席间,袁克定肆意诋毁共和政体,话里话外露出了要梁启超支持变更国体的意思。梁当即指出变更国体在内政和外交方面的危险性。两人话不投机,不欢而散。

梁对袁世凯想称帝之事早有耳闻,袁克定的一席话使他确信变更共和国体的阴谋正在酝酿之中。于是,他于 2 月间移居天津,表示不问政治,专事著述,与袁世凯拉开距离。

梁启超当年虽然极力主张君主立宪,反对革命,但他能顺应时代潮流,赶上时代步伐,与时俱进,在民国建立后坚决反对任何破坏共和政体的言行。对袁氏父子倒行逆施的阴谋活动,他当然要加以抵制。

4 月底,梁启超在回粤省亲之前,以下属和知交的双重身份,致函袁世凯,规劝袁在国体问题上"践高洁之成言,谢非义之劝进"①,切勿帝制自为。

6 月初,梁启超由粤北返,途经江、浙,对社会上的帝制传言甚感忧虑,乃于月底拉上袁世凯的心腹大将、时任江苏将军的冯国璋一道北上入京,劝阻袁世凯。

袁极善于表演,赌咒发誓说他绝无做皇帝之意,暂时蒙骗了梁启超和冯国璋,而实际上,他的帝制步伐进一步加快了。

袁之称帝,除国内一班利欲熏心的小人鼓噪外,某些外国人也出于不同的目的加以推动。

1914 年秋,第一次世界大战爆发,日本乘机出兵我国山东,占领德国租借我国的胶州湾和胶济铁路沿线各地。1915 年 1 月,日本驻华公使日置益向袁世凯递交了灭亡中国的"二十一条"要求,同时表达了中国如改国体日本"必赞成"的意思加以利诱。5 月 9 日,屈服于日本的压力,同时也出于对日本支持他称帝的期盼,袁世凯不顾朝野舆论的反对,接受了"二十一条"的部分条款。

1915 年 8 月 3 日,北京政府的喉舌《亚细亚报》发表了袁世凯的宪法顾问古德诺的文章,题为《共和与君主论》,大肆鼓吹实行君主制。袁的日本顾

---

①　梁启超:《上总统书(国体问题)》,梁启超:《饮冰室合集》文集之三十四,中华书局 1941 年版,第 3 页。

问有贺长雄则抛出《共和宪法持久策》一书,诬蔑中国不适合共和政体,要袁世凯做皇帝。

8 月 14 日,在袁世凯的授意下,杨度纠合孙毓筠、严复、刘师培、李燮和、胡瑛,在北京组织了所谓"筹一国之治安"的筹安会,公开为恢复帝制鸣锣开道。

此举使袁世凯的称帝野心昭然若揭,梁启超、蔡锷、蒋百里等人遂下定了反袁的决心。

8 月 15 日,蔡锷赴天津,与梁启超在汤觉顿家中密商对策,决定为了四万万中国人的人格起见,坚决反对袁世凯恢复帝制,并相约如果反袁成功,他们将功成身退,转入学界,专心学问。如果失败,则以身殉国,不逃租界,不逃外国。他们私下做好了军事反袁的准备,拟由蔡锷秘密联络云南和贵州的旧部以及各方反袁势力,发动起义。为了避免引起袁世凯的疑心,妨碍蔡锷的行动,他们约定此后表面上还装成政见不同的样子。

8 月 21 日,梁启超花一夜功夫,写成洋洋万余言的《异哉所谓国体问题者》一文,交汤觉顿带回北京,准备刊登于报纸,在舆论界打出反对帝制的旗帜。

袁世凯闻讯,立即派亲信带 20 万元巨款赴天津,以 10 万元补作梁氏父亲的寿礼,以 10 万元作为梁氏出国游历的旅费,但梁氏不为所动。

杨度不肯死心,让蔡锷赴天津,以师生之谊劝梁不要发表这篇文章。

蔡锷佯装欣然从命的样子,到天津转了一圈,回来后对杨度说:人各有志,不能相强。

梁启超的文章在《大中华》杂志发表后,在社会上引起了强烈反响。因蔡锷、蒋百里与梁启超有师生之谊,所以遭到袁党的怀疑,处境较为困难,幸亏杨度在袁世凯面前总是说他们的好话,加上他们表面上赞成帝制,袁党抓不到什么证据,暂时奈何不了他们。

梁文发表后,蔡锷逢人便说:"我们先生是书呆子,不识时务。"有人反问:"你为什么不劝你先生?"蔡回答说:"书呆子哪里劝得转来,但书呆子也不会做成什么事,何必管他呢!"①

　　蔡锷与蒋百里密商后,于8月25日在云南会馆召集军界友人,书写条幅,依次签名,佯装赞成帝制,以迷惑袁党:

主张中国国体宜用君主制者署名于后

八月二十五日

昭威将军　　蔡　锷

宣威将军　　蒋尊簋

义威将军　　孙　武

参谋次长　　唐在礼

陆军次长　　蒋作宾

陆军中将　　陆　锦

陆军中将　　贾师范

陆军中将　　张士钰

陆军少将　　张一爵

陆军少将　　姚鸿法

陆军少将　　蒋方震

陆军少将　　陈　仪

　　有一天,蔡锷在统率办事处,袁氏爪牙执赞成帝制题名录来试探他,他毫不犹豫地大书"赞成"二字。

　　为了进一步迷惑袁党,生活作风一向严谨的蔡锷开始涉足北京八大胡同妓院,装成沉湎声色、无所作为的样子。蔡锷与小凤仙的风流故事就是由此产生的。

　　北京的妓院明代时设在东城内务部街,清代迁至南城,逐渐形成有名的八大胡同:陕西巷、石头胡同、小李纱帽胡同、王广福斜街(本名王寡妇斜

---

　　①　梁启超:《护国之役回顾谈》,梁启超:《饮冰室合集》文集之三十九,中华书局1989年版,第89—90页。

街)、胭脂胡同、石顺胡同、韩家潭、皮条营。有好事者作诗一首,把八大胡同串了起来:

陕西巷里觅温柔,店过穿心回石头。

纱帽至今犹姓李,胭脂终古不知愁。

皮条营有东西别,石顺名曾大小留。

逛罢斜街王广福,韩家潭畔听歌喉。[①]

妓院分三级,头等称"清吟小班",二等称"小班",无清吟字样,三等称"茶室",又称"下处"。妓家分南北两帮,彼此不相侵犯。南帮指来自南方的佳丽,活泼可爱,但多有流于浮滑者;北帮指北方女郎,诚实可靠,但不免拘谨固执。南帮均假托隶籍"姑苏",故又称"苏帮"。

民国初年,达官贵人、富商巨贾、文人士子各色人等充斥京华,多喜冶游。一时间,八大胡同冠盖云集,门庭若市,风华远胜清代。筹安会的杨度就是八大胡同的一个常客,他最爱去的地方是陕西巷。

蔡锷为使杨度不怀疑他,就随杨度去了陕西巷,在云吉班挑了一个妓女,名叫筱凤仙。

筱凤仙是南帮妓女,湖南人氏,与蔡锷同乡,艺名小凤仙,容貌平常,但略识文字,平常找她的客人极少。蔡锷涉足声色场所,本意并非品花赏色,所以只与小凤仙往来,有时甚至招摇过市,以掩人耳目。

实际上,蔡锷几乎每周都去天津与梁启超筹商反袁大计,在京中则与蒋百里、韩凤楼、胡景伊等人联络同志,积极进行准备工作。

袁世凯的倒行逆施也引起了远在海外的孙中山、黄兴等人的注意。"二次革命"失败后,大批国民党人亡命日本,孙中山欲组建中华革命党,与黄兴发生意见冲突,黄兴远走美国,留张孝准在东京做代表。

黄兴写密信劝蔡锷早日脱离虎口,回云南组织讨袁之师,并告诉他,东京的张孝准可以掩护他。

---

① 李路珂等编著:《北京古建筑地图》上册,清华大学出版社 2009 年版,第 445 页。

蔡锷复信谈了离京反袁的计划。不久,张孝准派李小川到北京找蒋百里和蔡锷面商一切。

李小川自从在东北与蒋百里分手,一直追随黄兴左右。此次回京,他佯称是为了谋求留学日本的公费资格而来的。他先见到蒋百里,蒋介绍他去拜访军需处处长唐在礼,交涉留学事宜。等官样文章作完,蒋百里即介绍李小川去棉花胡同,向蔡锷面交张孝准的密函。

李小川到蔡府,看到大门口有一个身穿雪青纺绸衫的瘦长汉子踱来踱去,正在等他,这个人就是大名鼎鼎的蔡锷。二人进入内室后,蔡锷握着李小川的手说:"你是李小川先生? 我就是松坡呀!"

他们关起门来密谈许久。蔡锷看了张孝准的信,对李说:"你回去告诉润农(张字),他所谈的事我完全明白了。你见百里的时候,你要他向人说,我和你两人未曾见面。"

李小川把蔡锷的话转告蒋百里,蒋笑着说:"这样说岂不应了'此处无银三十两'的笑话了吗? 最好别人不问及,我们也不提及。"李小川回东京后对人说:"蔡将军诚然机警,可是百里先生更机警。"[①]

张孝准不久又派一个姓何的人到北京,交给蔡锷一本密码。同时,戴戡、王伯群等蔡锷的旧部将领也经常出入于蔡府,筹商反袁大计。

袁世凯对蔡锷始终不放心,乃授意手下人演出了一场搜查蔡府的丑剧。

1915 年 10 月 14 日晨,蔡锷起床不久,有一军官带着七八个士兵冲进来,口称搜查违禁品。他们不顾蔡锷的反对,强行在各屋中翻箱倒柜,最后什么也未搜到,才呼哨一声,扬长而去。

事后,蔡怒不可遏地打电话质问京畿军政执法处处长雷震春,雷连声道歉说:误会、误会! 对不起,对不起! 其实这绝非误会,而是有意搞突然袭击,欲抓住蔡锷的把柄。原来是陕西人路孝忱向总统府告密,说云南有人反对帝制,与蔡锷等云南来京官员有书信往还,共同密谋。

搜查事件发生后,蔡锷决定加快行动步伐。他和戴戡、王伯群到天津,与梁启超商谈具体部署。他们计划云南和贵州同时起义,然后策动广西响

---

① 陶菊隐:《蒋百里先生传》,第 57—58 页。

应。随后即派戴戡和王伯群先行南下,作为蔡锷的开路先锋。

11 月 11 日,蔡锷佯称有病,请假赴天津疗养。行前曾到蒋百里家中,两人谈到深夜。

蔡到天津,先住共立医院,后住德义楼旅馆,作逃离虎口的最后准备。袁世凯派蒋百里赴天津劝蔡回京,蒋、蔡二人在德义楼整整谈了一夜的讨袁计划。蒋百里回京后向袁报告说:"松坡未知去向,在津未曾找到。"①

袁世凯见蒋百里敷衍搪塞,对他也起了疑心。

12 月 2 日深夜 3 点,蔡锷避开他人耳目,从德义楼悄悄来到梁启超家,改穿日本和服,变换姓名,一早便登上日本的运煤船"山东丸"东渡。蔡上船前给在京的周钟岳发一电报,请其代拟一纸续假呈文,向袁世凯报告,内称:"现在假期已满,病仍未愈,惟有仰恳俯赐矜全,准予续假三月,俾得迁地疗养,并请派员代理,免旷职务,不胜迫切待命之至。"②

袁见蔡有"迁地疗养"之请,知道大事不好,急派军事参议陈仪赴津催蔡返京。陈仪到天津时,蔡锷已在波涛汹涌的大洋之上了。

1915 年 12 月 12 日,袁世凯冒天下之大不韪登基称帝,改国号为中华帝国,以明年为洪宪元年。

蔡锷抵日本后,在张孝准、石陶钧等人的掩护和协助下,乘船从神户出发,经香港和越南直趋云南,于 12 月 19 日抵达昆明。25 日,蔡锷、唐继尧等人联名发布通电,举起义旗,打响了反袁护国的第一枪。

梁启超于 12 月 16 日离开天津南下,18 日抵达上海。他在上海深居简出,住了七十余日,在极艰苦的条件下运筹帷幄,指陈方略,将反袁护国运动步步推向前进。

蒋百里本与蔡锷约定,稍后南下,参与反袁之役。在蔡锷和梁启超南下之后,蒋百里受到了袁氏党羽的严密监视,脱离虎口已非易事。蒋百里不能马上南行,只好韬光养晦,伺机而动。

1916 年 1 月,蔡锷亲率讨袁护国军第一军进入四川,与北洋军作战,双

---

① 陶菊隐:《蒋百里先生传》,第 58 页。
② 周钟岳:《惺庵回顾续录》,中国人民政治协商会议云南省委员会文史资料研究委员会编:《云南文史资料选辑》第 5 辑,1964 年印行,第 160 页。

方在泸州、纳溪、自流井一带展开了殊死搏杀。由于护国军仓促起事，准备不足，兵员既少，枪弹匮乏，粮饷不继，一度在数倍于己且兵精粮足的北洋军面前陷入极为被动的状态。各省中只有贵州于1月27日响应起义，宣布独立，其余仍在观望，坐视护国军孤军奋战。

面对护国军前线紧张危急的形势，坐镇上海的梁启超焦灼万分，忧心不已，决定尽快策动广西将军陆荣廷宣布独立，使滇、桂、黔连成一片，以消除护国军的后顾之忧，壮大反袁护国的力量。

1月25日，梁启超紧急致书陆荣廷，晓以大义。2月18日，梁再次致电陆，催其尽快举事。陆荣廷与张作霖的经历颇相似，也出身绿林，受清政府招安，辛亥革命后攫取权力，成为广西都督。1913年"二次革命"期间镇压革命党人发动的柳州起义，杀害蒋翊武、刘古香、李群等大批革命党人，被袁世凯封为大将军。陆对梁启超和蔡锷十分敬佩，对袁世凯称帝改元的丑行极为不满，早有反意。陆接到梁的信函后，即派陈祖虞和唐伯珊二人到上海迎接梁到广西，说只要梁一到，广西即宣布独立。

3月4日，在日本驻沪武官青木中将和其属官松井的帮助下，梁启超躲过袁世凯派来的密探的监视，与汤觉顿、黄溯初等7人，乘船离开上海南下。因袁世凯向两广要隘及越南、香港当局发出了扣留梁启超的通电，梁到香港后只能蛰伏舟中，避人耳目，而派汤觉顿和唐伯珊携广西起义计划先行入桂。

3月15日，陆荣廷宣布广西独立。

四川前线艰苦作战的护国军闻讯深受鼓舞，士气大振，在蔡锷指挥下发动反攻，屡屡得手，极大地改变了战场上的不利形势。

袁世凯则遭到了重大打击。在四面楚歌声中，他知道大势已去，乃以退为进，于3月22日宣布取消帝制，并要求南方护国力量取消独立，继续遵奉他做大总统。

经过战斗洗礼的反袁护国力量不会再被袁的骗人花招所蒙蔽。袁世凯已成落水狗，只有痛打落水狗，将袁赶下台，才能使他再也得不到祸害民国的机会。

4月4日，梁启超历经千辛万苦，终于抵达南宁。他坚决主张逼袁退位。

4月6日,广东将军龙济光迫于形势,宣布广东独立。龙是袁世凯的忠实爪牙,他宣布独立完全是不得已而为之的缓兵之计。为联合龙济光,梁启超和陆荣廷派汤觉顿等人为代表到广州会谈。4月12日,在广州海珠召开的联席会议上,双方争执不下,龙济光部将颜启汉竟拔枪射击,杀害了汤觉顿等3人,酿成了震惊一时的海珠惨案。龙济光因此遭到了各方的强烈谴责,不得不作出让步,与广西方面进行合作。

为了约束龙济光,尽快结束广东内部的混乱局面,出师北伐,梁启超等人于5月1日在广东肇庆发起成立了两广护国军都司令部,以岑春煊任都司令,梁启超任都参谋,下设参谋部、秘书厅、参议厅、外交局、财政局、盐务局、饷械厅、副官处等机关。本部之外,还设有将校团,都司令部直辖军队四个师两个混成旅又一个独立团。

梁启超召来蒋百里,委以都司令部"出师计划股"主任之职,为出师北伐出谋划策。

蒋百里是3月份离开北京的。

由于前方战事吃紧,加上全国各地反袁称帝的人越来越多,袁氏党羽对蒋百里的监视有所放松,而且蒋百里韬光养晦,没有露出丝毫反袁的痕迹,袁世凯对他的疑心也淡了。蒋百里决定利用这个机会逃脱羁縻,南下会友。

有一天,蒋百里上班归来,对左梅夫人说:"我明天就要动身了。"[①]

结婚一年多来,蒋百里和左梅夫唱妇随,伉俪情深。蒋母在京中陪住三个月,见儿媳对儿子照顾得十分周到,便放心南归硖石老家。

自袁世凯的称帝野心暴露后,左梅看到丈夫常与蔡锷等人秘密筹商计议,就知道他们必会有重大的举措。但对国家大事,蒋百里从来不对她谈,她也从来不问,她只是怀着无限情意默默地照顾着丈夫的饮食起居,希望丈夫的枪伤彻底痊愈,体格强健起来,为国家多做些事情。

蔡锷出京后,她知道丈夫迟早会步其后尘。这一天终于来临了。

晚上,蒋百里一边喝啤酒,一边在灯下写信。直到凌晨2点钟,写完了

---

① 陶菊隐:《蒋百里先生传》,第59页。

五封信,他才解衣就寝。左梅知道丈夫此去山高路险,吉凶难料,颇为担忧,在床上辗转反侧,一夜未眠。

第二天一大早,蒋百里夫妇即起了床。蒋百里把五封信留给夫人,说他到南京后就打电报给夫人报平安,那时夫人即把信发出,其中一信致袁世凯,要他及早回头,取消帝制,另外的信是给段祺瑞等人的。蒋百里还给夫人留下 200 元生活费,嘱咐她,如果北京发生骚乱,她应到东交民巷的日本使馆暂避。

蒋百里辞别夫人,顺利地出了朝阳门,雇了一匹毛驴,骑至廊坊,购三等车票乘火车南下而去。此次骑驴离京,虽不像往年奉天历险那样惊心动魄,但蒋百里的心情却比那次沉重得多,他牵挂着妻子左梅的安危。结婚以来,初次离别,不知何时再相会,也不知能否再相会!

然而,为了国家大事,他顾不了这么多了。

蒋百里到上海后,梁启超已率人赴广西。蒋百里与蔡锷取得联系,拟由上海乘船到四川,辅助蔡指挥作战。梁启超闻蒋百里抵沪,即函召他到两广,为两广军队的北伐出谋划策。

这样,蒋百里辗转来到广东,与梁启超会齐,担任了两广护国军都司令部的"出师计划股"主任。

袁世凯的帝制已经取消,北伐的目的在于迫使袁下台。蒋百里提出了北伐的方略:仿照拿破仑的突出战术,出师湖南,攻取武汉,与四川的蔡锷护国军遥相呼应。

然而,北伐计划未及实行,蒋百里即随梁启超离开广东赴上海了。

5 月 6 日,在四川前线指挥作战的袁世凯的心腹陈宧与蔡锷达成了停战协议。为了进一步分化北洋军阀,孤立袁世凯,梁启超决定亲往南京争取手握重兵的江苏将军冯国璋反袁。

5 月 17 日,梁启超率蒋百里等人乘船离开广州,前往上海。轮船经过香港时,梁启超在船舱里正襟危坐,给父亲写信报平安。其实,他的父亲已于 3 月 14 日在香港病逝,当时他正在由香港赴海防的途中。亲友们因他肩负救国大任,便匿丧不报,将他一直蒙在鼓里。

蒋百里已经得知了这个噩耗,他既不能对梁明言,又不忍看梁写信,只好悄悄地躲开,在没人看见的地方暗自垂泪。蒋百里是个孝子,也是个性情中人,他从不掩饰自己的感情。他是由梁启超的丧父之痛想到了自己父亲的早逝,所谓"树欲静而风不止,子欲养而亲不待"是也!想到这些,他仰天叹息,禁不住悲从中来,潸然泪下。

5月22日和29日,袁世凯的两位心腹宠臣四川将军陈宧和湖南将军汤芗铭,先后在蔡锷和汤化龙的策动下宣布独立,给袁造成了巨大的打击。6月6日,袁在全国人民的唾骂声中,在众叛亲离的凄凉惨景中一命呜呼。一代枭雄,命归黄泉,是非功过,任后人去评说。

5月29日,梁启超的弟弟梁启勋从香港来到上海,告知父亲病逝真相。梁启超闻讯悲痛万分,立即向护国军政府致电请求辞去本兼各职,闭门居丧,以守礼制。

袁氏送命,天下初定,副总统黎元洪依法继任总统。6月24日,北京政府颁布命令,以蔡锷为益武将军,督理四川军务。因在上海已无事可做,蒋百里决定西入巴蜀,辅助蔡锷。行前,他派李树义到京把左梅夫人迎至上海,住在四川路德国饭店。同一天,蒋母也由硖石到上海,劫后余生的一家人在国难初平之际再度团圆。

蒋百里夫妇成婚以来,左梅还未回过娘家。为了让夫人体面地回日本探亲,蒋百里拿出历年积存的4000元钱,让夫人购买金银首饰和各种礼物。蒋百里想,左梅固然可以安贫乐道,不图虚荣,但初次归省父母,如果太寒酸了,难免让周围邻居小瞧。

送走夫人,安顿好母亲,蒋百里携李树义乔装打扮,避开军警的检查,乘轮船沿长江西行。

到达重庆后,他们或乘纤夫的小舟逆流而上,或乘轿夫的小轿盘山而行,一路风餐露宿,赶去与蔡锷会合。

哭送挚友蔡锷

袁世凯丧命,黎元洪继任,护国军的使命宣告完成,四川局势稳定下来。然而,十分不幸的是,再造民国的第一功臣蔡锷将军的病却越来越严重了。

他的病是肺结核转喉头结核。1915 年深秋的一天早晨,他在中南海漫步,遇疾风而感到喉咙剧痛,经医生检查,方知病已不轻,如不是真有病,袁世凯绝不会准病假让他赴天津治疗。

蔡锷是强忍着病痛的折磨赴云南领导反袁起义的。1915 年 12 月 25 日,朱德率滇军第十团从蒙自到昆明参加起义,见到了蔡锷。后来,朱德对当时的情形作了如下描述:

> 蔡锷起身向我们走来的时候,我大吃一惊,说不出话来。他瘦得像鬼,两颊下陷,整个脸上只有两眼还闪闪发光。肺结核正威胁着他的生命。那时他的声音已很微弱,我们必须很留心才能听得清。当他向我走来的时候,我低头流泪,一句话也说不出来。[①]

蔡锷力疾从公,督率军队喋血疆场,终于达成反袁护国的目标,在人间留下千古英名。

6 月 24 日,他受命督理四川军务。28 日,他由永宁出发,经大洲驿、纳溪,于 7 月 1 日抵达泸州,住在朱德指挥部附近的住宅内。梁启超获悉蔡锷病情加重,特别致电在重庆的德国医生阿密思到泸州诊治。阿密思做了错误诊断,使用驱梅疗法,给蔡锷打了一针洒佛散,致使病情急剧恶化。7 月 5 日,蔡锷致电北京政府请假东渡日本治疗,但未获批准。7 月 6 日,北京政府正式任命蔡为四川督军兼省长。

蔡锷病卧在床,仍把秘书和参谋长叫到床前,研究重建四川的计划。朱德劝他多休息,不要劳累,但他以低弱的声音说,他剩下的日子不多了,而他做的事则可能会决定西南地区甚至是全国的命运。

由于四川各界殷切希望蔡锷到成都视事,他便强支病体,于 7 月 21 日离开泸州,乘坐轿子,率 5 个团的兵力向成都进发。

蒋百里到泸州时,蔡锷已经离去,他只好循路急追,终于在离成都不远

---

① 〔美〕史沫特莱著、梅念译:《伟大的道路——朱德的生平和时代》,生活·读书·新知三联书店 1979 年版,第 131 页。

的龙泉驿赶上了蔡锷的大队人马。

北京一别，倏忽间已是半年，再度重逢，物是人非，两位好友均感慨系之！蒋百里见蔡锷病势沉重，与离开北京前判若两人，不觉悚然心惊。他决心竭尽全力为老朋友分担痛苦和忧愁。

蒋百里间关万里，前来与蔡锷共患难，使蔡颇为感动，同时也解了他的燃眉之急：他正在为找人代理四川督军以便东渡日本治疗发愁呢！他正式请求蒋百里代理他的职务，让他放心地出国治病。但是，蒋百里拒绝了。他感谢朋友的器重和信任，但他更愿意陪伴在朋友的身旁，为朋友的康复尽一份心力。蔡锷见他态度坚决，只好改委他为总参议，改而保荐原参谋长罗佩金代理四川督军，保荐手下大将戴戡代理省长兼会办四川军务。

7 月 29 日，蔡锷率大队人马抵达成都，受到各界人士的热烈欢迎。那天，成都万人空巷，人人都想一睹松坡将军的风采。

蔡锷在成都一面大刀阔斧地处理善后事务，如整理在四川的各路军队、统一财政收支、制定军队和官吏奖惩条例等，一面还挤出时间，游览了杜甫草堂和望江楼等风景名胜。他虽在病中，但仍不乏豪迈激越的雄魄，有诗为证：

谒杜甫草堂

锦城多少闲丝管，不识人间有战争。
要与先生横铁笛，一时吹作共和声。

别望江楼

锦城河暖溅惊波，忍听巴人下里歌！
敢唱满江红一阕，从头收拾旧山河。[①]

然而，松坡将军纵有雄心万丈，却抵不住病魔的侵袭。8 月 7 日，他带领总参议蒋百里、代理副官长李小川和秘书唐蟏等人，告别舍不得他走的成

---

① 毛注青等：《蔡锷集》，湖南人民出版社 1983 年版，第 518 页。

都父老,踏上了东渡日本的旅程。

　　他们先到泸州,在朱德的指挥部休息了几天。蔡锷看上去像一个幽灵,虚弱得连两三步路都走不动,声音微弱,朱德必须弓身到床边才能听到他说的话。蔡锷低声说,这次去日本,既费时间又费钱,因为已经自知没救了。他并不畏死,只是为中国的前途担忧。

　　告别朱德,蔡锷一行乘船东下。那天,朱德、孙炳文和许多官兵到码头送行,他们心情沉重地目送蔡锷的船消失在长江的浓雾里。朱德怅然若失,心情久久不能平静,为此,参谋孙炳文劝了他很久。

　　蔡锷一行在重庆稍作停留,换乘轮船沿长江下驶,于 8 月 29 日抵达上海。前来拜会的各界人士络绎不绝。由于蔡锷重病在身,只能拒而不见。从海外归来的黄兴也在病中,闻蔡锷抵沪,特派其子黄一欧前往码头迎候,代致问候之意。蔡锷和黄兴这两位多年肝胆相照的挚友,在沪上数度会面。蔡锷东渡时,黄兴还亲往码头送别,不想竟成了永诀。

　　还有梁启超与蔡锷又会了面。梁启超、蔡锷和蒋百里师生三人初聚于东京,再会于京华,多年来亦师亦友的情谊未减,救国救民的初衷未改。此次再度聚首沪上,情形却大为不同,三人内心都明白,这是一次生离死别的聚会。梁启超后来回忆说:"他到上海时,我会着他,几乎连面目也认识不清楚,喉咙哑到一点声音也没有。医生都看着这病是不能救了。"①

　　9 月 9 日,蔡锷和蒋百里等人离开上海,乘船东渡。到日本后,蔡锷住进福冈大学医院治疗。过神户时,日本记者纷纷前来采访,因蔡锷说话已极为困难,就由蒋百里代表他发表谈话。蒋百里说:"将军之病,实因袁氏叛国而起。纳溪之战,将军已感觉喉头哽塞,到泸州时竟至完全不能发声。七月二十日由叙府赴成都,在那里住了九天,病性更为严重。北京当局劝其住西山静养,将军则以不能杜门谢客为虑,所以来到贵国就医。"②

　　福冈医院的医疗条件虽优于国内,无奈蔡锷已病入膏肓,即令华佗再世也无回天之术了。

---

① 梁启超:《护国之役回顾谈》,梁启超:《饮冰室合集》文集之三十九,第 97 页。
② 陶菊隐:《蒋百里传》,中华书局 1985 年版,第 43 页。

当时左梅正在温泉休养,接到电报后,即赶到东京与蒋百里相会,然后同赴福冈,就近照料床榻之上的蔡锷。

1916年10月31日,革命元勋黄兴病逝于上海,蔡锷闻讯,极为悲痛,立即函请上海的张嘉森代表他前往致祭,并强支病体,亲书哭黄兴的挽联一副:

> 以勇健开国,而宁静持身,贯彻实行,是能创作一生者;
> 曾送我海上,忽哭君天涯,惊起挥泪,难为卧病九州人。①

这是松坡将军生前的绝笔。等他的书信寄到张嘉森手中时,他已在日本病逝了。

11月4日,蔡锷精神较好,叫人买来西瓜,要与蒋百里等人分享。蒋百里担心凉西瓜影响他的喉咙,只让他喝了少许西瓜水。

蔡锷向蒋百里谈了四点希望:(1)愿人民和政府协力同心,采取有效政策,向有希望的积极方面迈进;(2)现在各派意见多乖,争权夺利,对国家极为有害,愿为民望者,以道德爱国;(3)此次在四川阵亡及出力人员,令罗佩金和戴戡核实后,呈请具恤;(4)锷以短命,未能战死疆场,尽力民国,应行薄葬。他最后说,他的病恐怕治不好,万一不起,就将上述意思通电全国。蒋百里劝他安心养病,勿以国事为念,以免劳心伤神,影响治疗。蒋百里没有想到,这席谈话竟成了蔡松坡的遗言。

11月7日早晨,医生给蔡松坡打了一针,使他的精神大有好转,早餐和午餐都吃了一碗粥,喝了一小碗燕窝汤,还喝了牛奶和葛汤等。他与蒋百里闲谈一阵,两人都觉得很愉快。他们还凭窗观看了日本的飞机演习,松坡不禁心念一动:这也许是个好兆头,我的病自此以后将有转机。

然而,这不过是松坡将军大限来临之前的回光返照。到了傍晚,他的病况急转直下,气促痰涌,口不能言,到8时更为严重。

11月8日凌晨4时,一代名将蔡锷带着对祖国和人民的无限依恋,带

---

① 毛注青等:《蔡锷集》,第527页。

着他一生的丰功伟业永远离开了人世，年仅 35 岁。

国之栋梁英年早逝，华夏大地天人同悲！北京、上海、长沙、昆明、成都等许多地方都设灵堂，参加吊唁的各界人士络绎不绝。在北京，蔡锷的红颜知己小凤仙也白马素车，亲到灵堂致祭。

蒋百里遽失挚友，痛苦绝望达于极点。老天，何亡吾友如此之速耶？当年蒋百里举枪自杀，子弹穿胸而过，犹能死而复生，创造人间奇迹。而今，在战场上叱咤风云，连袁世凯都怕得要命的松坡大将军却抵御不了结核菌的侵蚀而命归黄泉，难道真有一种无形的力量在主宰着我们每个人的命运吗？

北京政府决定拨款两万元为蔡锷治丧，并追赠蔡锷为上将军，与陆军上将黄兴一同举行国葬。

蒋百里忍痛含悲，亲手操办挚友的丧事，以告慰挚友的在天之灵。他选购最上等的棺材盛殓松坡。蔡锷身着全套黑色礼服，铺盖白湖绉里红缎面的被褥，口含金币，身旁放着他生前爱用的伽楠珠一串，至鸽并宝大方晶章两个。

蒋百里在崇福寺设立灵堂，停放松坡灵柩，周围布满五颜六色的菊花，陪伴松坡的英灵。蒋百里以挚友的身份跌坐于灵前，向前来吊唁的中日友人答礼。蒋百里并请寺里的和尚诵经，为松坡将军的灵魂超度。

1916 年 12 月初，蒋百里、石陶钧、李小川等人护送蔡锷的灵柩返回上海。12 月 14 日，各界人士在上海举行隆重的追悼大会，蒋百里、石陶钧和梁启超等人相继发言，悼念一代人杰蔡锷。

在沪上停留期间，蒋百里写了《蔡公行状略》，勾勒了蔡锷色彩斑斓、波澜壮阔的传奇生涯，颂扬了蔡锷整军经武、再造民国的丰功伟绩，讴歌了蔡锷淡泊名利、一心为国的高贵品质。

梁启超和蒋百里还在上海发起成立了"松社"，并附设松坡图书馆，收藏有关的图书资料，以纪念蔡锷。

左梅夫人也随同蒋百里返回国内。时蒋母仍住在上海，她见儿媳腹部高隆，已身怀六甲，不禁喜上眉梢：自己抱孙子的心愿看来快要实现了。

1917 年 2 月，蒋百里携夫人北上至京，准备迎接新生命的出世。他们赁屋居住在乃兹府胡同，原在锡拉胡同的住处早已退租。上年蒋百里南下后,左梅在锡拉胡同独居一月,因生活拮据,只得变卖家具,退掉房子,改住在一位亲戚家中,以节省开销。

鉴于蒋百里等人在护国运动中的贡献,云南督军唐继尧于 1917 年 1 月 17 日特致电陆军部为蒋百里等人请奖:

> 查自举义以来,出力各文武,业经先后请奖在案。兹复查有陆军少将张孝准、蒋方震,滇、黔护国军参谋长石陶钧,器识闳远,学部优长,于此次战事,参赞机密,筹备饷械,毅力苦心,不辞艰险,实属卓有勤劳,且均历任中将职务,论功行赏,未便独令向隅,拟恳将张孝准、蒋方震、石陶钧三员均授为陆军中将,以资策励。[①]

2月,陆军部复电,加张孝准、蒋百里中将军衔,石陶钧晋升为少将。

4月初,左梅夫人很顺利地生下一位千金小姐,蒋百里可谓双喜临门。初为人父的蒋百里欣喜异常,特别为女儿起名蒋昭,希望她像汉代才女班昭一样聪敏好学,长大后有所作为。

第二天,蒋百里即离开左梅母女南下,因为他还有许多重要的事情要做。

他直趋湖南长沙,会晤湖南督军谭延闿,为松坡将军选择茔地。经多方勘察,选定了岳麓山万寿寺后的一个地方。

4 月 12 日,各界人士在长沙为蔡锷举行了隆重的国葬。

蔡锷从日本士官学校毕业返国后,曾应湖南巡抚端方之聘到长沙供职。1905 年春,他写下诗作《登岳麓山》:

> 苍苍云树直参天,万水千山拜眼前。
> 环顾中原谁是主? 从容骑马上峰巅。[②]

---

① 《唐继尧以蒋百里等护国反袁有功请授陆军中将衔与陆军部往来电》(1917 年 1 月 17 日),中国第二历史档案馆编:《中华民国史档案资料汇编》第三辑军事(二),江苏古籍出版社 1991 年版,第 485—486 页。

② 毛注青等:《蔡锷集》,第 40 页。

　　这是何等豪迈的气魄！这是何等远大的抱负！十年之后，写诗之人金戈铁马，驱驰疆场，成为反袁称帝、再造民国的第一功臣，苍茫大地，舍我其谁？

　　而今，岳麓山仍然郁郁葱葱，湘江水依旧奔流不息，作诗之人却已长眠于斯了。

　　"出师未捷身先死，长使英雄泪满襟。"悲哉，蔡公！哀哉，蔡公！壮哉，蔡公！蒋百里吟一首古诗，为你叹息，蒋百里掬一捧长泪，为你送行！你将与岳麓青山长存，与旭日明月同辉。

　　从此以后，蒋百里经常到岳麓山凭吊故友。

第六章　离乱年代　文武兼顾

受挫折复归京华

蒋百里在长沙哭祭蔡松坡后，并未马上返回北京照料左梅母女。他在密切关注着四川的局势。

蔡锷出国治病前，曾与蒋百里约定：如果他能病愈回国，即到北京中枢之地实施其彻底改造北洋派的计划，蒋百里则担任四川督军，以曾任保定军校教育长的张承礼为督署参谋长，共同努力，把四川治理好，然后以四川为基地，全面建设西南的国防。

蔡锷不幸病逝，一切计划都无从谈起，但蒋百里决心不辜负朋友的期许，在稳定四川和建设四川方面有所作为。

松坡将军离开后，四川群龙无首，逐渐形成了刘存厚的川军、罗佩金的滇军和戴戡的黔军互相明争暗斗的格局。三军都在护国战争中立了大功，但因罗任督军、戴任省长，所以滇、黔两军反客为主，利用各种机会削弱和排挤刘存厚的川军，激起了川人的不满和川军的反抗，川局遂陷入动荡不安中。如果松坡将军在，必能领袖群伦，震慑三军，使四川的军政大业走上正轨。蒋百里每念及此，对老友的怀念就增加了一分。

罗佩金在滇系将领中素有"智囊"之称,善计谋,曾任云南省民政长,因故被袁世凯勒令辞职。罗在反袁护国战争中立下了汗马功劳,声名显赫,掌握四川军政大权后,便视四川为滇军的地盘,把护国军银行迁到成都,大量发行富滇银行钞票,吸纳市面上的现金,截留盐款数百万元,用以扩充滇军实力。他还委派许多云南人充任各地方的行政官员,为长期督川打基础。

段祺瑞令罗佩金召开四川编遣会议,进行裁军,并派王芝祥为四川陆军检查使,前来协助。罗佩金乘机扩充滇军,裁抑川军,激起了刘存厚等川军将领的不满,双方矛盾愈演愈烈,终于酿成了武力冲突。

1917 年 4 月 18 日晚,川、滇两军在成都展开了血战。当晚,罗的三路滇军均被击退。19 日,滇军第六师顾品珍部王秉钧旅派兵焚烧皇城周围民房,罗佩金并命令顾品珍指挥部队猛攻川军防线,双方白刃肉搏,战斗异常惨烈,死亡达数百人。最后滇军不支而退。

北京政府获悉此事后,即于 20 日颁布命令,罗佩金、刘存厚均予免职,分别荣升为超威将军和崇威将军,赴京供职,以戴戡代理四川督军。24 日,罗佩金被迫含泪交出督军大印,率顾品珍、刘云峰等部离开成都,沿府河、华阳、仁寿小路东走,退驻自流井、富顺一带。

罗、刘在战场上刀兵相见之时,戴戡坐山观虎斗,最后坐收渔人之利,掌握了四川的军政大权,一人手握督军、省长和会办军务三颗大印,登上了川省的权力顶峰。

军政大事初定之后,戴戡按照松坡将军的遗愿,电促蒋百里入川共同维护大局,为实现松坡将军的计划而努力。蒋百里本拟即刻西行入川,无奈湖南有许多朋友和门生,坚留他多盘桓一些日子,再入川不迟。不料想就是这些日子的延误,又使蒋百里躲过了一次生死大劫。

袁世凯死后,总统黎元洪和国务总理段祺瑞水火不容,冲突迭起,形成总统府和国务院"府院相争"的局面。在是否对德国绝交和宣战的问题上,总统和总理针锋相对,矛盾达到了白热化的程度。段祺瑞坚决主张对德绝交和宣战,而黎元洪则坚决反对。"府院相争"的最终结果是导致了"辫帅"张勋率兵进京拥戴年仅 12 岁的小皇帝溥仪复辟的丑剧。

5 月 23 日,黎元洪下令免去段祺瑞的国务总理职务,以外交总长伍廷芳暂代国务总理,段祺瑞以退为进,走避天津。黎元洪此举招致了北洋派军人的激烈反对,5月29日,驻防蚌埠的倪嗣冲首先宣布独立。随后,北洋势力控制下的河南、浙江、山东、山西、福建、陕西和奉天等省纷起响应,宣布独立,抗议黎元洪之所为。倪嗣冲更公开声称要推倒黎元洪这个北洋派公敌。

面对这种不利的局面,惊慌失措的黎元洪电召驻在徐州的张勋率领其辫子军来北京维持大局。对清王朝忠心耿耿的这位"辫帅"乘机控制北京,逼走黎元洪,于1917年7月1日拥戴溥仪复位,上演了复辟闹剧。

溥仪登台后,将各省督军改授为巡抚,唯独四川是个例外,因为戴戡是个坚定的共和派,巡抚的乌纱帽便落到了与张勋互通声气的刘存厚头上。

戴戡与刘存厚的矛盾本来就很尖锐,至此达到武力相向的地步。

7月4日,戴戡在督署召开军事会议,刘存厚派代表参加,戴要求刘表态取消伪职。戴还直接给刘打电话,要刘发布通电。5日,戴戡以刘存厚附逆为由,通电声讨之,并于当夜指挥黔军向刘的部队发动猛攻,双方在成都市区展开激战。因刘存厚的增援部队大批赶来,戴戡被迫率黔军撤入皇城,一面固守阵地,一面迭电罗佩金前来救援。罗对他与刘存厚作战时戴戡坐山观虎斗的往事一直耿耿于怀,这时候更以其人之道还治其人之身,也来了个坐山观虎斗,迟迟不发救兵。

久盼援兵不到的戴戡被迫妥协,由警察厅长雷飙等人居中调停,双方达成协议:川军撤围,黔军离开四川返回贵州。17日,戴戡交出督军、省长和会办军务三颗大印,由四川省议会保管,然后率领残兵败将由南门出了成都,向川南撤退。

刘存厚也不是一盏省油的灯,他早已将舒云衢旅邓锡侯团派驻在龙泉驿山泉铺,一则截击由成都溃逃的黔军,一则阻击资阳、简阳、荣县、威远和仁寿等处的罗佩金滇军。邓锡侯派一个连守在华阳和简阳交界处的百合寺附近的鹞子坝。17日,戴戡的参谋长张承礼、财政厅长黄大暹、警察厅长雷飙带领一部分黔军经过鹞子坝,在一院内休息,该连川军向他们发动突然袭击,张承礼和黄大暹被乱枪打死,只有雷飙一人逃脱。

戴戡与旅长熊其勋行至仁寿县境的秦皇寺,遭到地方武装的截击,戴自杀身亡,熊旅长逃至简阳,被川军俘虏,斩于兵工新厂。至此,随蔡锷入川作战的黔军全部覆没。

川、黔两军激战之时,正是蒋百里仆仆风尘西入巴蜀之日。一路上山高水险,蒋百里既看不到报纸,又收不到文电,对成都的巨变一无所知。他沿途所想的是如何整顿四川的军政事务,实现松坡将军的遗愿。

蒋百里乘山轿行至银山镇时,迎面碰到了保定军校的毕业生李振中。他随戴戡、张承礼等人从成都败退下来,化装成叫化子,侥幸逃脱了川军的截杀。蒋百里闻黔军已全部覆没,戴戡、张承礼俱死难,知川事已不可为,只能仰天长叹,带李振中等人循原路出四川。如果他早到一些日子,与戴戡会合,说不定也会死于乱军之中。生与死,原是指顾间事,蒋百里不惧死,却每每能在不经意中躲过生死大劫。

由于张勋拥戴溥仪复辟,将北京城里搞得乌烟瘴气,左梅母女跟随蒋百里的朋友林长民等人到天津暂避。有一天,左梅看到林长民等人表情严肃地谈论着什么,等她一走近,他们即闭口不谈,或顾左右而言他。左梅预感到他们谈的事必与蒋百里有关,就一再追问,其中一人吞吞吐吐地说出了张承礼死于乱军中的消息。

左梅知道丈夫南下的目的就是入川与戴戡和张承礼共事,今张承礼死于乱军之中,丈夫必定在劫难逃。转念至此,左梅悲痛欲绝,两眼一黑,晕了过去。

悠悠醒转,左梅身心俱伤,奶水因之断绝,不得不用牛奶喂养孩子。由此可以看出,蒋百里夫妇的感情非常之深。

过了几天,蒋百里拍来报告平安的电报,左梅才放下心来。

四川归来,蒋百里身心皆疲,颇感沮丧。一年多来,他经历了太多的生离死别,尤其是蔡松坡和张承礼的相继离世,使他对人生平添了更多的感慨。

蒋百里两度入川的经历与他清末两赴奉天的往事颇有些相似。他本想在这两个地方有所作为,但都是在个人安全受到威胁的情况下黯然离去,而且此后再也没有涉足这两个地方。东北和四川,遂成为蒋百里的禁地。

蒋百里回京后,无意涉足政治,只挂了总统府顾问和将军府将军的闲职,把主要精力放在了学术研究方面。

张勋复辟丑剧上演后,段祺瑞在天津马厂誓师,举兵讨伐,一鼓作气,底定大局,复任国务总理。黎元洪因引狼入室,不便再度出山,遂以冯国璋代理大总统。

7月17日段祺瑞组阁,梁启超的研究系大出风头,汤化龙任内务总长,林长民任司法总长,梁启超任财政总长,与梁启超和研究系关系密切的范源濂任教育总长,汪大燮任外交总长,张国淦任农商总长。这些人都与蒋百里有旧,应该说,蒋百里要谋个一官半职,易如反掌,但他与段祺瑞因保定军校事而生的隔阂迄未化解,段祺瑞既不愿委蒋百里以任何要职,蒋百里也不愿在段手下任事。蒋百里为人随和,善于与各种各样的人打交道,独与两人积不相能,一个是奉天的张作霖,一个就是段祺瑞。

梁启超做了财政总长,蒋百里的老师陈仲恕先生做了财政部的秘书长,真可谓"人生何处不相逢"啊!

梁启超见蒋百里收入不多,上有老,下有小,负担较重,就安排他出任海关监督之类的肥缺,以便多挣点钱养活全家老小。但蒋百里素来洁身自爱,不愿为挣钱而自毁名誉,况且他志不在此,所以谢却了梁启超的美意,推荐他人以代之。对于蒋百里的道德文章和个人品格,梁启超给予了很高的评价:

> 方震学问文章,世之贤达都能知之,其他日事业成就,盖未可测,视时会何如耳。顾启超久与游,独深敬其天性过人,盖尝间关数千里,两度急其友蔡锷、戴戡之难;既不可救,归时则与启超相对作孺子泣。又制行绝介,位至将军,而馈粥恒不继,曾不屑有所攀援,亦未尝戚戚,虽饥不忘天下。嘻!足皆秉太夫人之遗传及其身教,以克有是也。[①]

蒋百里无意于仕途,转而研究学术,进行文化活动。他根据理论知识和实践经验,写了《军事常识》一书,分上、下两册,由商务印书馆出版。此书因观点新颖,论述通俗易懂而风行一时,成为当年军中必备之书。他还翻译了

---

① 梁启超:《蒋母杨太夫人墓志铭》,梁启超:《饮冰室合集》文集之四十四(上),第17—18页。

英国人斯迈尔的《职分论》,亦由商务印书馆出版。

蒋百里经常为报刊杂志撰写与军事有关的文章,使他"军事学家"的名声传播得更为广远。他虽冷居闲槽,但在军界的地位很高,任何一派的军人都不敢小视他的才华。

蒋百里在北京购买了一处房产,作久居北京之计。他在乃兹府胡同赁屋居住时,北新桥锅烧胡同有人出售房屋,索价3950元,左梅将她回娘家时丈夫让她买首饰礼品的4000元如数拿出,付了房费,以50元作搬家费用,一家人皆大欢喜。蒋百里自嘲地说:"我现在居然也是个有产阶级了。"①奔波半生的蒋百里终于有了属于自己的住宅,对妻子和女儿也算有了个交待。安排好家务,他就把主要精力投入到工作中去了。

随梁启超赴欧洲

1917年,在将军府任将军的蒋百里由少将晋升为中将,但因段祺瑞仍在主政,蒋百里还是没有一兵一卒可带,只好继续与梁启超等人从事学术活动。

梁启超在段祺瑞内阁中担任了四个月的财政总长,由于段奉行"武力统一"政策,大举对西南用兵,军费开支浩大,三天两头下条子向梁要款,使梁整理财政的计划付之东流。梁心灰意冷,辞去财政总长职务,从此退出政坛,究心学术。1918年3月,他开始中国通史的写作,沉浸在著书立说的乐趣中,每天黎明即起,一天的大部分时间用于写作。由于用功过度,梁患了肋膜炎,发烧咯血,才不得不中止了通史的写作。

梁启超早有游历欧洲之意,但因种种原因未能成行。1918年底,第一次世界大战结束,巴黎和会即将召开,梁启超决心赴欧洲一游。他自称出游的目的有二:"第一件是想自己求一点学问,而且看看这空前绝后的历史剧怎样收场,拓一拓眼界。第二件也因为正在做正义人道的外交梦,以为这次和会真是要把全世界不合理的国际关系根本改造,立个永久和平的基础,想

---

① 陶菊隐:《蒋百里先生传》,第69页。

拿私人资格将我们的冤苦向世界舆论申诉申诉,也算尽一二分国民责任。"①

经过多方努力,梁启超争取到了中国出席巴黎和会代表团会外顾问的资格,从总统徐世昌处颁得6万元公款,另从亲朋故旧处筹得4万元,解决了经费问题。为全面考察欧洲,梁选择了几个学有专长的俊才一同前往:政治张君劢、军事蒋百里、外交刘崇杰、工业丁文江、经济徐新六,由杨鼎甫负责后勤杂务。

1918年12月初,梁启超从天津来到北京,拜谒了大总统徐世昌,与驻京各国公使进行了必要的斡旋,然后回天津做出游准备工作。

这一年中,蒋百里的家庭情况又发生了一些变化。一是左梅夫人又生下一个女儿,取名蒋雍。二是蒋母杨镇和夫人抱孙心切,硬将义女王若梅送到北京,命蒋百里纳为侧室,盼望早日生出个男孩来,接续蒋家的烟火。可惜事与愿违,王若梅一直未生育,后与查氏夫人居住在硖石老宅。蒋百里逝世后,左梅夫人经常接济王若梅,1978年左梅夫人逝世,三女蒋英仍每月汇寄生活费。王若梅于1982年春病故,享年86岁。

1918年12月28日晨,梁启超与蒋百里、张君劢、刘崇杰和杨鼎甫等人在上海登上日本邮船会社的"横滨丸"轮船,开始了长达一年之久的欧洲之行。

蒋百里是旧地重游,熟门熟路,梁启超则是初赴欧洲,游兴极浓,蓝天、白云、大海都给他留下了美妙的感觉。他描述道:"在舟中日日和那无垠的空际相对,几片白云,自由舒卷,找不出他的来由和去处。晚上,满天的星,在极静的境界里头,兀自不歇的闪动。天风海浪,奏那微妙的音乐。"②

他们来到美丽的岛国斯里兰卡,喝着清凉可口的椰汁,观赏漫山遍野的槟榔,在大湖边与活泼貌美的土著女郎合影留念,充分领略了异国风情。

他们利用船行海上的时间学外语。每晨8点,他们各抱一本书,在甲板上高声诵读,通英语的学法语,通法语的学英语,彼此交换着当老师。午饭

① 梁启超:《欧游心影录》,梁启超:《饮冰室合集》专集之二十三,第38页。
② 梁启超:《欧游心影录》,梁启超:《饮冰室合集》专集之二十三,第41页。

过后，或散步，或午睡，或打网球。梁启超每天还要与蒋百里下三盘棋，以为消遣。

经过四十五天的航行，他们于 1919 年 2 月 12 日抵达伦敦。由于第一次世界大战的残酷厮杀，欧洲各地一片惨淡凄凉的景象。伦敦虽未遭兵燹之灾，但物质供应极为匮乏，梁启超等人住在一等旅馆中，每天也吃不上一顿饱饭，糖是稀世之珍，煤极缺，室中奇寒，使他们苦不堪言。

2 月 18 日，梁启超一行抵达巴黎。解决战后国际问题的巴黎和会正在凡尔赛宫进行。共有二十七个国家的 1000 余名代表参加。此后，他们以巴黎为大本营，在一年的时间内对欧洲许多国家进行了考察。

从 3 月 7 日起，他们利用会议休会的间隙，对战争期间搏杀最为惨烈的西部战场进行了为期一个多月的考察。由于考察团成员都是中国的名流学者，法国政府特派官员护送前往。他们从巴黎出发，由马仑河经凡尔登入洛林、阿尔萨斯两州，转至莱茵河右岸联军阵地，再取道比利时，循着马斯河穿越兴登堡防线，然后返回巴黎。

军事是蒋百里的强项，战场之行给他提供了考察现代战争的大好机会。在著名的凡尔登战场，他看到遍地焦土，寸草不生，到处是弹坑，德军溃逃时遗弃的钢盔、军服、炮弹和指挥刀随处可见，战场周围遍布着林林总总的新坟，成千上万的十字架插在坟头上，仿佛在为人类文明给人类带来的灾难演奏着挽歌。蒋百里虽系军人出身，但也是初次直面战争的惨烈和暴虐，这使他对军国主义和军阀有了更加深刻的体察，对貌似强大的德国的失败原因有了更全面的认知。考察结束后，蒋百里撰写了《德国战败之诸因》一文，从历史、政略和战略等方面对德国的失败原因进行了分析。他的文章得到了梁启超的激赏。梁在《西欧战场形势及战局概况》一文中论及德国失败的原因时，全文引录了蒋百里的文章，并加按语说："自德国败后，各国人著书论他致败原因的很多。我觉得我们老朋友蒋百里所著的一篇，最为精到，我就把他录出来，做这一篇的结论。"①

梁启超和蒋百里等人十分关注巴黎和会对于中国山东问题的处理。山

---

① 梁启超：《欧游心影录》，梁启超：《饮冰室合集》专集之二十三，第 98—99 页。

东的胶州湾原为德国的租借地。第一次世界大战中,日本向德国宣战,进攻胶州湾,迫使驻守青岛的德军投降。战争结束,日本理应将胶州湾归还中国,中国代表在巴黎和会上也据理力争,但由于美、英、法等列强祖护日本,日本代表则以中日间订有密约为由胡搅蛮缠,作为战胜国的中国竟无权收回自己的国土。

4月30日,美、英、法三国置中国利益于不顾,公然议定了巴黎和约关于山东问题的条款,将原来德国在山东的权益全部让与日本。梁启超义愤填膺,立即致电国民外交协会的汪大燮、林长民等人,呼吁发起不签字运动,拒签对德和约。

林长民接电后,立即起草了一篇题为《外交警报敬告国民》的文章,在5月2日的《晨报》上用醒目的大号字体登载出来。文章向国人敲响"胶州亡矣! 山东亡矣! 国不国矣!"的警钟,将山东问题交涉失败的消息公之于众,并号召"四万万民众誓死图之"①。此文发表,激起各方强烈反响,不久之后,五四爱国运动爆发。

梁启超等在饱览法国的名胜古迹之余,还拜会了许多政界要人和学界名流,展开了广泛的民间外交活动。在著名学者中,梁启超最钦慕的是大哲学家柏格森。拜会柏格森前,梁启超与蒋百里、徐新六彻夜翻阅他的著作,采撷要点,提出问题,做了精心准备。会见时,他们一见如故,相谈甚欢,成为良友。

6月6日,梁启超与其他人赴英国考察,蒋百里则留守在租赁于巴黎近郊的一所庄园中,为考察团看护大本营。

7月14日,梁启超等人返回巴黎,参加了法国的国庆和凯旋典礼。之后,蒋百里随团游历了比利时、荷兰、瑞士、意大利,于10月7日复返巴黎。12月初,他们前往考察的最后一站——德国。

此时的德国已今非昔比,供应短缺,物价腾贵,人们的生活极为艰难。蒋百里抚今追昔,感慨万端! 柏林昔日的繁华景象已无从寻觅,德国军人的地位已一落千丈,失业人数众多,社会动荡不安。12月18日和19日,柏林

---

① 林长民:《外交警报敬告国民》,1919年5月2日《晨报》,第2版。

的饭馆全部罢业,旅馆里也不开饭,吃饭问题闹得梁启超和蒋百里等人狼狈不堪。军国主义者穷兵黩武的结果,最终是害了国家,苦了人民。

他们在德国游览了许多名胜古迹,考察了著名的克虏伯兵工厂,购买了大量德文书籍。因归期临近,他们于 1920 年 1 月初由德国返回巴黎。

1 月 18 日,他们一行来到马赛,登上法国邮轮,启程回国。在为期一年的欧洲考察游历中,他们每个人都开阔了眼界,增长了知识。

参与文化活动

欧洲归来,蒋百里追随梁启超进行了一系列社会文化活动。

当时的中国,各派军阀明争暗斗,时有混战发生,社会陷入更大的动荡和不安之中。另一方面,新文化运动的浪潮正在飞扬激荡,社会上流传着各种各样的思潮,文化领域出现了百家争鸣的新局面,各种政治组织和社会团体纷纷创办报刊,宣传自己救国救民的主张。一向以天下为己任的梁启超,当然不会置身事外。追随梁启超积极参与文化活动的有蒋百里、张东荪、丁文江、徐新六、蓝公武、陈博生、张君劢和舒新城等人,其中蒋百里是梁启超最得力的助手之一。

欧洲之行使梁启超眼界大开,他决定在推进中外文化交流方面做一些具体工作,拿西方文化"补助"中国文化,使中西文化"起一种化合作用",成为一个"新文化系统"。共学社与讲学社正是在这种思想的主导下建立起来的。

1920 年 4 月,梁启超、蒋百里、张君劢、张东荪等人发起建立了共学社,社会名流如蔡元培、张謇、张元济、胡汝麟等人亦列名其中。共学社的宗旨是"培养新人才,宣传新文化,开拓新政治"。共学社的经费由发起人和加入共学社的人捐助。梁启超身体力行,首先将自己的新著《欧游心影录》的稿费 4000 元全部捐出。在他的带动下,王敬芳捐助 3000 元,胡汝麟捐助 2000 元,蹇念益、蓝公武、向构甫等各捐助 1000 元,商务印书馆则出资 30000 元。

由于梁启超醉心于著述和演讲,负责共学社具体工作的实际上是蒋百里。

共学社的事务主要有四项,一是编辑出版《改造》杂志,二是编译欧美新书,交商务印书馆出版,三是倡导图书馆事业,四是选派留学生。

早在赴欧洲之前,梁启超、蒋百里、张君劢、张东荪等人就发起组织了北平新学会,其宗旨是从学术思想上谋求根本的改造,以为将来中国的基础。

1919年9月,张东荪、俞颂华等人以北平新学会的名义创办了《解放与改造》杂志,以"解放自我、改造自我、解放世界、改造世界"为办刊宗旨。在该杂志出版的24期中,讨论社会主义的文章和译文占了绝大部分。

梁启超归国后,对《解放与改造》进行了必要的整顿,自任主编,由蒋百里等人负责具体事务,于1920年9月将该杂志易名为《改造》予以出版。《改造》为16开本,每卷12期,1922年9月出版至第4卷第10期停刊。

蒋百里先后在《改造》杂志上发表了《代军阀而兴者谁?》《我的社会主义讨论》《是不是奢侈的装饰品?》《社会主义怎样宣传?》和《如何是义务民兵制》等10余篇文章,表述了自己对政治、社会和军事等方面的一些问题的看法。

编译新书是共学社的一项重要工作,在共学社同仁的努力下,这项工作取得了很大的成就。共学社1920年9月开始出版丛书,共分文学、哲学、史学、俄罗斯文学、经济、教育、时代、通俗、哲人笔记、科学等10大类,计100余种,对新学科、新思想的传播和中外文化的交流起了很大的推动作用。

梁启超和蒋百里还把对蔡锷将军的怀念之情倾注到了松坡图书馆的发展上。1920年从欧洲归来后,梁启超决定把松社从上海迁至北京,并向政府正式申请创办松坡图书馆,以松社原有的6000余种图书和政府拨给的藏书家杨守毅的24000余册中文古籍为基本藏书。1923年,黎元洪政府批准了建馆申请,并拨北海快雪堂及西城石虎胡同7号为馆址,前者专存中文书籍,后者专存外文书籍。

1923年11月4日,松坡图书馆在北京正式成立,梁启超组建松坡图书馆干事会,设编辑与总务两部,梁自任馆长,蒋百里主持编辑部,蹇念益主持总务部。

为维持图书馆的正常运转,梁启超亲书《松坡图书馆劝捐启》,向社会公开募捐："蔡将军为再造民国之伟大人物,而其唯一之留贻纪念,实在本馆。本馆永存,则蔡将军之精神随而永存。本馆光大,则将军之志事随而光大。凡登斯堂者,高山仰止,景行行止,爱国之心,油然生焉。然则所关系者,又岂徒在以典籍嘉惠士林而已? 海外内同志,其或亦有乐于是欤。"①

梁在募捐的同时,还亲写大字卖钱筹集经费。他每天晚饭后休息十分钟,抽支烟,然后开始写大字,每个大字可卖 8 元钱,每月可得二三千元,全部用于图书馆的日常经费和购书费。

在梁启超和蒋百里等人的努力下,松坡图书馆成为当时一所颇具规模的私立图书馆。后来,该馆并入北京图书馆。

讲学社是 1920 年 9 月由梁启超与蔡元培、汪大燮等人发起成立的,宗旨是聘请"国外名哲"来华讲学,每年一人。作为讲学社的总干事,蒋百里在聘请国际名人来华讲学的过程中做了许多具体工作。

讲学社的经费,一是每年由政府资助 20000 元,二是每年由商务印书馆资助 5000 元,其余由讲学社董事会成员个人捐助。董事会由 20 人组成,他们是:汪大燮、蔡元培、王宠惠、熊希龄、张一麐、范源濂、蒋梦麟、王敬芳、金邦正、张伯苓、严修、张謇、张元济、黄炎培、郭秉文、胡汝麟、林长民、沈恩浮、陈小庄及梁启超。

讲学社先后邀请美国哲学家杜威、英国哲学家罗素、德国哲学家杜里舒和印度大文豪泰戈尔来华讲学,在学术界和思想界产生了极大的反响。

杜威是美国著名哲学家,是实用主义哲学芝加哥学派的主要创始人。他的实用主义哲学要点是:强调立足现实生活,把确定信念当作出发点,把采取行动当作主要手段,把获得效果当作最高目的。他主张用科学来建立哲学,注重实效,推崇经验,特别强调观念与经验的效用、功能或活动。

杜威先后在北京、天津、太原、济南等地巡回讲演,由他的弟子、著名学者胡适担任翻译。

英国哲学家罗素在哲学上主张中立一元论,认为构成世界的材料既不是纯粹的心,也不是纯粹的物,也不是心与物的二元对立,而是一种非心非

---

① 梁启超:《松坡图书馆劝捐启》,梁启超:《饮冰室合集》文集之四十,第 29—30 页。

物、对于心物都取中立态度的东西。在政治上,他崇尚洛克的自由主义,宣扬民主个人主义。他把斯巴达主义、法西斯主义和社会主义放在一起,认为代表专制独裁传统,从而加以抨击和排斥;他把雅典的民主政治、洛克的自由主义和欧美的民主政治放在一起,认为代表自由主义传统,从而加以赞扬和倡导。

罗素于1920年秋来华,1921年秋归国,在中国学术界掀起了一股罗素热。部分学者组织了"罗素研究社",出版发行了《罗素月刊》,弘扬罗素的思想观点。讲学社则组织翻译了"罗素丛书",系统介绍罗素的著作和思想。

杜里舒属于生命派哲学家,极力宣扬动力生命说,与生命哲学和现代非理性主义的代表人物柏格森的观点相近。杜里舒于1922年来华后,进行了长达一年的学术演讲和文化交流活动,在学术界也产生了很大的影响。

印度大文豪泰戈尔来华,是中国文化界的一件盛事。为泰戈尔担任翻译的是著名诗人徐志摩,蒋百里则代表讲学社具体负责接待工作。

此时的徐志摩,已不是当年在杭州府中学为蒋百里抽签卜卦的那个少年郎徐章垿了。

1915年夏,徐章垿从杭州一中毕业后考入北京大学预科,住在锡拉胡同蒋百里的家中。同年秋,徐回硖石老家与宝山县官宦之家的千金小姐张幼仪结婚,当时徐19岁,张仅16岁。

1918年夏,徐章垿经蒋百里介绍,在北京拜见了退出政界的梁启超,成为梁的入室弟子。8月14日,徐从上海搭乘"南京"号客轮,"乘长风,破万里浪",赴美国留学。到美国后,他正式改名徐志摩。他先入美国克拉克大学学习一年,然后转赴英国,在举世闻名的剑桥大学接受了洗礼和熏陶,思想发生了质的飞跃,文思和诗情如山泉般喷涌而出,一发而不可收,成为中国现代史上具有独特魅力的抒情诗人。

1922年10月15日,徐志摩结束游学生涯,返回上海。他在硖石老家稍作停留后,就北上与梁启超和蒋百里等人会面,并在北京住了下来。1923年北京松坡图书馆成立后,徐志摩担任图书馆的英文秘书。蒋百里因事务繁忙,常在南北之间奔走,松坡图书馆的工作由侄儿蒋复璁协助办理。为方便起见,蒋百里在上海慕尔鸣路(今茂名路)租了房子,以为来往居住之用。

1924 年 4 月,蒋百里和徐志摩联袂赴沪迎接印度诗哲泰戈尔。

4 月 12 日,泰戈尔乘日本船"热田丸"号来华,下榻于上海沧州饭店。翌日下午 1 时,蒋百里和徐志摩等人在闸北寺举行集会,热烈欢迎来自兄弟之邦印度的大诗人泰戈尔。下午 3 时,蒋百里迎护泰戈尔等人来到慕尔鸣路 37 号自己家中休息。泰戈尔兴致很高,在蒋百里家门前与欢迎者摄影留念。

4 月 14 日,蒋百里和徐志摩等人陪泰戈尔前往杭州,畅游西湖。蒋、徐二人都是杭州通,对杭州的历史地理、自然景观和风俗人情等莫不了然于胸,堪称最佳导游,加上泰戈尔具有灵异的禀赋和深邃的洞察力,能够充分领略西湖之美、苏堤之妙,宾主之间真可谓心有灵犀一点通。

从杭州回到上海稍作停留后,泰戈尔一行北上赴京。途中,泰戈尔在南京和济南各演讲一次。4 月 23 日,文化界人士翘首以盼的大文豪抵达北京。27 日,梁启超、胡适、蒋百里、徐志摩等文化界数十人,在天坛公园草坪上为泰戈尔举行了隆重的欢迎仪式。梁启超首先致词对泰戈尔的来访表示热烈欢迎。接着,鬓发斑白、睿智大度的泰戈尔由林长民的女儿林徽因搀扶上台发表演说,由徐志摩担任翻译。有人对当时的情景作了生动的描述:"林小姐人艳如花,和老诗人挟臂而行,加上长袍白面、郊荒岛瘦的徐志摩,有如苍松竹梅的一幅三友图。徐氏在翻译泰戈尔的英语演说,用了中国语汇中最美的修辞,以硖石官话出之,便是一首首的小诗,飞瀑流泉,琮琮可听。"①这真是一次激动人心的聚会。

1924 年 5 月 8 日是泰戈尔的生日,讲学社在北京协和大礼堂为他举行了盛况空前的祝寿大会。梁启超、胡适分别致祝寿词后,祝寿大会进入表演阶段。骤然间,舞台帷幕前大放光明,聚光灯的光圈里出现了一幅优美典雅、如诗如画的艺术造型:一位玲珑娇媚的少女和一个稚气天真的幼童,正仰望着一弯冉冉升起的新月。这幅取意于泰戈尔名诗《新月集》的造型,赢得了全场雷鸣般的掌声。

接着,徐志摩和陆小曼等人用英语演出了泰戈尔的著名诗剧《齐德拉》,

---

① 陈从周编:《徐志摩年谱》,上海书店 1981 年版,第 38 页。

把祝寿大会推向了高潮。最后,梁启超给泰戈尔取了一个颇有象征意义的中国名字——竺震旦。他说,泰氏之名拉宾德拉寓有"太阳"与"雷雨"之意,中译当为"震旦",表示如日之升,如雷之震。此外,"震旦"一词,也是古代印度称呼中国的名字,将泰氏取名"震旦"再合适不过。又据我国往昔译称外国人名时,常以国名为姓,而印度古称"天竺",所以梁为泰氏起名"竺震旦"。梁启超满怀深情地说:"今日我们所敬爱的天竺诗圣在他所爱的震旦地方过他六十四岁的生日,我用极诚挚极喜悦的情绪将两个国名联起来赠给他一个新名曰竺震旦。我希望我们对于他的热爱跟着这名儿永远嵌在他的心灵上,我希望印度人和中国的旧爱,借竺震旦这个人复活转来。"①

这次盛会给泰戈尔留下了深刻印象,是中印两国人民友好交往史上的一段佳话。

梁启超与蒋百里之间也有一段佳话传至后世。1920年底,蒋百里写成《欧洲文艺复兴史》一书,作为游欧归来后给国人的一份献礼。他请梁启超为该书作序,梁启超通读全书,对书中内容和蒋百里的才华大为激赏,提笔作序,文思泉涌,一发而不可收,几日内写成洋洋6万余言,篇幅超过了蒋百里的原书。序文超过正文,天下无此体例,梁启超与蒋百里相顾莞尔。梁启超另写一短序,交与蒋百里,而将长序冠以《清代学术概论》之名,另行单独出版,反过来又请蒋百里为这本书写了序言。

蒋百里的《欧洲文艺复兴史》,是中国第一部系统介绍欧洲文艺复兴的书籍,篇幅虽然不大,内涵却很丰富,能够提纲挈领,抓住要点,深入浅出,融汇贯通,是一部颇具开创性的著作。这本书问世之后,极受欢迎,一年中多次再版,蒋百里本人也被誉为文艺复兴时代型的人物。曹聚仁先生在一篇回忆文章中对蒋百里给予了很高的评价:

> 要我比附的话,我倒觉得清末戊戌政变、辛亥革命以迄五四运动前后的思想波澜、人物性格,和欧洲文艺复兴时代颇为相似。如可比附的

---

① 梁启超:《泰谷尔的中国名——竺震旦》,梁启超:《饮冰室合集》文集之四十一,第47—48页。

话,我倒想把蒋百里先生比作雷渥那德·文西(即达·芬奇——引者)。文艺复兴时代的人物,都是多方面的,有多方面的兴趣和光芒。以文西而论,他是科学家、画家,又是雕塑名家,又尝为工程师,在北意大利开了一条运河,又曾在米兰造了许多堡垒。他又是音乐家、格物学家、军事学家,而且为后世飞行设计的幻想人,他真够得上"多才多艺"四字的赞语。这种多方面光芒的人物,当时还很多,即如米克兰哲罗也是身兼绘画、雕塑、建筑、工程、诗人、生理解剖等技术的。蒋先生一身既为军事学家,又为政论家,又擅长文史研究,字也写得很好,也是多方面,其谈讲说述,滔滔不绝,风趣横溢,也颇有文西的气概。他著作《欧洲文艺复兴史》,对于那时期的气息,体会得很亲切,文字中也流露着闪眼的光芒。①

这既是对蒋百里的赞词,也是对他在那个时代所起的作用的肯定。曹先生堪称蒋百里的一个知音。

推动"联省自治"

蒋百里在积极参与文化活动的同时,也参与了一些政治和军事活动。在这个时期,他对"联省自治"运动倾注了较大的精力和热情,因为"联省自治"符合他的政治理想。

"联省自治"是20世纪20年代初在中国大地上风行一时的政治理念。所谓"联省自治",即由各省制定本省宪法,依据省宪组织省政府,实行省自治,然后在此基础上召开联省会议,制定联省宪法,成立联省自治政府,使中国成为统一的联邦制国家。

国内主张"联省自治"的大体上有两部分人,一是各地的实力派当权人物,他们的目的在于对抗中央军阀的武力统一政策,保住自己的地盘和势

---

① 曹聚仁:《文艺复兴时代的典型人物——蒋百里》,曹聚仁:《蒋百里评传》,东方出版社2009年版,第8—9页。

力;二是文化教育界主张温和改良中国政治的人士,他们的目的在于以各省的自治为基础,建立一个联邦制的资产阶级民主国家。梁启超、章太炎、胡适、蒋百里等人纷纷发表文章或演说,鼓吹实行"联省自治"。

"联省自治"论首倡于湖南。1920年6月,谭延闿联合湖南各派力量赶走了横行无忌、臭名昭著的大军阀张敬尧,一身兼任湖南督军、湖南省长和湘军总司令之职。7月,谭以避免卷入南北战争为由,通电号召"湘人治湘",施行地方自治。9月,他又致电桂系军阀陆荣廷、莫荣新等人,鼓吹"粤人治粤"。他说:"延闿之愚,以为今日解决国家问题,必以厉行各省自治为急,一切纠纷,可以立断,一切战祸,无自而生。"①谭延闿的倡议得到了省内外名流的支持和西南各省当权派的广泛响应,也引起了一直在关注中国前途和命运的梁启超和蒋百里等人的极大兴趣。实际上,他们早就有"联省自治"的构想,湖南的自治活动给他们提供了实践的机会。

首倡自治的谭延闿尚未实现湖南的自治,就被他的爱将赵恒惕等人赶出了长沙。赵恒惕做了湖南督军,继续高举"湘人治湘"的大旗。

1921年,湖南成立了"湖南自治根本法起草委员会",聘请省内外名流王正廷、蒋百里、徐佛苏、彭允彝、李剑农等13人起草自治根本法。在委员会的成立会上,蒋百里发表了题为《论军事与联省自治》的开幕演说,明确阐述了自己的观点:"最良的政府,就是使人民能够自治。政治的要义,也就是使人民能够自治。"②

3月,赵恒惕就湘省宪法问题派人向梁启超请教,希望梁对湖南的制宪予以指导。梁启超十分高兴,立即为湖南起草了《省宪法大纲草案》,作为湖南制宪的依据。得到梁启超的大纲草案后,蒋百里等委员于3月20日开始起草《湖南省宪法草案》,历时1月,于4月20日宣告完成。这是我国历史上第一部省宪法,其中倾注了蒋百里的不少心血。省宪中有关于义务民兵制的规定,完全是按照蒋百里的建议制订的。

为推动自治运动,湖南省政府邀请许多赞成自治的人士,在长沙岳麓山

---

① 《谭延闿主张粤人治粤》,1920年9月14日《民国日报》,第3版。
② 蒋百里:《裁兵计划书》第3编,蒋复璁、薛光前主编:《蒋百里全集》第4辑,第164页。

举办"名流演讲会",以研讨问题,扩大影响,蒋百里也在应邀者之列。岳麓山是蒋百里的伤心之地,因为这里埋葬着他的好朋友蔡锷,岳麓山又是蒋百里向往的地方,因为他可以在这里向蔡将军倾诉自己的喜怒哀乐。岳麓风紧,吹不散腥风血雨中凝成的战斗友谊;湘江水急,流不尽月明星稀时厚积的无限思念。蒋百里在长沙教育会的欢迎会上发表了题为《世界军事大势与中国国情》的演说,特别提到了蔡锷:

> 二十年前我在东亚商业学校,有一天蔡公松坡对我说:"有人说我们湖南要出三批人物,曾、左、彭、胡是第一批,谭、唐可称第二批了。"现在看来,黄、蔡二公确系完了谭、唐的事业,的确是第二批人物。还有第三批哩,诸君! 诸君! 诸君! 此次用那没有枪刺而冲锋的战术,没有子弹而求前方补充的战略,一顺水把张敬尧驱逐出去,这是天公给诸位的一个暗示,就是人民为保护自己生命财产而决战,没有参着别一种的目的,就可以无坚不摧,无敌不破。①

由于与蔡锷的特殊关系,蒋百里对湖南和湖南人给予了很高的期许。

自湖南首倡自治之议后,各地军阀纷纷宣布自治和联省自治。1921年2月,四川军阀刘湘通电宣告"川省完全自治";4月,贵州军阀卢焘通电主张"由各省自治,进而为联省自治";5月,奉系军阀张作霖宣布东三省自治;6月,浙江督军卢永祥通电主张各省制定宪法,实行地方自治,以此为基础组织联省自治政府。广东的陈炯明和云南的顾品珍等也都通电表示响应"联省自治"主张。

卢永祥出自段祺瑞门下,是皖系的一员健将。直皖战争以皖系失败、段祺瑞下野而告结束,直系军阀掌握了大权,分据各省的皖系军人变成了受压迫的孤臣孽子。位居浙江督军的卢永祥更是首当其冲,因为邻省江苏正是直系军阀的大本营。原籍山东的卢永祥为求自保,唱出了"还政浙人""浙人

---

① 蒋百里:《裁兵计划书》第 3 编,蒋复璁、薛光前主编:《蒋百里全集》第 4 辑,第 162－163 页。

治浙"的高调,并称自己祖籍为浙江宁波,以示好于浙江人。

6月5日,卢永祥通电主张制定省宪。6月18日,"浙江省宪起草委员会"宣告成立,王正廷被推为委员长,蒋百里也被选为委员,主持省宪的起草工作。蒋百里多年来虽奔走于各地,但与家乡的联系一直未曾中断。1920年,他被推选为浙江省议会议员后,经常抽时间赴杭州参加省议会会议。

1921年7月23日,浙江省议会举行省宪法会议开幕式,督军卢永祥和省长沈金鉴出席。卢永祥说:"南北分裂,统一无期,国宪之成,不知何日,自应各省制宪,立自治之基础,庶可因分裂而进于分治,由分治而合成统一。"①在各方的支持下,制宪委员会经过一个月的努力,制订出浙江省宪法草案。8月28日,宪法草案通过审查,9月9日正式宣布《中华民国浙江省宪法》诞生,俗称"九九省宪"。21日,选举蔡元培、卢永祥、虞和德、王正廷、朱庆澜、沈金鉴、陈棍、叶焕华、黄郛等9人为宪法执行委员,褚辅成、王廷扬、王文庆、阮性存、陈时夏、吕公望、沈钧儒、周继、俞炜等9人为候补执行委员,以符"九九"之数。

蒋百里仆仆风尘,奔走于湖南和浙江等地,为实现"联省自治"的政治理想而上下求索,梁启超则以自己的名望和地位在舆论上大事鼓吹,希望全国上下行动起来,同走"联省自治"的道路。1921年8月,梁启超起草了《代赵恒惕发起联省会议宣言》,提出了各省同时制宪和在武昌或南京召开联省会议的主张。梁还给直系军阀的后起之秀吴佩孚写了一封信,力劝吴举起"联省自治"的大旗,从根本上解决国内的政治问题。

然而,言者谆谆,听者藐藐,吴佩孚和各地军阀都有自己的小算盘,并非真正崇尚民主政治理念。"联省自治"往往被他们当作独霸一方的挡箭牌,徒有虚名而已。所以,尽管湖南、浙江、广西、四川等省颁布了省宪法,但"自治"带来的绝非和平与安定,而是战乱与纷争。嚷嚷了两三年的"联省自治"在严酷的现实面前无疾而终,梁启超、蒋百里等人的理想也告破灭。

---

① 浙江省文史资料研究委员会编:《浙江百年大事记》,浙江人民出版社1986年版,第158页。

建怀萱堂永怀慈母

1923 年 3 月 14 日,蒋百里的母亲杨镇和夫人因病不治,乘鹤西去,享年 69 岁。

蒋百里当时正在北京,闻讯大恸。多年以来,他四处奔走,与母亲在一起的时间很少,没有让母亲尽享天伦之乐,现在补救也来不及了。

蒋母一直在期盼着左梅生一个大胖小子,接续蒋家的香火,但是,事与愿违,左梅继生下蒋昭、蒋雍之后,又先后于 1919 年、1921 年和 1923 年生下了蒋英、蒋华与蒋和三位千金。蒋百里长得英俊潇洒,左梅夫人容貌超群,他们生的女儿一个比一个漂亮,堪称"五朵金花"。

1923 年 3 月的一天,左梅生下蒋和尚未满月,蒋百里就坚持要到北京西郊的西山赁屋居住,以便静心写作,同时让产妇静养。3 月的北方,乍暖还寒,产后的左梅身体还很虚弱,她认为不宜到荒凉的西郊去冒风寒,但蒋百里认为西山环境优美,空气新鲜,有利于调养身心。

左梅拗不过丈夫,只好同往。

蒋百里在西山租了一所久无人居的屋子,里面蛛网尘封,霉气湿重,虽经洒扫清理,但对生育不足一月的产妇而言,绝非适宜的休养之所,加上北地严寒,左梅在夜间着了凉,害起产后热来。蒋百里大为着慌,觉得对不起夫人,自己一意孤行,写作计划既无从完成,还害得夫人生了大病。

俗话说:"福无双至,祸不单行。"就在蒋百里怀着愧疚的心情携夫人返回北新桥锅烧胡同家中时,他得到了母亲病逝的噩耗。他们走到胡同口,远远看到 8 岁的长女蒋昭依在大门口迎候他们。蒋昭见着父母即大声叫道:"可了不得,奶奶死了,你们快快回来呀!"[①]

蒋百里闻言大惊,三步并做两步跑进屋里,看到了从硖石发来的报丧电报。白纸黑字,确凿无疑,蒋百里只觉得双眼发黑,浑身痉挛,痛不欲生。左梅夫人无从劝解,只有伤心地陪着丈夫垂泪。

---

① 陶菊隐:《蒋百里先生传》,第 87 页。

情绪稍微稳定下来,蒋百里决定即刻南下奔丧。他把夫人送进德国人开的医院继续治疗,又忍泪含悲给恩师梁启超写了一封信,让恩师挥笔为母亲书写铭文,其信云:

> 忆昔国难,同伏香港舟中,先生作家书,方震涕不敢侍,窃避以号。今几何时,而方震亦为无父母人也。方震微先生无与归,吾母微先生亦莫能传,知在矜爱,敢乞铭诔。[①]

安排好京中之事,蒋百里当晚便乘火车南下。到了硖石老家,看到母亲僵硬的尸身,蒋百里扑倒在地,大放悲声。他是远近闻名的孝子,14岁时割肉疗亲,救了母亲一命,后来外出求学任事,不管天南海北,总不忘寄钱供养母亲。而今母亲仙逝,唯一的儿子却未能见上最后一面,怎不令他痛彻心扉?母亲的音容笑貌,犹在眼前,往昔相依为命的情景,历历在目,现在却已天人永隔,所谓"树欲静而风不止,子欲养而亲不待",其痛正在于此。

事母至孝的蒋百里决定建造"怀萱堂"永远怀念母亲。按当地风俗,人死后每七天叫一个"七",满七个"七"即四十九天时叫"断七","断七"时常请和尚道士来念经超度亡魂。为了赶在"断七"那天启用怀萱堂,蒋百里带领前来帮忙的亲戚乡邻日夜施工,终于及时修建完成。

怀萱堂为五开间的大厅,方砖铺地,外形古朴雅致。匾额上的"怀萱堂"三字是湖南名流谭延闿的亲笔,堂内墙上悬挂的是梁启超书赠蒋百里的对联:"慷慨各努力;闲暇辄相思。"另外还挂着蒋百里在德国时与兴登堡元帅的合影等,都是足以光宗耀祖的珍贵物品。

梁启超接到蒋百里信后,特地写了《蒋母杨太夫人墓志铭》,寄到硖石,凭吊蒋母。梁在文首点明了他与蒋方震同追求、共患难的深厚友谊,道出了他为蒋母写铭诔的因由:"启超与方震交逾二十年,居同学,出同游,天下事则同患难,以故知其行谊及其家世最稔,今兹衔恤,疚戚亦同。启超虽不文,

---

于兹铭则义焉得辞?"①梁记叙了蒋百里的家世和蒋百里父母的生平及行谊,对教子有方、德泽乡里的杨镇和夫人给予很高的评价。杨氏早年家贫,又遭战乱,流离失所,乞讨为生,遍尝人间辛苦。嫁与蒋学烺为妻,也未过上几天好日子,又要照顾残疾的丈夫,又要督导儿子读书,还要张罗一家人的吃穿,亲历了"巧妇难为无米之炊"的艰难困苦。杨氏曾说:"昔人所教,勤俭持岁,若井臼缝纫之劳勚,米盐布帛之撙节,易为耳。若乃无米之炊,量出以计入,斯真难。而以其间视病人,令其心平气和,教幼儿,令其神志发越,则尤难。"但是,杨氏以中国妇女特有的顽强与坚韧,克服了一个又一个困难,为国家培养出了一个能文能武的好儿郎。

后来蒋百里学有所成,家境好转后,杨氏又在硖石创办了振坤女学校,为当地的教育事业开风气之先,不愧为有见识的奇女子。所以梁启超最后赞曰:

> 墨士教任,损己而益所为。斯道久绝于士大夫,而匹妇能蹈之。其将成教于厥子,以起一代之衰,后之续人鉴者视此辞。②

盖棺论定,蒋母得梁启超的大手笔为她立传,大可以安心西归了。

"断七"开丧之日,蒋百里身披袈裟,手持念珠,趺坐于怀萱堂前诵经,为母亲超度。

由于蒋母泽被乡里,贤名远播,蒋百里知名海内,交游颇广,各地前来吊丧致祭者络绎于途,挽联挽幛挂满怀萱堂内外,成为硖石前所未见的一大盛事。

蒋百里在保定军校任校长时的门生弟子遍布全国,闻讯后前来致祭的也不少,其中湖南学生的祭礼最重。他的高徒唐生智已在赵恒惕手下做了师长。唐生智等闻老师母丧,即派龚浩为代表,携大批银元来到硖石予以资助,解了蒋百里的燃眉之急。蒋百里与唐生智等人的师生情谊后来历经风

---

① 梁启超:《蒋母杨太夫人墓志铭》,梁启超:《饮冰室合集》文集之四十四(上),第16页。
② 梁启超:《蒋母杨太夫人墓志铭》,梁启超:《饮冰室合集》文集之四十四(上),第18页。

雨,久而弥笃。

办完母亲的丧事,蒋百里马不停蹄地返回北京,左梅母女在等着他照料,许多社会活动在等着他参加。

吴佩孚的患难交

在"城头变幻大王旗""乱哄哄,你方唱罢我登场"的离乱年代,蒋百里对各路军阀的你争我夺多做壁上观,与段祺瑞、冯国璋、张作霖、曹锟等军阀头子素无交往,对他们不抱好感,其中奉系的张作霖更是他心目中的"国贼",必去之而后快。蒋百里之所以放弃超然的立场,与吴佩孚交往,即与反奉有关。

吴佩孚,字子玉,山东蓬莱人,生于1874年4月。他出生前一天,父亲吴可成梦见明代抗倭名将、民族英雄戚继光来到家中。次日,儿子降生,吴可成振奋异常,料定此儿是戚继光再世,将来必能大有作为,光耀吴氏门庭。戚继光也是山东蓬莱人,曾率"戚家军"将骚扰我国东南沿海的倭寇杀得人仰马翻,片甲不留,建立了千秋功业。

戚继光号佩玉,吴可成便以佩为名,以玉为字,给儿子取名佩孚,字子玉。

然而,薄命的吴可成没有等到儿子功成名就、光宗耀祖的那一天,就害病去世了,当时吴佩孚只有14岁。母亲带着吴佩孚和弟弟吴文孚艰难度日。吴佩孚贫而不忘读书,苦而不忘父训,他一边在水师营当学兵赚钱养家,一边跟随蓬莱宿儒李丕森刻苦钻研四书五经,准备将来金榜题名,光宗耀祖。1896年,22岁的吴佩孚应登州府院试,以第三名高中秀才,既得了功名,也得了做官的进身初阶。然而,就在他春风得意之际,他却因事得罪了当地官绅。为了避祸,他不得不背井离乡,到天津投了袁世凯的北洋军,开始了刀光剑影的戎马生涯。

由于吴佩孚饱读诗书,满腹经纶,加上为人诚实耿介,作风勇猛顽强,很快便在普通士兵中脱颖而出,连连晋升。1906年他升为新军第三镇管带(营长)。第三镇是袁世凯的嫡系部队之一,先后由段祺瑞、凤山和曹锟任统制。吴佩孚是由段祺瑞提拔为管带的,但段、吴关系始终不很融洽,后来直、皖分野,吴佩孚成为倒段祺瑞的关键人物,恐怕是段祺瑞始料不及的。凤山是汉军镶白旗人,本姓刘,也是一员悍将,他接替段祺瑞任统制后,奉命率第三镇由保定移驻吉林长春。凤山因不习惯关外生活,请求内调,1911 年被任为广州将军。他从北京动身赴任时,武昌起义已经爆发,亲朋好友均劝他不要南下,但他不听,兼程赴粤,在广州被革命党人李沛基用炸弹炸死。曹锟是个庸碌无能之辈,但他颇能礼贤下士,对吴佩孚的才能十分激赏,倚之为心腹股肱,吴则以"士为知己者死"为宗旨,全力辅佐曹,两人结成生死之交,在民国年间的政治和军事舞台上扮演了重要的角色。

吴佩孚在曹锟的提拔下,由营长而团长、旅长,成为第三师的骨干将领。后来曹锟做了直隶督军,吴佩孚升任第三师师长,率军东征西战,屡建战功,赢得了"长胜将军"的名声。

1918 年 8 月 21 日,吴佩孚在湖南衡阳发表主和通电,公然反对段祺瑞的"武力统一"政策,呼吁国内息争御侮,希望文官不贪污卖国,武将不争夺地盘,他自己则公开提出四大自律:今生今世不做督军,不住租界,不结交外国人,不举外债。在那个风雨如晦的年代,吴佩孚的通电像一颗惊雷,引起了世人对他的关注,他也因此脱颖而出,成为直系军阀中的后起之秀,经常以师长身份对国家的内政外交发表主张。1920 年 5 月,吴佩孚从湖南撤军北上,直皖矛盾更加激化,双方剑拔弩张,必欲消灭对方而后快。7 月,直皖大战爆发,曹锟、吴佩孚在奉系军阀张作霖的协助下,一举击败以段祺瑞为首的皖系,使他声望更隆,如日中天。

吴佩孚重礼义,尚气节,不贪财,不好色,虽然身上不乏旧军人的种种弱点,但在一片乌烟瘴气的军阀时代,的确是一个特殊的角色,在国人中拥有较好的口碑。他时时不忘息内争,御外侮,尤其对强邻日本抱有高度警惕。直皖战争结束后,他升任直鲁豫巡阅副使,仍兼第三师师长。他率部南下,屯兵洛阳,埋头练兵。他亲作《登蓬莱阁歌》一首,请人谱曲,作为第三师的军歌,以激励全体官兵:

北望满洲,渤海中风浪大作!想当年,吉江辽沈,人民安乐。长白山前设藩篱,黑龙江畔列城郭。到而今倭寇任纵横,风云恶。

甲午役,土地削;甲辰役,主权弱,江山如故,夷族错落。何日奉命提锐旅,一战恢复旧山河! 却归来永作蓬莱游,念弥陀。[1]

这首歌气势豪迈,感情激越,在当时颇为轰动。

在较长一段时间内,蒋百里和吴佩孚这两位秀才将军只是互闻其名,未见其人。他们有许多相似之处:少年丧父,苦读成才,由秀才文士改而投笔从戎,品行耿介,崇尚民族气节等等。所不同的是,蒋百里是著名的军事理论家和军事教育家,吴佩孚则是在枪林弹雨中从普通士兵一步一步晋升为孚威将军的传奇人物。他们都期待着有一个见面倾谈的机会。

吴佩孚屯兵洛阳时,河南籍的国会议员王敬芳前去拜访。王是河南福中煤矿公司的经理,兼任上海中国公学的校长。他热心文化事业,与梁启超和蒋百里等人过从甚密,经常捐款资助他们的文化活动。他在与吴佩孚谈话时提到了蒋百里先生。吴佩孚对蒋百里的学问和为人大加赞扬,说了许多仰慕的话。后来王敬芳将这次会面的情况转告蒋百里,给蒋百里留下了极为深刻的印象。

1921年7月爆发的湘直战争,为蒋百里和吴佩孚提供了见面的契机。

两湖巡阅使兼湖北督军王占元是直系军阀中的一个要角,他贪黩成性,在湖北大肆搜刮,惹得天怒人怨,湖北各阶层在忍无可忍的情况下,掀起了轰轰烈烈的倒王运动。他们一面组织义军,一面推派代表赴长沙敦请湖南督军赵恒惕发兵援鄂,共同驱逐王占元。赵恒惕尽遣湘军精锐出动,湘直战争于焉爆发。王占元抵敌不住,急向洛阳的吴佩孚求援。吴佩孚起初按兵不动,袖手旁观,后来眼看武汉即将失守,才派兵往援。但吴的援兵到了前线,却迟迟不与敌军接火,吴佩孚驱王之心表露无遗。王占元见大势已去,就带着历年搜刮的3000万元巨款到天津做寓公去了。王占元去职,吴佩孚的手下大将萧耀南继任湖北督军。接下来,吴佩孚和赵恒惕这对昔日的好朋友,又在战场上兵戎相见。吴佩孚出奇制胜,将湘军打得落花流水,全部

---

① 赵恒惕等编:《吴佩孚先生集》,台北,文海出版社影印本,第209页。

败退回湖南。

蒋百里是湖南自治运动的推动者,与赵恒惕相交颇深。湘直战争一爆发,蒋百里就给予高度重视。作为军事家,他深知湘军不是直军的对手,所以仆仆风尘奔波于武汉、上海、杭州等地,谋求湘直和解的途径。8 月 12 日,蒋百里致信梁启超,报告了自己在上海和浙江活动的情况。他明确指出,湘直战争演变至此已使湘军陷入绝境,"唯一之活路全在变换大局,而促进奉、直之决裂,实为釜底抽薪之唯一办法"①。他请梁启超在北京暗中活动,促使奉系张作霖与直系早日决裂,在直系的背后点燃战火,以减轻湘军在正面遭受的巨大压力。然而,蒋百里的活动尚未见成效,吴佩孚已将湘军赶出湖北。蒋百里急赴两湖,与张绍曾居中斡旋,力促湘直双方罢兵息战,重归于好。

1921 年 9 月 1 日,吴佩孚和赵恒惕在湖南岳州签订和约,张绍曾作为直方中证人,蒋百里作为湘方中证人,也一同在和约上签了字。一场血腥搏杀得以避免。事后,蒋百里和张一麐由汉口乘船东赴上海。

这次会面是两位秀才将军的初次接触,彼此都留下了较好的印象,为以后的进一步交往打下了基础。

吴佩孚得了两湖巡阅使的头衔,回师洛阳,继续练兵。1922 年 4 月直奉战争爆发,吴佩孚率军以少胜多,将奉张的势力赶至关外,将北京政府置于直系的控制之下。这次胜利使吴佩孚成为中外物望所系,洛阳亦成为各界人士关注的焦点。一时之间,洛阳城里访客盈门,更有各省各方派遣的代表常川驻扎洛阳,吴佩孚因此特别在营房之南建造了一栋西式洋房,名之曰"继光楼",专门接待各方宾客。

各国记者也纷纷前来洛阳采访吴佩孚,美国某通讯社还特派电影摄影师为吴佩孚拍摄了日常生活和练兵情形的纪录片,在美国播映,颇为轰动。吴佩孚声名远播,打动了德国小姐露娜的芳心。她远涉重洋,万里独行,来到洛阳,向孚威将军表露仰慕之情。等到见过一面,露娜小姐芳心大悦,一口咬定非吴大帅不嫁,吓得吴大帅再也不敢与她见面。露娜不死心,给吴大

---

① 丁文江、赵丰田编:《梁启超年谱长编》,上海人民出版社 1983 年版,第 981 页。

帅写求爱信，吴在情书上批了四个大字：老妻尚在！借以表明并非每个英雄都过不了美人关。露娜小姐见无机可乘，方怏怏而归。这个罗曼蒂克的故事在全国传得沸沸扬扬，蒋百里听到之后，对吴佩孚的个人品性又增加了几分敬重。

1923 年 4 月，吴佩孚在洛阳庆 50 大寿，各方前来送礼祝寿者不绝于途，大名鼎鼎的康有为也亲往致贺，还送上一幅寿联，传诵一时：

> 牧野鹰扬，百岁勋名才半；
> 洛阳虎踞，八方风雨会中州。①

经康老先生的揄扬，孚威将军更是名震华夏。

然而，盛极必衰，自古皆然，就在吴佩孚踌躇满志之时，保定的曹锟在周围一帮宵小之徒的怂恿下，上演了逼走黎元洪和贿选总统的丑剧，引得舆论大哗，天下骚然。吴佩孚对曹的种种恶行均不予支持，但又不便公开表示反对，只好加以消极抵制，两人的关系逐渐疏远，彼此有了心病，直系内部大团结的局面一去不返，为直系的最终垮台埋下了祸根。

张作霖一直在关外卧薪尝胆，厉兵秣马，准备复仇。他见时机成熟，乃首先挑动浙江的卢永祥进攻江苏的齐燮元，然后亲率奉军分五路杀向关内，京津要塞地顿时战云密布，曹锟大总统及其左右慌了手脚，只得摈弃前嫌，恭请洛阳的吴佩孚统兵北上迎敌。

1924 年 9 月 17 日，吴佩孚抵达北京，设司令部于北京政府国务院所在地，即逊清醇亲王的府邸。此宅屋宇宏伟，花园豪阔，在北京各亲王府邸中堪称一流。9 月 18 日，曹大总统发布讨奉令，任命吴佩孚为讨逆军总司令，王承斌为副总司令。当晚，吴佩孚在醇亲王府的主厅四照堂点将。四照堂是一座琉璃殿，四面都是光洁明亮的大玻璃窗，此即为"四照"名称的由来。

奉军 20 万来犯，直军 20 万分三路迎敌：第一路总司令彭寿莘，总兵力12 万人，总司令部设在山海关；第二路总司令王怀庆，总兵力 5.5 万人，总

---

① 陶菊隐：《记者生活三十年——亲历民国重大事件》，中华书局 2005 年版，第 40 页。

司令部设朝阳；第三路总司令冯玉祥，总兵力 2.6 万人，总司令部设喜峰口北单泉县。

调拨已定，各路人马克日出发，吴佩孚留在北京筹措战费，调遣后方援军。他特别约见蒋百里，请教蒋对于讨伐奉张的意见和建议。因蒋百里曾在东北主持过军事训练工作，对东北的情形有一定了解，吴佩孚还想请他出山，协助讨伐张作霖。但是，蒋百里"戒于翻云覆雨之政潮，不欲以无党之身陷入漩涡，乃答以离东北已久，今昔情形已大不同，未便妄参末议"①。

吴佩孚见蒋百里不愿随大军出征东北，即转而要他亲率两个师的兵力赴湖南驻扎，监视南方军队，防止他们北伐，以稳固直系军队的后方。蒋百里与湖南军政界渊源颇深，率吴佩孚的军队入湘，必会引起朋友们的诸多猜疑，招致湖南军民的反对，所以蒋百里婉言谢绝了吴的建议。

尽管两人未能携手，但吴佩孚欲委重任于只有一面之缘的蒋百里，足见他对蒋百里非常信任和倚重。蒋百里是个极重感情的人，人敬他一尺，他敬人一丈，他对吴佩孚的好感进一步加深了。

10 月 11 日，因山海关、榆关一线战斗异常激烈，吴佩孚离开北京，亲赴前线指挥。他做梦也没有想到，他的后院快要起火了。

10 月 22 日夜，滞留在古北口一带的第三路总司令冯玉祥回师北京，与陕军胡景翼部和京畿警备副司令孙岳所率拱卫京城的第十五混成旅共同发动了北京政变，囚禁了大总统曹锟，在京城各处张贴安民告示，呼吁息兵罢战。

10 月 23 日晨，蒋百里去看望在清华大学教书的侄儿蒋复璁，看到各处都有"陆军检阅使冯"的告示，这才得知冯玉祥已断了吴佩孚的后路。前些日子冯玉祥率第三路人马出发时，蒋百里曾亲往送行。这次冯玉祥杀了一个回马枪，吴佩孚大难临头了。

蒋百里对蒋复璁说，他要在这危难关头去秦皇岛看望吴佩孚。"路遥知马力，日久见人心"，一般趋炎附势之徒在吴佩孚倒霉时避之唯恐不及，又怎会冒着巨大的风险去看他呢？蒋百里则不然，越是在朋友困难的时候，他越

---

① 蒋复璁：《先叔百里公年表》，蒋复璁、薛光前主编：《蒋百里全集》第 6 辑，第 40 页。

会援之以手。

由于冯玉祥的部队封锁了交通线,京津铁路不能通行,蒋百里就通过美国西点军校毕业的友人王赓的介绍,搭乘美国驻华公使馆一职员的汽车到天津,然后转赴秦皇岛。

吴佩孚领军在榆关前线鏖战正急,突然得到北京政变的消息,虽能做到处变不惊,从容应付,但他的统盘计划毕竟被彻底打乱了。他苦思整夜,决定率部分军队撤回天津对付冯玉祥,而对奉军暂取守势。

恰在此时,蒋百里抵达秦皇岛,这使处在逆境中的吴佩孚大为高兴,"有朋自远方来,不亦乐乎"!更何况是在这样的时机和场合。

令蒋百里惊讶的是,遭此巨变,吴佩孚并未一蹶不振,甚至没有表现出丝毫萎靡困顿的模样。他依旧目空一切,大言炎炎,不承认自己的失败。他对蒋百里表示,只要各地援兵到齐,莫说一个冯玉祥,就是奉张和西南反直力量联合起来,都不是他的对手。他请蒋百里南下联络江苏的齐燮元和代卢永祥而主浙江的孙传芳,要他们派援兵北上,共同讨伐冯玉祥和张作霖。

蒋百里知道吴佩孚四面受敌,处境极为不妙,非重新部署一切,大局绝无挽回的希望,所以他对吴的大言炎炎颇不以为然,但同时他也对吴百折不回的气魄深感敬佩。吴佩孚如果失败,奉系势力必大举入关,控制北京政府。这种结局既非国家民族之福,也不是蒋百里本人所希望看到的,因为他与奉张历来是誓不两立的。

蒋百里随吴佩孚到天津后,即转车南下到达上海。他在慕尔鸣路赁屋而居,然后派人把左梅夫人和五朵金花接来上海,作久居南方之计。等家中安排妥当,他便去杭州见孙传芳,欲促成直系大联盟,共同对付奉张。

吴佩孚在天津腹背受敌,苦撑待援,无奈墙倒众人推,亲皖的山东督军郑士琦听说齐燮元和孙传芳即将派遣大队人马北上驰援吴佩孚,竟下令拆毁了苏鲁两省交界处的铁路,津浦路宣告中断,苏、浙、皖三省的直系大军,一概被阻于山东省境之外。山西的阎锡山则出兵占领石家庄,阻断了平汉路的交通,使豫、鄂、湘、川的援军不能北上。11月2日,吴佩孚眼见败局已无可挽回,只得率部分军队撤往大沽口,登上早已准备好的"华甲"号轮船,浮海南下。

北京城里,蛰伏多年的段祺瑞复出执政,他下令通缉吴佩孚。原出自吴佩孚门下的军政要人如鄂督萧耀南等,对吴避之唯恐不及。吴佩孚不但失去了洛阳根据地,而且在数月间漂流各地,找不到一处落脚之地,充分体味到了"虎落平阳"的凄惨和悲凉。最后,他和随从们在湖南督军赵恒惕的庇护下,在岳州安顿下来,才结束了颠沛流离的苦境。

奉军入京,气焰十分嚣张,利用各种手段排挤和打击冯玉祥的国民军,迫使冯下野隐居。然后,奉军沿津浦路大举南下,击垮齐燮元,占领上海,拿下了东南半壁江山,南方各省的直系将领,无不惴惴自危,急谋结盟自救。鄂督萧耀南联络湖南赵恒惕、四川杨森、贵州袁祖铭结成"湘鄂川黔"四省联防,推举吴佩孚执掌帅印。不久,河南岳维峻、陕西孙岳、山西阎锡山加入进来,使四省扩大为七省。东南的孙传芳组织了苏、浙、闽、赣、皖五省联盟,与七省联防合流,共推吴佩孚为盟主,吴佩孚又成为威风八面的大元帅了。

蒋百里南下后,积极奔走于湘鄂浙等地,目的就在于促成直系各派的大联合。他还派学生刘文岛和李振中赴广东活动,与国民革命军联络。他最大的愿望就是整合各方力量,共同讨伐奉系张作霖,最终达成全国的统一。由于他四处活动,他在南方的影响越来越大,为各界所注目。1925 年 9 月 3 日梁启超在给梁思顺的信中说:"百里现在在长江一带。军界势力日益膨胀,日内若有战事,他便是最重要的一个角色,因此牵连老夫之处亦不少。他若败,当然,无话可说(但于我绝无危险,因我不参与军事行动也,请放心),若胜,恐怕我的政治生涯不能不复活(胜的把握我觉得很少),我实在不愿意,但全国水深火热……又不能坐视,奈何?"①

由此可知,由于蒋百里在长江一带的合纵连横,淡出政坛已久的梁启超,也做好了复出的心理准备。

1925 年 10 月 21 日,吴佩孚由岳州乘坐"决川"舰赴汉口,在汉口东北之查家墩成立"讨贼联军总司令部",其幕僚下属,均为一时之选:

参谋长　蒋方震(字百里,兵学权威)

---

① 吴天任:《民国梁任公先生启超年谱》第 4 册,台湾商务印书馆 1988 年版,第 1641－1642 页。

秘书长　张其锽（字子武，逊清名进士，曾国藩的外孙女婿，曾任广西省长）

总参议　章炳麟（字太炎，革命元老，国学大师，博通古今经学）

军务处长　张福来（吴佩孚的爱将）

外交处长　张志潭（曾任北京政府第十六任内阁内务总长）

交通处长　高恩洪（四届北洋交通总长）

政务处长　白坚武（吴佩孚的爱将）

财务处长　张英华（北洋财政总长）

高级参谋　张方严（原参谋长）

秘书帮办　杨圻（字云史，江东名士）

反奉大联盟终于形成，蒋百里欣然携夫人左梅化妆乘船赴武汉就职。吴对蒋极为尊重，见必立迎，言必称"先生"，不把他当作普通的幕僚对待。

10月24日，吴佩孚通电讨奉，并在查家墩点将，其威风不亚于上年在北京的四照堂点将。大敌当前，十四省非奉系将领都愿在吴佩孚麾下，任凭驱策，吴佩孚一口气颁发如下委任令：

萧耀南　讨贼联军鄂军总司令，兼后方筹备总司令

陈嘉谟　讨贼联军鄂军副总司令，兼第二路总司令

寇英杰　讨贼联军鄂军第一路总司令

卢金山　讨贼联军鄂军第三路总司令

马　济　讨贼联军桂军第一路总司令

袁祖铭　讨贼联军川黔军总司令

邓锡侯　讨贼联军川黔军副总司令，兼川军第二路总司令

刘　湘　讨贼联军川黔后方筹备总司令

刘存厚　讨贼联军川黔后方援军总司令

杨　森　讨贼联军川军第一路总司令

赖心辉　讨贼联军川军第三路总司令

王天培　讨贼联军黔军第一路总司令

彭汉章　讨贼联军黔军第二路总司令

周西成　讨贼联军黔军第三路总司令

加上孙传芳的劲旅和河南、陕西的军队，吴佩孚形成了浩大的声势，令段祺瑞和张作霖心惊胆寒。大军北指，奉军在前线接连失利。奉直两系，仇人相见，分外眼红，成败胜负，在此一役。

就在这时，奉军内部发生了郭松龄倒戈事件，使北方战局发生了重大变化。

冯玉祥复出后，国民军与奉张的矛盾日益尖锐。冯玉祥一面扩充国民军的实力，一面联络奉军中坚决反战的郭松龄共同对付张作霖。11月12日，郭松龄发布通电，要求张作霖下野，并呼吁各方停止作战，恢复和平。11月23日，他在滦州将所部7万人编为东北国民军，下秦皇岛，出山海关，于12月15日进占锦州。与此同时，冯玉祥兵分五路，由喜峰口攻入热河，夹击奉军，并令徐永昌和邓宝珊进攻奉军李景林部所在地——保定。变生肘腋，张作霖束手无策，已经做好了下野亡命的准备。然而，在这关键时刻，由于日本帝国主义直接出兵干涉，郭松龄兵败被逮，遭到枪决。张作霖绝处逢生，对冯玉祥恨之入骨，乃改弦更张，力谋与往昔的死敌吴佩孚联合，共同对付冯玉祥的国民军。

吴佩孚对冯玉祥发动兵变致使他一败涂地的往事一直耿耿于怀，必欲除冯而后快。他不顾蒋百里的坚决反对，做出了联奉击冯的决定。

1925年底，张作霖派张景惠到汉口游说吴佩孚，双方达成了联合进攻冯玉祥的协议。12月31日，吴佩孚通电宣告讨奉军事结束，转而把矛头指向国民军。讨贼军所讨之"贼"突然由张作霖变成冯玉祥，使社会各界惊愕不已，大失所望。蒋百里举家南下，到处奔波，好不容易促成的反奉大联盟，竟被吴佩孚毁于一旦。眼看着自己的努力如一江春水，付诸东流，蒋百里颇觉心寒，遂萌生了去意。

对于蒋百里的处境，梁启超已洞若观火。1925年11月9日，梁在给孩子们的一封信中写道：

> 国事前途仍无一线光明希望。百里这回卖怎么大气力（许多朋友亦被他牵在里头），真不值得（北洋军阀如何能合作）。依我看来，也是不会成功的。现在他与人共事正在患难之中，也万无劝他抽身之理，只

望他到一个段落时，急流勇退，留着身子，为将来之用。他的计划像也是如此。①

梁启超在9月份尚有复出政坛的打算，而到这时，他已看出蒋百里的努力是要白费了。

由于意见不合，蒋百里在吴佩孚身边的处境极为尴尬。因蒋百里坚决反对与奉张联合，吴佩孚便对他采取敬而远之的态度，仍然是见必立迎，仍然是言必称"先生"，但对他的意见和建议总是哼哼哈哈地虚与应付。发展到后来，吴佩孚甚至连有关机密也不让他与闻了。参谋长有名无实，只好飘然而去。1926年初，蒋百里向吴佩孚告了假，携夫人返回上海，然后打电报到汉口，辞去十四省讨贼联军参谋长之职。

遭此挫折，蒋百里的情绪极为低落，与吴佩孚患难相交，最后落得如此结局，怎不令人黯然神伤！

对于蒋百里的辞职，吴佩孚内心颇为不满，但鉴于两人的特殊关系，又不便发作。吴佩孚的秘书处副处长唐天如是蒋百里介绍来的，他见吴对蒋心存芥蒂，便设法替蒋打圆场，竭力化解吴的不快。1925年3月的一天，唐天如与吴佩孚把盏共饮，在酒酣耳热之际，唐谈到蒋百里在上海的境况不佳，既无收入，又得养活太太和5个女儿，生活很苦，唐表示要到上海去看他一趟。吴毕竟是个爽快人，对蒋百里与他的患难交情并未一笔勾销。他听到蒋生活窘迫，即问夫人张佩兰手中有多少现款。张夫人说宜昌送来的1000元，她用了200元，还剩800元。吴让夫人全数拿出来，给唐天如300元做旅费，另外500元请唐转交蒋百里贴补家用。

唐天如到上海找见蒋百里，转交了吴氏的赠款，并力劝蒋百里再到汉口一游，消除吴氏的误解，弥补因他辞职而造成的缺憾，为以后两人再次见面或共事预留地步。经唐一说，蒋百里也觉得自己的做法有点意气用事。他邀唐同赴武汉，但唐因蒋百里已辞职，也决意求去，不愿再回武汉。两人在上海盘桓几天后，蒋百里溯长江西上，唐天如则浮海南下，到香港做隐士去

---

① 丁文江、赵丰田编：《梁启超年谱长编》，上海人民出版社1983年版，第1064页。

了。两位好友从此天各一方，难得见面了。

"渡尽劫波兄弟在，相逢一笑泯恩仇"，蒋吴两人再度重逢，握手一笑，一切尽在不言之中。此后数日，两人经常同桌共餐，只谈风花雪月，不谈政治军事。两位秀才将军各怀心事，谈话已不像以前那样投机了。正在这个时候，蒋百里的得意门生唐生智逼走赵恒惕，掌握了湖南的军政大权，蒋百里借机辞别吴佩孚，到长沙去看望唐生智，数日后由长沙直接返回上海。

汉口一别，后会无期，由于政见不同，个性迥异，两位经历颇多相似之处的秀才将军最终分道扬镳了。

不久，北伐战争爆发，吴佩孚在湖北战场一败涂地，输光了所有的本钱。1927 年春，他离开洛阳，经南阳入四川，投奔把兄弟杨森。遭此大败，吴发誓再不过问政治。他在四川五年，多以读书、写作、吟诗、画梅自娱。1931年 9 月，他由成都赴兰州，然后经宁夏、内蒙古，到北京定居下来。

"九一八"事变发生后，吴佩孚对张学良不战而放弃东北大为愤慨，曾作诗给予讽刺，其诗名曰《赠张汉卿》：

> 棋枰未定输全局，宇宙犹存待罪身。
> 醇酒妇人终气短，千秋谁谅信陵君？[①]

到北京后，吴佩孚曾多次敦促张学良反攻东北，终无结果。抗日战争爆发后，吴佩孚仍留北京，1939 年 12 月 4 日因病去世。一代枭雄，于此结束了跌宕起伏的一生。

孙传芳的座上客

除吴佩孚外，北洋军阀中与蒋百里交往较多的还有孙传芳。

孙传芳，字馨远，山东历城人，生于 1885 年 4 月 17 日，比蒋百里小 3 岁。1904 年，孙传芳在北洋陆军速成学堂步兵科毕业后，由清政府练兵处

---

① 　赵恒惕等编：《吴佩孚先生集》，台北，文海出版社影印本，第 217 页。

以直隶官费生的名义派往日本留学,入日本陆军士官学校第六期,比蒋百里晚三期。1908年底,孙传芳从士官学校毕业,于翌年初返回国内,经陆军部考试,名列优等,同年11月被陆军部派往北洋陆军近畿第二镇,任步队第五标教官。

民国成立后,第二镇改为第二师,驻防湖北,孙传芳历任该师辎重第二营营长、步兵第六团团长、步兵第三旅旅长等职,深受湖北督军王占元的赏识,是王占元手下的一员猛将。论资历、论学识、论人品,孙传芳均在蒋百里之下,但孙出身于北洋,毕业后又回到北洋军中,从下层做起,一步一步打下了坚实的基础,为后来异军突起,与吴佩孚分庭抗礼捞到了足够的本钱。

1917年,孙传芳被擢升为第二十一混成旅旅长。1920年7月直皖战争爆发后,王占元扣押皖系的长江上游警备司令吴光新,而代之以孙传芳。1921年湘直战争中,王占元被迫逃往天津,吴佩孚的手下大将萧耀南继任湖北督军。在这次战争中,王占元手下多为一触即溃的败将,只有孙传芳有勇有谋,与湘军打了几场恶仗,得到吴佩孚的赏识。吴委任孙传芳以长江上游警备司令身份兼任第二师师长,收束和整顿王占元的旧部。从此以后,孙传芳转投吴佩孚,一切唯吴大帅马首是瞻。

1923年1月,孙传芳奉命率部从湖北出发,经江西进入福建,3月20日任福建军务督理,使福建地盘落入直系掌握之中。

1924年9月初,作为第二次直奉战争序幕的江浙战争爆发,直系齐燮元与皖系卢永祥这对冤家终于大打出手。孙传芳奉曹锟大总统的命令,以闽浙联军总司令的名义,出兵援助江苏齐燮元。当苏、浙两军在黄渡前线对峙时,孙传芳所部突然越过仙霞岭,占领衢州。卢永祥腹背受敌,立刻陷入绝境。9月20日,曹锟任命孙传芳为闽浙巡阅使兼浙江军务督理,孙传芳拥有两个省的地盘,一跃而成为直系军阀中的重量级人物。江浙战争为孙传芳后来独霸东南半壁江山提供了机遇。

由于孙传芳的军队进展极快,卢永祥知道败局无可挽回,乃在杭州召集军政商绅各界开会,宣布归政于浙人,并将浙沪联军司令部迁往上海,他本人亲往上海督师。

1924年9月25日,孙传芳率军进入杭州。俗语云:"上有天堂,下有苏杭。"孙传芳通过多年攻战杀伐,终以地方大员的身份率部入主杭州,其踌躇满志的意态是可以想象的。然而,这天发生了一件不祥之事,在孙传芳的心头留下了一丝阴影。

这天下午 1 时,杭州西湖边的雷峰塔突然倒坍了。雷峰塔建于五代,是西湖边上一座著名的佛塔,"雷峰夕照"是西湖胜景之一。相传,挚爱许仙的白娘子被法海禅师镇压于此塔之下。由于这个美丽凄婉的传说,杭州人对雷峰塔一直有着别样的感情,不料,它却在孙传芳进杭州的这一天倒掉了。鲁迅闻讯后,曾写了《论雷峰塔的倒掉》和《再论雷峰塔的倒掉》两篇文章,抒发了许多感想。

1924 年 10 月 13 日,卢永祥在上海通电宣布下野,次日晨即携其子卢小嘉和部属何丰林等赴日本,卢所部五个师都被孙传芳收编,使孙的实力大为加强。

孙传芳手握重兵,产生了独霸东南的勃勃野心,而当务之急乃在于延揽人才,尤其是军事人才。他先把正在杭州的陈仪找了去,委以军职。陈仪,字公洽,毕业于日本士官学校,曾与蒋百里一同在袁世凯的总统府军事处担任过参议。不久,因冯玉祥发动兵变,吴佩孚大败,蒋百里南下联络孙传芳,由上海来到杭州。蒋百里的幼年伙伴张宗祥时任浙江省教育厅厅长,他在《蒋方震小传》中写道:

> 孙到浙之后,对于士官先后同学是极拉拢的,一到就把陈公洽找去了,并到处在找百里。当时百里恰在我寓中,孙就如获宝一般把他请了去。不久,就请他担任总参议。这是百里第一次与直系军阀合作。百里自毕业归国之后,虽然是学的军事,但是对于各系军队多没有关连,尤其是浙江军队在杨善德、卢永祥之后,皆是武备、陆军小学两系在当家,他的性质又洒脱流动,所以公洽当了师长,百里仍无实权。①

---

① 张宗祥:《蒋方震小传》,中国人民政治协商会议全国委员会文史资料研究委员会编:《文史资料选辑》第 10 辑,文史资料出版社 1960 年版,第 94 页。

以蒋百里的名望、地位和个性而言,他当然不愿在孙传芳手下当一名带兵的将官,从而失去独立和自由。况且,他找孙传芳的目的,并不是当个师长或旅长,领军在战场上冲锋陷阵,而是要促成孙传芳、吴佩孚等直系军队的大联合,再与广东方面携起手来,共同讨伐奉系张作霖,所以他宁愿身居高级幕僚的地位,为孙传芳出谋划策。只有身居客卿之位,才更容易向孙传芳建言。

1925 年 1 月,碛石人许行彬主办的《杭州报》因刊登了一些军事方面的消息,被孙传芳以泄露机密的罪名勒令停刊,并派人逮捕了报社编辑。蒋百里闻讯,在孙传芳面前极力疏通,终使大事化小,小事化无,《杭州报》得以复刊。

奉军在北京站稳脚跟后,即与段祺瑞联手向东南扩张势力。浙督卢永祥由日本到北京,段祺瑞命他率领奉军张宗昌部南下,驱走齐燮元,陷南京,占上海。段祺瑞还先后委派奉军将领李景林督直,张宗昌督鲁,姜登选督皖,杨宇霆督苏,邢士廉任淞沪镇守使,直压得孙传芳等直系将领喘不过气来。

1925 年 10 月 7 日,皖、赣、苏、闽、浙五省军政代表在杭州开会,议决组成五省联盟,推举孙传芳为总司令,拟定战略,由长兴出宜兴,分兵五路,抵抗南下奉军:第一路司令陈仪,第二路司令谢鸿勋,第三路司令孙传芳兼任,第四路司令卢香亭,第五路司令周凤岐。孙传芳任章太炎为顾问,蒋百里及日本军人冈村宁次为高等军事顾问。

10 月 15 日,孙传芳通电就任五省联军总司令职,并向前线部队下达总攻击令。16 日,浙军谢鸿勋部由松江进占上海,卢香亭部占领宜兴。17 日,江苏第四师师长陈调元、第十师师长郑俊彦在南京联名通电,归附孙传芳,杨宇霆仓惶逃离南京。20 日,孙传芳率浙军进入南京。

孙传芳没费多大力气,就从上海打到了六朝金粉之地的繁华古都,胆气更加粗壮了。

就在这个时候,蒋百里前往武汉,就任吴佩孚的参谋长,暂时离开了孙传芳。

11 月 7 日,孙传芳的五省联军攻占徐州,打退了奉系张宗昌的军队。

1926 年 1 月，孙传芳以卢香亭为浙江总司令，陈仪为徐州总司令，宋梅村为上海警备司令。至此，全国形成了吴佩孚、张作霖、孙传芳、冯玉祥和广东革命力量并存的局面。

1926 年初，蒋百里返回上海，致电吴佩孚辞去参谋长职后，由于事业屡遭挫折，加上生活负担较重，家用十分拮据，一度打算带妻女返回老家硖石，作归耕之计，隐居起来。好友蹇念益来到他家，见他精神很郁闷，就对左梅夫人说："一句话我本来不应说，说出来请你莫怪我唐突。这些日子百里的精神很郁结。他实在是中国文武兼资的一个人才，没有机会发挥他的才干，不是百里的不幸，却是国家的损失。我看他终非池中物，嫂夫人要善为将护，莫让他忧郁以戕其身。"左梅夫人对蹇念益的好意表示感谢，她说："这些好话我都晓得。卫生方面我是照顾得到，但精神方面更重要，就不能不靠朋友多多安慰他了。"①

在左梅夫人和朋友们的多方劝解下，蒋百里才放弃了归隐硖石的念头。为了节省开支，他们一家曾搬往极司非尔路（今万航渡路）一所小屋子里住了一段时间。

蒋百里听从唐天如的劝说到武汉向吴佩孚辞行后，到长沙唐生智处盘桓了一些日子。

唐生智是湘督赵恒惕的部下。赵的湘军共有四师之众，第一师贺耀祖，第二师刘铏，第三师叶开鑫，第四师唐生智。唐生智又兼湘南善后督办和水口山矿务督办，控制着湘南最富的水口山锌矿，经费充足，所以他的第四师是湘军中训练和装备最佳、人数最多的一个师。

唐生智所部兵强马壮，渐渐有了取赵恒惕而代之的想法。李宗仁指出，"为求计出万全，唐生智并请蒋百里在吴大帅前代为说项，庶几在渠出兵驱赵时，不致受吴大帅的阻梗……而吴佩孚此时的用心也极为阴险，想在唐生智驱赵之后，加唐氏以犯上罪名而讨伐他，一石二鸟，收复湖南如探囊取物了。所以在唐生智有犯赵行迹时，吴帅即不作左右袒。吴的唯唯诺诺，自增

---

① 陶菊隐：《蒋百里先生传》，第 99 页。

加了唐生智驱赵的勇气。"①

唐生智虽因老师蒋百里的奥援,得到了吴大帅的谅解,但他仍怕力量不足,就打电报给广西的李宗仁,请李在他出兵驱赵时,派一旅之众,在黄沙河遥为应援。李宗仁敏锐地感觉到这是两广军队大举北伐的一个契机。

李宗仁对形势作了如下判断:吴佩孚既不愿见赵恒惕坐大,更不会忍受唐生智驱赵自代。他在等待唐、赵鹬蚌相争,以便坐收渔人之利。唐驱赵成功后,吴必派大军南下,唐定会一败涂地,倒向两广,加入革命阵营,而两广也正可借此机会,以唐生智军为前锋,出师北伐,完成统一中国的大业。

李宗仁首先派出钟祖培部向黄沙河出发,同时命令广西全省总动员,驻扎各处的部队都向桂林集中,准备随时入湘。李宗仁并致电广州的汪精卫、谭延闿、蒋介石等军政要员,力陈援唐北伐,此其时也。

一切准备就绪后,唐生智于 1926 年 3 月初率军从宜章、郴州出发,向长沙挺进。赵恒惕自知势有不敌,加上吴佩孚态度暧昧,只好通电辞职,并推荐唐生智为代理省长,然后离开长沙,避往上海。赵恒惕经过汉口时,吴佩孚曾约他相见,但赵认为唐生智称兵犯上是吴暗中怂恿所致,拒绝与吴晤面,使吴颇为尴尬。

3 月 17 日,唐生智占领长沙,25 日正式就任代理省长职,并以召开军事会议为名诱捕第二师师长刘铏、秘书长萧汝霖、旅长唐希忭,以及第三师的旅长刘重威、蒋锄欧,参谋长张雄兴等人。3 月 30 日,唐生智占领湘北重镇岳州。4 月 2 日,唐生智派欧阳腾和唐渊赴汉口谒见吴佩孚,解释驱赵的因由,并请吴准以岳州为缓冲地带。

在吴佩孚处作客的蒋百里力劝吴不要插手湖南的事务,以免陷入南北两面作战的困境,但吴不以为然,认为唐不堪一击,待平定湖南后即可全力对付北方的冯玉祥国民军。蒋百里见吴佩孚依旧刚愎自用,冥顽不化,即告辞而去,到长沙看望唐生智。4 月 3 日,湖北孙建业第一混成旅会同湘军叶开鑫师攻克岳州,对唐形成极大压力。

---

① 李宗仁口述、唐德刚撰写:《李宗仁回忆录》上卷,华东师范大学出版社 1995 年版,第 214—215 页。

广东国民政府接李宗仁电报后,对湘局的演变也极为关注。4月10日,国民政府派陈铭枢和白崇禧赴长沙与唐生智接洽,受到三湘民众的热烈欢迎。陈铭枢是保定军校第一期的肄业生,白崇禧是第三期的毕业生,蒋百里与他们均有师生之谊。他们在风口浪尖的长沙会面,别有一番滋味在心头。因长沙不宜久留,几天后蒋百里即返回上海。

陈、白与唐生智洽谈联合北伐之事,唐提出三点想法:

1. 如果吴佩孚支持叶开鑫南下,广东国民政府能否及时给予强有力的支援?

2. 广东国民政府第二军军长谭延闿和第六军军长程潜以前都同他打过仗,都是死对头,国民政府能否保证他们将来不采取报复手段?

3. 如果国民革命军北伐,希望谭延闿第二军和程潜第六军从广东出江西,不要入湖南,过长沙。

陈铭枢和白崇禧代表广东国民政府表示,以上三点均不成问题。疑虑消除后,唐生智最终下决心归附国民政府。他数次召开会议,统一了高级军官的认识,大家并一致推举蒋百里和刘文岛为湘军正副代表,赴广州与国民政府接洽。因蒋百里已回上海,即由刘文岛衔命先行赴粤。

4月21日,叶开鑫通电就任讨贼联军湘军总司令,在吴佩孚的指使下由岳阳起兵,率部向长沙进攻。邹鹏振率三个旅由湘西进攻新化和宝庆,谢文炳部进军湘东,桂军沈鸿英、韩彩风等残部则在零陵扰乱唐生智后方,唐生智四面被攻,形势危急。

5月1日,唐军被叶开鑫、贺耀祖等部击败,从长沙至湘潭,继续向衡阳退却,谢文炳部进入长沙。5月2日,叶开鑫部也经长沙向南追击唐军,唐生智急电广西求援。广西方面得电后,即令钟祖培旅兼程前进,向衡阳唐军增援,在衡阳与来追之敌发生激战,阻遏了吴佩孚军的攻势,使唐军在衡阳站稳了脚跟。这是轰轰烈烈的北伐战争的序曲。

与此同时,广东国民政府正式作出了援唐北伐的决定,5月20日,李济深第四军叶挺独立团奉命入湘。21日,国民政府委任唐生智为国民革命军第八军军长、北伐前敌总指挥,兼长湘省民政,刘文岛为第八军政治部主任。6月5日,国民政府特任蒋介石为国民革命军总司令,并公布《国民革命军总司令组织大纲》,规定总司令悉率国民政府所属的全部陆海空各军及政治训练部、参谋部、军需部、海军局、航空局、兵工厂等等。

蒋介石荣任总司令后,即着手组建总司令部。关于总参谋长一席,蒋介石邀请足智多谋的白崇禧担任,白以自己资历浅为由坚决辞谢。最后采取变通办法,以第四军军长李济深任总参谋长,白崇禧任副总参谋长,代行总参谋长之职。

国民革命军中的一部分军官主张推举蒋百里为总参谋长。刘文岛拜见总司令蒋介石时,蒋曾说:"百里先生如果参加革命,则革命的进展必更快。他是老成持重的稳健派,他如果插足革命阵线,必使国人更认识革命的重要性。"①刘文岛将蒋介石之言转告军中各要员,愿意推举名望和资历都很相称的蒋百里先生为总参谋长的人就更多了。

然而,蒋百里自长沙回到上海后,由于经年奔波劳累,加上事业受挫,精神沮丧,引发了较为严重的肺病,并发高烧,不得不延医治疗。5 月 15 日,蒋百里东赴日本,进行诊治和疗养,于 21 日给北京的梁启超写了一封信,报告自己的行踪和身体状况:"在沪在京,迭经医生检验,谓左肺炎有痰征,此时不治,则将来一劳即发,故决意休息二三月,力行戒酒。自十五日东行后,午后业已无热度。"②

梁启超因患尿血症,在北京协和医院做了割除右肾的手术,正在休养中。蒋百里在信中表示了挂念之情,并说如果铁道畅通,归国时他将绕道朝鲜入东北,一则探望梁启超,一则到北戴河避暑。

然而,由于奉军、吴佩孚军和冯玉祥的国民军在北方打得不可开交,蒋百里只得由日本直接返回上海,未能按计划到北方拜会梁启超。

他在上海听到了广东方面欢迎他参加革命军并有意推举他任总参谋长的消息,他没有给予响应,原因有二,一是他虽赞成与两广军队联合对付奉系张作霖,但无直接加入两广军队的想法;二是他刚辞去吴佩孚的参谋长,即转而就任吴的对立面的总参谋长,难免引起外界议论,把他视为朝秦暮

---

① 陶菊隐:《蒋百里先生传》,第 101 页。
② 丁文江、赵丰田编:《梁启超年谱长编》,上海人民出版社 1983 年版,第 1077 页。

楚、反复无常之人，所以他宁愿以顾问名义留在孙传芳幕府中，敦促孙传芳在吴佩孚和国民革命军之间保持中立场，借以实现他自己的打算。

当时在孙传芳门下奔走的蒋百里的同道还有丁文江、陈陶遗、陈仪和刘厚生，他们形成一个小团体，其目的在于联合两广的国民革命军，共同讨伐吴佩孚和张作霖，在东南开创一个新局面。丁文江任上海督办公署总办，陈陶遗任江苏省长，陈仪任浙军第一师师长兼徐州总司令，刘厚生位居客卿。

丁文江，字在君，江苏泰兴县人，曾留学日本和英国，是我国著名的地质学家。1918年，梁启超组团赴欧洲考察，丁文江与蒋百里随行，二人结为至交。1926年5月，五省联军总司令孙传芳制定了建设"大上海"的计划，自任淞沪商埠督办，拟请蒋百里做督办公署总办，负具体责任，但蒋百里历来研习军事，对城市建设素无兴趣，便推荐好友丁文江做了督办公署总办（相当于上海市长）。他们几个人在一定程度上左右了孙传芳的决定，但在最关键的问题上，他们也是无能为力的。

在国民革命军紧锣密鼓地准备大举北伐时，吴佩孚、张作霖和孙传芳均未给予高度重视，更未制定出统一的应对之策。实际上，吴佩孚根本未将两广的北伐放在眼里，他将大军北调，与奉张合力围攻冯玉祥，使两广军队得以从容准备，渐次展开。

早在1926年4月15日，冯玉祥的国民军即在直奉联军的压迫下撤出北京，退守南口。奉军入京，组成直奉联合政府，段祺瑞被迫下台。5月13日，由颜惠庆组阁，同时，奉直联合进攻南口，发生南口大战。6月22日，颜惠庆内阁集体辞职，由海军总长杜锡珪兼任国务总理。28日，吴佩孚和张作霖入京会谈。之后，吴佩孚亲赴前线督师，发誓不拿下南口，绝不罢休。

1926年7月9日，北伐军总司令就职典礼及北伐誓师大会在广州市东校场隆重召开，农工商学各界30万人参加。孙科手捧国父孙中山遗像，国民政府代主席谭延闿授总司令印，中央监察委员吴稚晖授军旗，北伐军总司令蒋介石均恭敬领受。在此之前，部分军队已北调入湘，与吴佩孚军展开激战。

蒋介石和李济深最初制定的北伐计划是对吴佩孚和孙传芳同时发动进攻，以三个军（六个师）攻入江西，四个军（八个师）打湖南。

苏联军事顾问加仑将军认为这是个双拳打人的计划,十分不妥,故在 6
月 23 日的军事委员会会议上提出修改方案。他指出,第一期军事行动的目
标是打下武汉,占领吴佩孚的巢穴,然后与冯玉祥的国民军汇合。对右翼的
孙传芳,应暂取守势。

蒋介石接受了加仑将军的修改方案,调整了军事部署,形成了主攻两
湖、警戒江西的作战战略,决定以第四、七、八军主攻两湖,以第二、三、六军
警戒江西。

方针确定后,蒋介石即通过各种渠道与孙传芳接洽,要孙保持中立。在
这个方面,蒋百里扮演了重要的角色。给蒋介石写过英文传记的董显光在
《我和在君》一文中如是说:

> 当年蒋总司令所统率的国民革命军与吴佩孚军在汀泗桥的大战,
> 实在是决定控制扬子江流域的重要战争。吴佩孚见两军相持不下时,
> 便要求孙传芳派几师生力军参加助战。这时情势紧急,孙的态度足以
> 影响大局。于是蒋总司令便叫蒋百里(方震)透过他和在君的私人友谊
> 关系说动孙传芳,结果(孙)未曾派兵助战,终使国民革命军在汀泗桥一
> 役获得大胜。[1]

梁启超在 9 月 29 日给孩子们的一封信中也写道:

> 时局变化极剧,百里所处地位极困难,又极重要。他最得力的几个
> 学生都在南边,蒋介石三番四复拉拢他,而孙传芳又卑礼厚币的要仗他
> 做握鹅毛扇的人。孙、蒋间所以久不决裂,都是由他斡旋。[2]

由于拥兵 20 万的孙传芳保持中立,北伐军在湖南和湖北战场放胆拼
搏,连连告捷。7 月 11 日,北伐军攻克长沙,士气极为旺盛。8 月 12 日,蒋

---

[1]　胡适:《丁文江传》,海南出版社 1993 年版,第 96 页。
[2]　丁文江、赵丰田编:《梁启超年谱长编》,上海人民出版社 1983 年版,第 1093 页。

介石在长沙召集军事会议,与会者有参谋长白崇禧、政治部主任邓演达、俄国顾问加仑、战地政务委员会主任委员陈公博、第七军军长李宗仁、第八军军长唐生智、第四军副军长陈可钰以及各军参谋长、师长等多人。会议议决以优势兵力攻取武汉,对江西继续保持警戒。

8月18日,孙传芳以"保境安民行自卫"为由增兵江西。

19日,北伐军向汨罗吴军发起攻击,克复平江城,吴军全线动摇,形势极为严峻。

在北方战场获胜的吴佩孚于8月21日接到湖南前线的"十万火急"电后,立命齐燮元代理总司令职,驻长辛店处理善后,命彭寿莘负责保定、大名防务,派王维城等6人分驻保定以北各要地,并命田维勤、王为蔚、魏益三等部南下驰援,吴佩孚本人也火速南返。

8月22日,北伐军占领通城、岳州,25日占领湖北蒲圻。同日,吴佩孚返抵汉口查家墩总司令部,晚间召开军事会议,决定先守汀泗桥、咸宁、白墩之线,并急电孙传芳速出兵赣西。

然而,吴佩孚的到来丝毫未能扭转战局。8月27日,北伐军攻破天险汀泗桥,30日拿下贺胜桥,然后乘胜追击,兵临武昌城下。

吴佩孚在贺胜桥大败而逃,在汉口收拾残部,命刘玉春为武昌城守备总司令,吴俊卿为副司令,率部死守武昌,命其他各部分守汉口和汉阳,他本人坐镇汉口查家墩总司令部,调度由北方南下的援军,摆出了与北伐军决一死战的架势。

武昌位于长江南岸,是湖北的政治中心,有坚固的城墙,高约两丈余,城外有护城河,水深二三米。武昌城周围约30公里,有大小九座城门,长江、沙湖、东湖、洪山、南湖环绕四周,是一座易守难攻的古城,历来为兵家必争之地。

吴佩孚军据险死守武昌,多次击退了北伐军的进攻,迫使北伐军放弃攻城,以减少不必要的牺牲。北伐军在肃清汉阳、汉口之敌后,对武昌采取围而不打的策略,而将主力西调,进军江西。

孙传芳和蒋介石都清楚,和平共处只是暂时的,双方迟早必有一战,所以在两湖战事激烈之时,孙传芳积极调兵遣将,预做战守准备。

孙传芳在东南五省经营数年,实力已经超过吴佩孚,且饷裕财丰,弹械充足,足以与北伐军争锋。在向江西集中以前,孙传芳分布于五省的军力大体如下:

(一)江苏之部

卫队二团	驻南京
陈　仪师 8000 人	驻徐州
孟昭月旅 6000 人	驻南京
郑俊彦师 8000 人	驻清淮
谢鸿勋师 12000 人	驻津浦、沪宁线各站
周凤岐师 6000 人	驻南京
白宝山师 3000 人	驻海州
冯绍闵师 4000 人	驻泗阳、邳县

(二)浙江之部

卢香亭师 20000 人	驻浙江
夏　超部 15000 人	驻浙江

(三)安徽之部

陈调元师 16000 人	驻蚌埠
倪朝荣旅 1500 人	驻蚌埠
冯斌祥旅 1500 人	驻南宿
王　普旅 3000 人	驻芜湖
毕化东旅 2000 人	驻寿州、霍邱
杨光和旅 2000 人	驻邳县
彭德铨旅 2000 人	驻安徽
杨镇东旅 1000 余人	驻安徽
颜景宗旅 3000 人	驻安徽
张中立旅 2000 人	驻安徽
张国威炮团山野炮十门	驻安徽

(四)江西之部

邓如琢师 7000 人	驻南昌、九江

唐福山师 5000 人	驻萍乡
蒋镇臣师 5000 人	驻吉安
刘室题旅 2000 人	驻鄱阳
赖世璜师 4000 人	驻粤、赣边境
杨如轩师 2000 人	驻三南
张凤岐旅 3000 人	驻万载
陈修爵部 1000 余人	驻宁山岗

（五）福建之部

周荫人师 3000 人	驻福州
李生春旅 3000 人	驻福州至延平
刘　俊旅 1000 余人	驻延汀
炮兵团 4000 余人	驻延汀
孔昭同旅 4000 余人	驻漳泉
苏　埏旅 3000 余人	驻延建
蒋启凤旅 2000 余人	驻泉州
卫队旅 3000 人	驻延平
吴大洪旅	驻泉属
张　毅师 6000 人	驻漳州、龙岩
李凤翔师 3000 人	驻汀州、龙岩
张庆昶旅 3000 余人	驻汀州
林　忠陆战队 3000 余人	驻马尾、厦门、东山
王　麒旅 2000 余人	驻云浦
何麓昆部 1000 余人	驻建瓯

8 月 25 日,孙传芳在南京召开军事会议,决定继续大规模增兵江西,同日,蒋介石也发布了对江西作战计划,指示各攻击部队遵照命令向指定地点集结,于 9 月初开始攻击。双方剑拔弩张,大战一触即发。

北伐军分三路东进,以第一、二、三各军为右路,由蒋介石亲自指挥,其中第二军出赣南,由吉安循赣江北进,第三军由萍乡出高安,第一军的第二师由铜鼓经奉新东进,均以南昌为目标。

中路由第一军第一师和第六军担任,由程潜指挥,出修水、武宁,直捣德安,以截断南浔铁路。

左路由第七军担任,由李宗仁指挥,自湖北鄂城、大冶一线入赣,沿长江南岸东进,经阳新、武穴、瑞昌,直趋九江。

孙传芳则将所部分为五个方面军,除周荫人第四方面军在福建外,其余均在江西。

第一方面军由原驻江西部队编成,邓如琢为总司令,所部分驻南昌、樟树、新淦等地。

第二方面军以郑俊彦为总司令,自南浔路南段集中,向湘、赣边境的萍乡一带挺进。

第三方面军以卢香亭为总司令,其主力数万人在德安、涂家铺、武宁一带。

第五方面军以陈调元为总司令,所部分驻武穴、富池口、石灰窑等地。

9月6日,蒋介石命朱培德指挥第二、三军出醴陵,向赣军唐福山、张凤岐、谢文炳等部攻击前进,孙军与北伐军和平共处的局面遂告终结。其后,双方虽仍有信使往还,倡导和平,但战事却日趋激烈。

蒋百里是最不愿意看到孙传芳与北伐军决裂的人。他曾多次劝说孙传芳与北伐军合作讨伐奉张,他并提出具体建议:由孙传芳的五省联军沿津浦线北进,北伐军沿京汉路猛攻,以会师京津、统一中国为最后目标。但孙传芳不愿屈就于广东国民政府的旗帜之下,始终抱定"人不犯我,我不犯人"的宗旨,错过了归附革命军的最佳时机。孙的幕僚和将领中也不乏誓与北伐军决一死战之人,吴佩孚和张作霖也一再给孙打气,使孙误以为士气民心可用,态度渐趋强硬。等大战爆发,北伐军在各条战线上节节胜利,孙传芳才感到事态严重,乃于9月21日由南京亲赴九江督师,蒋百里作为高等军事顾问,只得随孙一同出征。

梁启超在9月29日给孩子们的信中写道:

> 蒋军侵入江西,逼人太甚(俄国人逼他如此),孙为自卫,不得不决裂。我们的熟人如丁在君、张君劢、刘厚生等都在孙幕,参与密勿,他们

都主战,百里亦不能独立异,现在他已经和孙同往前敌去了。老师打学生,岂非笑话(非寻常之师弟)。好在唐生智所当的是吴佩孚方面(京汉路上吴已是问题外的人物),孙军当面接触的是蒋介石。这几天江西的战争关系真重大。若孙败后(百里当然跟着毁了),黄河以南便全是赤俄势力。若孙胜蒋败,以后便看百里手腕如何。①

梁启超当然希望孙传芳获胜,使蒋百里有机会开创一个新局面,但由于北伐军作战神勇,孙军官兵斗志涣散,孙传芳在江西也遭到了与吴佩孚同样的命运,连战连败,加上部将离心离德,多有投靠北伐军而掉转枪口者,大局遂发展到不可收拾的地步。

10 月 7 日,在江西高安指挥军队的蒋介石在日记中第一次提到蒋百里:"接邓择生来函,知唐与孙擅约停战条件,且有蒋百里在赣为缓冲之谋,是置党于不问矣。"②他认为蒋百里促成了唐生智与孙传芳的停战,对唐生智和蒋百里颇有恶感。

作为孙传芳的幕僚,蒋尊簋、蒋百里等人力图居中调停。10 月 28 日,蒋尊簋自南昌抵达蒋介石行营所在地高安,蒋介石记载说:"昨夜与伯器谈判,彼乃一老实人也。孙传芳现欲求和,又欲保持五省总司令虚名,诚匪夷所思,余以其先告我撤兵之期,然后再言其他,表明江西非归革命军不可也。"③

11 月 1 日,蒋介石接到蒋百里致葛敬恩的信,对蒋百里在信中所言十分不满,在日记中指责蒋百里"敷衍油滑,是诚军阀走狗不若矣,其人之肉不足食矣"④。蒋百里代表孙传芳写信,立场自与北伐军相异,更增加了蒋介石对他的不满。

孙传芳见大势已去,就离开九江,返回南京,并决定退出江西和福建,以确保浙江、江苏和安徽。11 月 5 日,北伐军攻占九江,11 月 8 日克复南昌,

---

① 丁文江、赵丰田编:《梁启超年谱长编》,上海人民出版社 1983 年版,第 1093 页。
② 《蒋介石日记》,1926 年 10 月 7 日,美国斯坦福大学胡佛研究所藏。
③ 《蒋介石日记》,1926 年 10 月 29 日。
④ 《蒋介石日记》,1926 年 11 月 1 日。

不久即将江西之敌完全肃清。

孙传芳在江西遭到惨败,但实力犹存,如能在新败之余,毅然加入国民革命军,共同北伐,最后绝不至于落得个全军覆没的下场。然而,孙对自己的实力和奉系军阀抱有幻想,他在南京惊魂甫定,即玩了一个骗人的把戏。他一边施放和平烟幕,继续让蒋百里和蒋尊簋等人与蒋介石接洽,一边却与张作霖和山东军阀张宗昌暗通款曲。更有甚者,他于 11 月 19 日在未通知任何人的情况下,化装乘火车潜赴天津,拜见了张作霖。

蒋百里、蒋尊簋、陈陶遗和丁文江等人都未料到孙传芳有此一手。蒋尊簋在上海按照孙传芳的授意致电蒋介石,提出三条:(1)与北伐军共同反奉;(2)福建周荫人部可让出福州,退往闽北;(3)浙江不驻北兵。南京方面并宣布浙江和淞沪地区将保持中立。

蒋介石获悉上述情况后,于 11 月 27 日直接致电蒋百里:"联军能否拒奉,如与我军合作,有何表示为证,皆不谈及,不知何意。为何只宣布浙省及淞沪中立,而不言三省?且中立果能到底否?兄可与联军说话,不可再为奉军代谋也。"蒋百里一直以奉张为讨伐目标,蒋介石疑他"为奉军代谋",显然是没有根据的。同日,蒋介石还致电蒋尊簋云:"对皖牵制,使免附奉,事属可行。惟联军攻奉,有何具体计划,所拟与我方合作,有无诚意,如何着手进行,统乞详示……"①

孙传芳既无意归附国民革命军,当然不会制定与蒋介石合作讨奉的任何具体计划。相反,他秘密到天津,与张作霖尽释前嫌,化敌为友,他甚至卑躬屈膝地向张作霖行了跪拜大礼,认张为义父,并与张学良换了兰谱,结为盟兄弟。

孙传芳、张作霖和张宗昌商定共同对付北伐军的计划:(1)张宗昌率直鲁军队 15 万进兵江西;(2)孙传芳负责守卫江苏和浙江,并抵御福建北伐军;(3)张学良率部维护京畿地区治安;(4)渤海舰队与东北舰队一并参战;(5)张作霖就任北方军队统帅。

经过一番筹划,张作霖于 1926 年 12 月 1 日在天津就任安国军总司令

---

① 毛思诚:《民国十五年以前之蒋介石先生》第八编六,1937 年印行,第 105 页。

职,随即委任孙传芳和张宗昌为副司令,杨宇霆为总参议。12 月 4 日,孙传芳回到南京,正式就任安国军副司令职,仍兼任五省联军总司令。

孙传芳走上了吴佩孚的老路,由坚决反奉转而联奉,甚至降奉,使蒋百里大失所望,他感叹一声"竖子不足与谋",遂拂袖而去,回到上海家中。

蒋百里去后,江苏省长陈陶遗派人到上海请来刘厚生和丁文江,共同劝说孙传芳,结果碰了钉子。丁文江回上海后因车祸受伤,遂向孙传芳辞去总办之职,避往大连。

孙传芳不识时务,认贼作父,最终一败涂地。1928 年 6 月初张作霖被日本人炸死后,孙的残军败将在冀东滦州一带被阎锡山派人加以收编,孙成了孤家寡人,只得逃到沈阳,寄食于把兄弟张学良的门下。1929 年 1 月 9 日,张学良杀死杨宇霆和常荫槐。次晨,孙传芳怕祸及自身,匆匆避居大连。

1931 年"九一八"事变后,孙传芳举家迁至天津英租界居住。此时的孙传芳已万念俱无,遂皈依佛门,成为一个吃斋饭的清修居士。1935 年 11 月 13 日下午,孙传芳正在天津紫竹林清修院跪着念经时,被替父亲施从滨报仇的侠女施剑翘用手枪击毙。

施从滨是山东军阀张宗昌手下的一员猛将,1925 年 11 月初孙传芳与张宗昌在安徽固镇一带恶战时,施从滨任张宗昌的前敌总指挥兼第 47 混成旅旅长。施兵败被俘,遭孙传芳下令枪决。施的女儿施剑翘十年磨一剑,终报杀父之仇,堪称女中豪杰。当年呼风唤雨的"东南王"孙传芳最终死于一弱女子之手,恰好应了佛家所谓"善有善报,恶有恶报,不是不报,时候未到"的至理名言。世事难料,人生无常,怎不令识者感喟!

在军阀混战和北伐战争的狂风激流中,蒋百里好似一叶扁舟,在风尖浪顶上努力地把握着自己的航向,力图对混乱不堪的时局有所主张,对各派军事力量的和战有所影响。然而,一个人的力量毕竟是有限的,何况他是一个手无一兵一卒的在野之人。他四处奔波,多方联络,最后仍是一无所获,造化弄人,时不我与,徒唤奈何而已!

然而正是由于这段经历,使他对吴佩孚和孙传芳有了较多的了解和认识,使他对这两个人作出了独特的评价。1936 年仲春,他与故人之子黄萍荪在杭州西湖畅谈终日,提到了吴佩孚和孙传芳,他说:

　　吴子玉虽是举人(实为秀才——引者),但读书不化,刚愎天成。他之一意想描摹"关""岳",就是读书不化而强求其解的缘故。但亦正因有此,所以在旧式军人中能够以坚贞著称,其实是勉强的。不过这种勉强的功夫,常人殊难学到,仍觉可贵。其败,在自信过甚,总以为人谋皆出己下,所以一蹶之后,不易再振。孙馨远天资有余,惜少读书。然而礼贤下士,自谓兄弟一介武夫,但习军旅,不谙政治,还请诸位帮忙。这种小心眼儿的地方,较吴子玉的常拿关壮缪,岳武穆的面孔对人,高明得多。其败,在自作聪敏,好弄玄虚。且待人不诚,阴险可虑,所以不得善终。但这两个人在位的时候,毕竟都想做一番事业,纵使大权在握,尚不敢胡为非分。这是一部民国军阀史中,对吴孙二人最适当的评语,不能以我曾参其幕而歧视之。①

　　天底下的人和事,从来都是仁者见仁,智者见智,且录蒋百里先生的这段一家之言,作为本章的结束吧。

---

　　① 黄萍荪:《与蒋百里先生一席谈》,蒋复璁、薛光前主编:《蒋百里全集》第 6 辑,第 315－316页。

第七章　阶下之囚　谁堪与共

唐生智第一次反蒋

蒋百里走出家门进入社会以后，有三个人对他的影响较大，一是老师梁启超，二是挚友蔡锷，三是学生唐生智。

梁启超对蒋百里的影响主要在文化学术方面。蒋百里的老本行是军事，对军事理论、军事教育和国防建设兴趣极浓，而对政治鲜有兴趣。所以，在梁启超醉心于政治活动时，蒋百里几乎帮不上梁启超什么忙。梁在北京政府任职时，曾多次推荐蒋百里担任行政官职，蒋均辞谢不就，而荐他人以代之。等梁启超正式退出政坛，专心从事文化活动，文人军事家蒋百里就与他找到了共同点。他们共同办杂志、兴学校、设讲座、组建图书馆、组织共学社和讲学社等等，一度在文化学术界极为活跃。可以说，蒋百里在文化方面的每一项活动，几乎都与梁启超有关。

蔡锷和蒋百里年龄相仿，追求相同，意气相投，乃是莫逆之交。他们孜孜以求者，是以平生所学，报效国家。他们希望国家统一而稳定，能使他们大展宏图，建设强大的国防，以抵御迫在眉睫的外敌入侵。

蒋百里桃李满天下，唐生智无疑是其中的佼佼者。唐生智参与北伐，实力大增以后,蒋百里计划借唐之力对国是有所主张。唐生智两次反对蒋介石的军事行动,蒋百里都曾参与。不幸的是,唐生智第二次反蒋失败后,蒋百里被逮捕拘押,坐监狱达两年之久。蒋百里虽受学生牵累而入狱,但对学生从无一句抱怨之辞。

唐生智,字孟潇,湖南省东安县人,生于 1889 年,只比老师蒋百里小 7 岁。

唐生智的祖父名叫唐本有,是曾国藩湘军中的一员猛将,因战功累升至广西提督。父亲唐承绪,号耀先,在清代当过湖南盐务官,民国年间曾担任资兴、零陵和湘乡的县官。

据说唐生智出生前一晚,唐承绪梦见了攻打长沙时战死的太平天国西王萧朝贵,母亲则梦见一个和尚进了屋。唐承绪为儿子取名生智,以“梦萧”的谐音取字孟潇。唐承绪一直因这个梦而感到惴惴不安,因为萧朝贵造反,是为不忠,和尚出家不侍奉父母,是为不孝,如此不忠不孝之子,不知将来会给唐家带来怎样的灾难? 好在唐生智长大后,非但没给家庭招致灾祸,反而光耀了唐家的门庭。

唐生智从陆军小学和陆军中学毕业后,成为保定陆军学校第一期的学员,分在步兵科二连。

他有勇有谋,在同学中有一定的号召力。辛亥革命爆发后,他与几个同学南下参加战斗,先后在上海和湖南任职,后经谭人凤介绍,北赴烟台,担任烟台都督李烈钧的参谋,并曾调到部队任连长。复归保定军校后,时任校长的蒋百里找他谈话,问:“你这一年多来,在革命队伍中有什么感想?”唐生智回答:“我觉得复兴民族,打倒列强,一定要革命。革命一定要有纪律严明的军队;没有武力,空谈革命就是放空大炮。”蒋百里对此表示赞同,频频点头称是。这与他平时讲求实际,不尚空谈的作风不谋而合,所以引起了他内心的共鸣,他勉励唐生智好好读书,遵守校规,立志做人,并赠送“好学、力行、知耻”六个字勉励学生①。从此以后,他们保持了二十余年的师生情谊。

---

① 唐生智:《从辛亥革命到北伐战争——唐生智回忆录片段》,中国人民政治协商会议全国委员会文史资料研究委员会《文史资料选辑》编辑部编:《文史资料选辑》第 103 辑,文史资料出版社 1985 年版,第 162 页。

保定军校毕业后,唐生智回到湖南,在湘军中任职,历任排、连、营、团、旅、师长,他手下的重要干部几乎都是保定军校生,如刘文岛(一期步兵科)、龚浩(一期骑兵科)、刘兴(二期步兵科)、周斓(二期步兵科)、李品仙(一期步兵科)、廖磊(二期步兵科)等。在唐生智的率领下,保定系军人在湖南渐成气候,并最终开辟了一个新局面。在这期间,他们与蒋百里老师的联系一直未曾中辍。

唐生智是个雄心勃勃的人,他治军极严,特别重视军事训练,要求部属在军事上一定达到高水准。另外,他还在军中宣扬佛法,作为精神教育,并令全体官兵一律皈依佛教。后来他被称为"僧师",与北方的"基督将军"冯玉祥相映成辉,成为一大趣谈。

他的幕府中有一位介于师友之间的佛教居士,姓顾,名伯叙,法号净缘,江苏人,据说是明末清初著名学者顾炎武的后人。唐军官兵均称他为顾老师,外边的人则叫他顾和尚。他以大乘佛教大慈大悲救苦救难的真谛向官兵说法,意在让每个将士立下救人济世、舍身成仁的宏愿。有人问他,佛家戒律中的第一戒就是戒杀,而军队打仗就是大杀特杀,不是违犯戒杀的律条吗?他说,大乘佛法中戒杀的解释不是不许杀,只是不许乱杀,凡是违背天理不合人道的都应格杀毋论,"以杀止杀"正是佛祖大慈大悲救世的法门。

唐生智对顾和尚"以师礼相待,言听计从;他自己率领高级干部,定期在特别设置的佛堂,听顾和尚说法之外,还披上袈裟跟着顾和尚从事修炼,并参加各项法会"[1]。可以说,顾和尚是唐军中的一个精神领袖。

1926 年 3 月,唐生智驱逐赵恒惕,6 月就任国民革命军第八军军长兼北伐军前敌总指挥,成为独当一面的风云人物,实力猛增,名声大噪。他当时所辖部队有:

第二师,师长何键,辖陶广、刘建绪、危宿钟、张辅四团。

第三师,师长李品仙,辖张国威、熊震、李云杰、吴尚四团。

第四师,师长刘兴,辖廖磊、唐哲明、李继寅、蒋春湖四团。

教导师,师长周斓,辖罗霖、鲁杨开、刘克豪三团。

---

① 李品仙:《李品仙回忆录》,台北,中外图书出版公司 1975 年版,第 60 页。

第五师，师长叶琪。

鄂军第一师，师长夏斗寅。

另有周荣光的教导团、王锡焘的炮兵团。

1926年7月11日，李品仙师首先攻入长沙，北伐军声威大振。8月11日夜，第七军军长李宗仁陪同北伐军总司令蒋介石到长沙，翌日召开军事会议，确定了下一步的行动计划。

8月14日，蒋介石在长沙东门外大校场举行阅兵典礼，检阅第七、八两军在长沙的部队。蒋介石骑一匹高大的枣红色战马，李宗仁、唐生智等乘马扈从，两万余名官兵排成横列，场面蔚为壮观。按序列，先检阅第七军，检阅毕，第八军排头的军乐队立时奏乐，继而10余名号兵举号吹奏，声音尖锐刺耳，蒋介石的坐骑突受刺激，大叫一声，向校场中心狂奔，蒋介石毫无防备，被摔下马来，军服上沾满了污泥，帽脱靴落，极为狼狈。李宗仁、唐生智等急忙翻身下马，陪蒋介石步行检阅了第八军。

蒋介石当然视此为不祥之兆，而顾和尚则乘机向唐生智进言：蒋氏此次北伐凶多吉少，尤其是过不了第八军这一关；如果蒋氏失败，继蒋而起者必为唐生智。据认为，唐生智后来两次反蒋，与顾和尚之言有一定的关系。

第八军挥师北进途中，缴获了吴佩孚军的大批武器，后直趋武汉，除缴获大批枪械弹药外，更于汉阳取得规模极大的汉阳兵工厂管理权，所获尤其丰厚。唐生智乘此良机，大量招兵买马，扩充实力。蒋介石在江西击败孙传芳军，占领南昌以后，唐生智即致电要求将他的第八军扩编为四个军，原来的师长李品仙、叶琪、何键和刘兴升任军长。蒋介石因自己的嫡系部队也在扩编，只好答应了唐的要求。

随着北伐战争的顺利进行，国民政府和国民革命军内部潜藏的各种矛盾日益凸现出来，其中国民党与共产党的矛盾、国民党内左派与右派之间的矛盾、蒋介石与各军将领之间的矛盾尤其尖锐，酿成了"迁都"之争、"四一二"政变、宁汉分裂以及反蒋运动等一系列重大事件，使轰轰烈烈的北伐战争遭受了严重挫折。在这风云变幻的历史激流中，唐生智一直站在国民党左派和武汉政府方面，成为反对蒋介石独裁的一支生力军。

1927年4月1日，汪精卫自海外归来，在上海拒绝与蒋介石合作，旋赴汉口,成为武汉方面的党政领袖。4月12日,蒋介石、李宗仁、白崇禧等在上海发动政变,开始清党,并于4月18日成立南京国民政府,以胡汉民为国民政府主席,蒋介石为军队总司令,与武汉政府形成对峙局面。

4月15日,武汉国民党中央执行委员会常委会召开第七次扩大会议,作出决议:蒋中正戮杀民众,背叛党国,罪恶昭彰,着即开除党籍,并免去本兼各职。

当时,武汉方面有不少人主张东征,乘蒋介石立足未稳之时拿下南京,攻占上海,消灭蒋的势力,然后再行北伐。但更多的人则主张首先北伐,与冯玉祥的军队夹击河南的奉军,会师郑州,待时机成熟,再考虑解决蒋介石的问题。最后,北伐的意见占了上风。

4月19日,国民政府和革命军在武昌南湖举行第二次北伐誓师大会,由唐生智任第一集团军第四方面军总指挥,统率三个纵队,以张发奎为第一纵队司令,任右翼,刘兴为第二纵队司令,任京汉路正面,以新收编的靳云鹗、梁鸿恺、庞炳勋等部为第三纵队,任左翼。

北方的冯玉祥于5月1日在西安宣誓就任武汉政府任命的国民革命军第二集团军总司令之职,率部分五路进攻奉军。

张学良所率奉军在唐、冯两路大军的夹击之下,节节败退,撤往黄河北岸。6月1日,唐军与冯军会师于郑州,史称“中原会师”。南京方面的北伐军也沿津浦路北上,一路攻城拔寨,于6月2日占领军事要地徐州,山西阎锡山也正式归附国民革命军,形势对北伐军极为有利。此时宁汉双方如能合兵一处,不难一举攻下北京和天津,则统一中国,指日可待。

唯此时武汉方面因国共矛盾激化,发生了重大变故,使北伐大计未克实行。5月21日,长沙驻军旅长许克祥发动“马日事变”,捕杀共产党员,公开打出反共旗帜。6月6日,朱培德在江西以“礼送共产党出境”的形式,开始“分共”。共产国际鉴于武汉方面的国民党已不可靠,训令中共自组“工农革命军”,改组国民党中央执行委员会,没收地主土地,组织军事法庭审判“反革命军官”等。这本是一份机密文件,不料共产国际驻武汉代表罗易竟于6月5日将该文件拿给汪精卫看,使本来在联共问题上已经动摇的汪精卫等国民党左派人物急剧右转,直接促成了7月15日武汉方面的全面“分共”。

事后,汪精卫曾向南京方面呼吁和平,希望国民党各派在共同反共的基础上合流,但以蒋介石为首的南京政府拒不与汪合作,汪乃转而依靠唐生智、张发奎和朱培德等推行东征讨蒋的政策,其中以唐生智主张讨蒋最力。汪精卫任唐为第四集团军总司令,全权指挥东征。

7月下旬,张发奎的第四军、蔡廷锴的第十一军、朱培德的第三军已在南昌附近待命,唐生智并令何键第三十五军进占安庆,刘兴第三十六军进占芜湖。南京方面也作了相应部署,双方剑拔弩张,大战一触即发。

8月1日,周恩来、朱德、贺龙等共产党人在南昌发动起义,朱培德第二军在南昌的部队遭受大创。起义部队向赣南退却后,张发奎部尾追去粤,蔡廷锴部也乘机脱离武汉政府,开向浙赣边境。

这样一来,东征付蒋的部队几乎损失了一半,唐生智军就成为东征的唯一力量了。

蒋百里自离开孙传芳回上海后,一直在密切关注着国内政局。他对学生唐生智的前途尤为关心。唐生智6月份从河南班师回武汉后,蒋百里即从上海乘轮船西上,师生二人在汉口朝夕过从,商讨军政大事。

在此之前,蒋百里曾与蒋介石在南京见过面。

1927年4月18日蒋介石在南京成立国民政府后,又宣布军事委员会由广州迁到南京,重新成立国民革命军总司令部政治部,由吴稚晖任主任,陈铭枢和刘文岛任副主任。

大局稍定,蒋介石即命刘文岛专程赴沪,迎接蒋百里到南京。保定军校和黄埔军校的两位校长在南京会面,多次畅谈,本是政治和军事史上的一件大事,但因蒋百里当时乃一介布衣,无权无势,又与国民党素无渊源,所以他们这次晤面没有引起各界关注。

4月22日,蒋介石记载:"上午复任潮电后,会客。蒋百里先生来谈,此人对于时局颇有见解,与之畅谈半日。"① 5月25日记载:"晚与百里先生谈时局与计划,至廿四后止。"② 8月6日记载:"晚与百里谈话后,廿四时

---

① 《蒋介石日记》,1927年4月22日。
② 《蒋介石日记》,1927年5月25日。

睡。"①他们主要谈的是外交问题,绝少涉及军事问题。蒋百里认为,国民党统一中国只是迟早的事,关键在于外交方面。就列强而言,首先应注意日本。在扫除军阀阶段,对日本宜采取缓兵之计,避免正面冲突,以防日本直接出兵干预,影响北伐大计。待全国统一,国防建设大有进展后,再与日本算账不迟。蒋介石深以为然,即请蒋百里浮海东渡,与日本朝野人士接洽,进行疏通工作。后因蒋百里为在野之身,不能代表国民政府,又改派戴季陶、黄郛等进行这项工作。

蒋介石将苏联军事顾问驱逐出境后,决定聘请德国军事顾问来华工作,他想请熟悉德国情况的蒋百里赴德一行,负责选聘顾问。但因此时蒋百里身体不适,不宜远行,便改派军政部次长陈仪率代表团前往德国。

在此阶段,蒋百里实无意加入蒋介石一方。实际上,他更希望学生唐生智异军突起,干出一番惊天动地的大事业来,甚至取蒋介石而代之。他到汉口,为的就是要助唐生智一臂之力。

然而,蒋介石绝非等闲之辈,他见汪精卫、唐生智等来势汹汹,不打倒他绝不罢休,乃采取以退为进的策略,于8月12日发布通电,宣告下野,当天即带领卫士200人前往上海。8月17日,由李宗仁、何应钦、白崇禧主持的国民政府军事委员会发表通电谓:在蒋总司令未回任前,所有军政、军令统由本会负责处理,各队伍仍隶本会统一指挥。这样,南京方面的实权就落到了李、何、白三人手中。

李宗仁等随即向武汉方面伸出橄榄枝,要求宁汉和解。蒋氏既去,武汉方面的东征突然失去目标,反蒋阵营遂发生分化,汪精卫、谭延闿、孙科、宋子文等人转变态度,于8月22日与李宗仁在庐山会面,商讨合作大计,只有唐生智仍坚持东征。据谭延闿告诉李宗仁,唐的计划是攻占南京,拥立汪精卫为国民政府主席,谭延闿为行政院长,以何键、程潜、鲁涤平分任安徽、江苏、浙江三省主席,唐自己则担任北伐军总司令,指挥大军完成北伐大业。谭延闿感叹道:"唐生智那小子野心大得很呀!"②

---

① 《蒋介石日记》,1927年8月6日。

② 李宗仁口述,唐德刚撰写:《李宗仁回忆录》上卷,华东师范大学出版社1995年版,第368页。

孙传芳利用唐生智东进和蒋介石去职的有利时机,全线反攻,于 8 月 25 日拂晓,乘长江晨雾弥漫之机,在南京以东的大河口、划子口渡江,占领乌龙山炮台、青龙山、黄龙山以及南京城郊尧化门外的龙潭车站。李宗仁、何应钦和白崇禧指挥所部,与孙传芳军展开惊心动魄的"龙潭之役",经过六天激战,卒于 8 月 31 日彻底击败孙传芳军。孙军死伤 2 万余人,被俘 4 万余人,孙传芳乘小汽艇逃回江北,从此一蹶不振。

时唐军前锋已抵芜湖,离南京不远,但唐生智并未乘人之危,挥军夹击李宗仁和何应钦,因为与孙传芳联手攻打昔日的战友,于情于理均站不住脚。尽管如此,李宗仁和白崇禧等人坚持认为,唐生智曾利用老师蒋百里居中联络,与孙传芳约定会攻南京。李宗仁断言:"按唐氏计划,俟我军为彼等所败时,渠即可收编我军残部,然后再一举而灭孙传芳,北上统一中国。"[①]这样一来,唐生智就背上了与孙传芳勾结的罪名,蒋百里的名声亦受到牵累。

实际上,这种说法是没有根据的。唐的高级将领李品仙就明确指出:"后来白崇禧屡次问我,唐、孙勾结有无其事?是不是蒋百里先生从中促成?我说,就我所知,蒋百里先生当时确在汉口朝夕见面,惟唐、孙连合进攻南京的事,我个人既未闻唐说过,也未闻蒋谈起,以我当时在第四集团军的职位以及与唐的关系,如果确有此种计划自当与闻,因此我想绝无其事。"[②]如果唐真与孙传芳有约,那么孙军与李宗仁等大战于龙潭时,唐生智急行军从背后发动进攻,则李宗仁等必败无疑。

9 月 10 日,汪精卫、谭延闿、孙科、李宗仁等 20 余位国民党要人在上海开会,决定成立国民党"特别委员会",作为党的执行机关。不料,原来与蒋介石和汪精卫不合的"西山会议派"人物张继、邹鲁、谢持等纷纷进入特委会,且位居要津。这使汪精卫大为不满,由特委会的发起人之一转而反对特委会。他愤而离开上海,于 9 月 21 日抵达武汉,与唐生智组织武汉政治分会,与特委会唱对台戏,并打出了"护党"的旗号。

---

① 李宗仁口述、唐德刚撰写:《李宗仁回忆录》上卷,第 367 页。
② 李品仙:《李品仙回忆录》,台北,中外图书出版社 1975 年版,第 98 页。

南京政府要求唐生智退出安徽,遭到拒绝后,即于 10 月 19 日正式决定讨伐唐生智,以李宗仁为西征军总指挥,兵分三路,进攻唐生智军。

由于唐部孤军深入,战线过长,终被西征军各个击破,败退至武汉附近,且冯玉祥也派所部方振武、樊钟秀、吴新田从河南向鄂北挺进,唐生智陷入四面楚歌的困境,乃学蒋介石以退为进,于 11 月 11 日通电下野,带着龚浩和晏勋甫秘密乘日本军舰东渡日本。他把部队交由刘兴和李品仙等人指挥,让他们主动撤到湖南境内,以保存实力,作为将来东山再起的资本。然而,西征军得势不饶人,在白崇禧的指挥下穷追猛打,将李品仙的第八军、刘兴的第三十六军、周斓的第十七军、叶琪的第十八军压迫至湘西,全部予以收编。刘兴和周斓因是唐生智的心腹,被迫交出军权,离开部队。收编以后,由李品仙任第八军军长、叶琪任第十二军军长、廖磊任第三十六军军长,部队调至湖北整训,后随白崇禧参加北伐。与唐生智心存芥蒂的何键早与西征军暗通款曲,得以续任第三十五军军长。

唐生智的 10 余万人马就这样被分化瓦解了,没有了军队,他还能东山再起吗?

唐生智第二次反蒋

第一次反蒋的彻底失败,使唐生智和蒋百里等人独立开辟新局面的希望化为泡影。唐生智东渡日本后,蒋百里也辗转赴日相会,为学生今后的出路筹商大计。

蒋百里与唐、龚二弟子朝夕过从,谈古论今,既总结第一次反蒋失败的教训,又密切关注国内局势的发展,寻找唐氏东山再起的契机。他还利用这个难得的机会,给学生们当导游,游览了日本的许多名胜古迹。遗憾的是唐在日本不能公开活动,与在日本风光一时的蒋介石完全不同。

因桂系在国内的权势如日中天,唐生智暂无回国的可能,蒋百里便与龚浩先期乘船归国,在南京和上海等地进行活动。不久,蒋百里又派龚浩到香港进行联络,师生几人各处一方,都在为一个共同的目标努力。

在唐生智避往日本期间,国内的局势又发生了重大变化。

李宗仁、白崇禧虽然驱走了唐生智,但解决不了国民党各派系之间固有的矛盾,不得不以国民政府的名义,于1928年1月2日致电蒋介石,请他复总司令之职。1月7日,蒋介石正式复职。

2月2日,中国国民党二届四中全会在南京中央党部大礼堂举行。会议选出军事委员会委员73人,蒋介石任主席兼国民革命军总司令,谭延闿任国民政府主席,与常委蔡元培、李烈钧、张静江、丁惟汾共同主持政府。

蒋介石在中央政治会议上提议于广州、武汉、开封、太原设立四个政治分会,由李济深、李宗仁、冯玉祥、阎锡山分任主席,蒋则担任中央政治委员会主席。

2月13日,蒋介石重新编组国民革命军为四个集团军,以何应钦为总参谋长。

第一集团军总司令为蒋自兼,辖十八个军,29万人。

第二集团军总司令为冯玉祥,辖二十五个军,31万人。

第三集团军总司令为阎锡山,辖十一个军,15万人。

第四集团军总司令为李宗仁,辖十六个军,九个独立师,约20万人。

4月7日,国民政府发表北伐宣言,并向各军下达总动员令。第一集团军沿津浦路北上,第二集团军沿京汉路北上,第三集团军沿正太路挺进,第四集团军则由白崇禧率李品仙第十二路军,沿京汉路北上,参加北伐。第十二路军计有叶琪第十二军、魏益三第十三军、廖磊第三十六军和刘春荣第八独立师。

四路大军齐出,气势如虹,势如破竹,打得张宗昌、张作霖等军阀只有招架之功,绝无还手之力。北伐军于克复山东和河北大部分地区后,锋镝直指北京和天津。张作霖眼见大势已去,于6月1日离开北京回沈阳,4日凌晨被日本人在京奉、南满两铁路交轨处的皇姑屯炸死。张学良子承父业,就任东三省保安司令。

1928年6月8日,第三集团军商震部首先入京,11日,阎锡山和白崇禧联袂入京,阎就任京津卫戍总司令。7月1日,张学良电告蒋介石、冯玉祥和阎锡山,表示绝无妨害统一之意,并派代表入关,商谈和平统一的具体条件。9月中旬,白崇禧指挥的军队与张学良的奉军夹攻盘踞在昌黎一带的张宗昌直鲁联军残部,将其击溃缴械,张宗昌、褚玉璞逃亡,北伐战事至此宣告结束。

军事进攻的极端顺利使蒋介石的声誉和权力更上一层楼,但与此同时,由于军队编遣和权力分配等问题错综复杂,使国民党各军事集团和各派系之间的矛盾更形凸现,日益尖锐。

一向反蒋的汪精卫因受到桂系的排挤,向国民党中央提议恢复蒋介石"总司令"职务。12 月 16 日,桂系主持的南京国民政府借广州张发奎举兵赶走桂系黄绍竑为由,下令查办汪精卫、顾孟余、陈公博等人。汪不自安,与陈璧君等人秘密离境避往法国。汪的信条是"合则留,不合则去"。

汪精卫离去后,汪系第二号人物陈公博挑起了斗争的重担。陈自称是"一个勇敢的斗士",其信条是"合则留,不合则打,打不过才去"。他是一介书生,擅长用笔"打",在文章中旗帜鲜明地提出了"改组"国民党的口号,国民党中由此产生了一个"改组派"。改组派奉汪精卫为魁首,旗下很快聚集了一批不满蒋介石专权的人物。他们出版报刊,制造舆论,使蒋介石十分头痛。

更令蒋介石头痛的是冯、阎、李三大军事集团的离心倾向。北伐完成后,冯的第二集团军占有鲁、豫、陕、甘,阎的第三集团军占有晋、冀、察、绥及北平、天津两个特别市,李、白的第四集团军占有桂、湘、鄂及汉口市,与蒋的第一集团军形成平分天下之势,这是蒋所不能容忍的,乃采取步骤,进行"削藩"。

首先是以节省国库支出为由裁减军队,但因各派都打自己的算盘,此事被拖了下来。在 1928 年 8 月 8 日召开的国民党五中全会上,蒋提出取消各地政治分会,又因元老的反对和冯、阎的消极抵制而作罢。恰有原政学系的政客杨永泰向蒋介石献"削藩策",得到蒋的采纳,其策略手段是:以经济方法瓦解冯玉祥第二集团军,以政治方法解决阎锡山第三集团军,以军事方法解决李宗仁第四集团军,以外交方法对付张学良。

蒋介石原打算联合李宗仁共同对付冯玉祥,这时乃一改初衷,将"近交远攻"的策略变为"远交近攻",对冯暂时采取怀柔敷衍政策,把枪口首先对准了李、白的第四集团军。

国内局势的这种演变为唐生智的复出创造了条件。

在采取军事行动前,蒋介石着手对桂系的军队分化瓦解。他想到了唐生智,因为白崇禧手下的主力部队大都是唐的旧部。在这种情况下,唐生智结束了海外流亡生涯,返回上海,待机而动。

1928年9月,蒋介石密令刘兴北上策动唐部反水。年底,白崇禧指挥的部队大部分已从华北地区调回武汉,只剩下李品仙的第八军改编的第五十一师和廖磊的第三十六军改编的第五十三师。刘兴到天津后,与五十三师参谋长周武彝取得联系,周表示两师官兵一致拥护唐总司令重返部队。周还请邵力子将此情转告蒋介石。蒋心中有了底,遂加紧了消灭桂系的各项部署。

1928年12月27日,蒋介石在中常会上提出于1929年3月15日国民党第三次全国代表大会召开之前撤销政治分会。他还给与武汉政治分会不睦的湖南省主席鲁涤平运去大批枪械,命鲁涤平对桂军进行监视。桂系颇不自安,乃抢先于2月19日撤销鲁涤平湖南省主席之职,并派夏威、叶琪率军入湘,酿成"湘案"。蒋以此为借口,授意三全大会于3月25日通过讨伐桂系的决议案,26日由国民政府正式下达讨伐令,蒋、桂战争于焉爆发。

此前,蒋介石已拨巨款给唐生智,叫他北上接收部队。蒋介石深知唐生智也是一头猛虎,所谓放虎容易伏虎难,他虽在迫不得已的情况下让唐复出,但对唐却是一百个不放心。他特意请来蒋百里,要他做担保,并叫他与北平行营主任何成濬接头。蒋百里和唐生智等待一年之久的东山再起的机会终于来临了。为了消除蒋介石的疑虑,避免节外生枝,蒋百里提出了让唐生智与何成濬互相牵制的连环策:任唐为第五路军总指挥,辖李品仙第八军和何成濬第九军,而第五路军又归北平行营调遣,形成你中有我、我中有你的特殊局面。

1929年3月中旬,唐生智北上天津。3月19日,白崇禧在廖磊的护送下匆忙离京赴津,旋即乘日本轮船南下。20日,唐部将领由李品仙领衔发表了声讨白崇禧和拥护唐生智复职的通电。4月5日,唐生智就任第五路军总指挥,4月11日进北京,设总部于顺承王府旧址。

唐生智此番复出领军,蒋百里多方奔走,出力颇大,唐生智为报师恩,派人将蒋百里当年在东城锡拉胡同住过的房屋修葺布置一新,然后电请老师北上欢聚。此前,蒋百里的朋友徐新六主持浙江兴业银行,劝他久居上海,他便将北京北新桥的宅院售出,得款 7500 元,又向兴业银行借贷一笔款子,在上海国富门路(今安亭路)购置了一处住宅。

1929 年 5 月 5 日,蒋百里携夫人左梅抵北京,住在当年结婚的洞房里,心中几多欣慰,几多感慨。这是他的保定系弟子再度辉煌的时刻,也是他一生中比较得意的时期之一。5 月 21 日,蒋百里在南京与蒋介石、于右任谈话[①],从时局变化来看,谈的当是北方的军事问题。

唐生智在北方得手后,蒋介石即对两湖的桂系军队展开进攻。3 月 29 日,蒋亲往九江督战。因李宗仁、白崇禧均不在武汉,桂系军队呈群龙无首状态,加上李明瑞等将领被蒋介石收买倒戈,蒋军在战场上连连获胜。至 6 月底,桂系完全失败,李宗仁、白崇禧流亡海外,在北伐战争中功勋卓著的第四集团军终告瓦解。

解决桂系的同时,蒋介石又将矛头指向冯玉祥的第二集团军。他拼命拉拢阎锡山和唐生智共同对付冯玉祥。5 月 22 日,国民党中央政治会议特任唐生智为军事参议院院长,同日,冯玉祥部将韩复榘和石友三通电拥蒋。5 月 23 日,蒋介石主持召开中央党部常务会议,作出开除冯玉祥党籍、革除本兼各职的决定。唐生智亦于这天到南京,蒋介石亲自为唐接风洗尘,晚上还与唐讨论"作战计划"[②]。5 月 25 日,又"与百里、孟潇等谈话"[③]。

冯以退为进,于 27 日通电下野。

6 月 9 日,唐生智、何成濬、蒋百里率随员多人行抵太原,"与阎锡山洽商一切"[④]。10 日,唐生智的第五路军由李品仙率领南下,开到兰考、登封一带。

唐生智一行此次赴晋,名为联阎反冯,但就唐本人而言,实抱有与阎商讨共同反蒋的目的。唐离晋后,派总参议李书城常驻太原,与阎保持着密切

---

① 《蒋介石日记》,1929 年 5 月 21 日。
② 《蒋介石日记》,1929 年 5 月 23 日。
③ 《蒋介石日记》,1929 年 5 月 25 日。
④ 《时事日志》,《东方杂志》第 26 卷第 15 期,1929 年 8 月 10 日,第 122 页。

联系。唐复出后,时刻不忘反蒋,只因时机不成熟,蒋百里一再劝他忍耐和等待,他才没有轻举妄动。

6月28日,蒋介石在北京"请百里、晓东来谈"①。29日,"晚与百里、晓东谈话"②。6月30日起床后就与"百里谈西北问题"③。这段时间,二蒋接触较多,但还没有达到坦诚相见的程度。

蒋介石对手握重兵的唐生智一直心存戒备,借全国第二次编遣会议召开之机,于7月30日将唐召至南京。8月6日,编遣会议通过经理委员会规则,补推唐生智、朱培德、鹿钟麟为常务委员。蒋介石不愿再纵虎归山,坚留唐生智在南京"翊赞中枢"。唐的军权虽未被夺,但已不能随便到军中去了。他接受蒋百里的劝告,在南京韬光养晦,绝口不提返回军中之事,以免引起蒋介石的猜忌。这段时间,蒋百里返回上海家中居住。

在蒋冯战争迫在眉睫之时,汪精卫的改组派也加紧了反蒋活动。经过陈公博等人的锐意经营,改组派的势力已发展壮大起来。他们不仅在上海成立"中国国民党改组同志会",而且在各省甚至海外设立支部,广泛联络一切反蒋力量。冯玉祥、阎锡山、唐生智、李宗仁等都是改组派争取的对象。

1929年9月17日,在改组派的策动下,张发奎首先在湖北宜昌通电反蒋,然后举兵南下湖南和广西。9月24日,汪精卫、陈公博、王法勤、柏文蔚、郭春涛等人以国民党中央二届执委会名义发表《讨伐蒋中正宣言》,宣布蒋介石包办的国民党三大为非法大会,号召大家共同反蒋。27日,广西省主席俞作柏和师长李明瑞响应张发奎反蒋通电,宣布独立。各处狼烟四起,迫使蒋介石调兵遣将,进行征讨。

就在此时,冯玉祥的人马又扯起反蒋大旗,更使蒋介石手忙脚乱,难以应付。10月10日,冯部宋哲元等27名将领联名发表拥戴冯、阎和讨伐蒋介石的通电,然后分三路发动进攻:一路由孙良诚指挥,沿陇海路出潼关东进,伸展至河南巩县、登封一带;二路由孙连仲、刘汝明指挥,出紫荆关,进袭南阳;三路由张维玺、吉鸿昌指挥,从汉中、兴安出老河口。10月13日,宋

① 《蒋介石日记》,1929年6月28日。
② 《蒋介石日记》,1929年6月29日。
③ 《蒋介石日记》,1929年6月30日。

哲元的总司令部由西安移至潼关。

尽管前线形势危急,蒋介石仍不愿放唐生智回军中,他于 10 月 12 日急召蒋百里由沪到南京商讨对策,欲有所借重。

蒋百里到南京时,受到了前所未见的盛大欢迎,自下关车站至城内新街口、大行宫一带,沿途张贴着“欢迎军界泰斗蒋百里先生”的横幅、标语。晚上,蒋介石亲备盛宴为蒋百里接风,有文武要员作陪。宴后密谈,蒋介石要蒋百里代唐生智出任第五路军总指挥,迎战冯玉祥军,以蒋百里的为人,岂肯以师道之尊而夺门人之位? 他对蒋介石的提议当即予以婉言谢绝。他说临阵换将,必会影响士气。另外,他以浙江人而领唐的湘军,必引起将士的不满,对作战十分不利。他认为只有放唐生智回军,才能振作士气,挽回颓局。他“愿以身家性命担保唐绝不会与冯合作”[①]。他要蒋介石用人不疑。蒋介石得到蒋百里的担保,才很不情愿地下了放唐回营的决心。

10 月 14 日,蒋介石委任何应钦为讨伐西北军第一路总司令,指挥平汉线军队,唐生智为第二路总司令,指挥陇海线军队。10 月 17 日,唐生智终脱樊笼,赴郑州督师。行前,蒋百里对唐生智曾有所叮嘱。

唐生智挥师猛进,河南战局迅即改观,西北军陷入不利局面。11 月 3 日,蒋介石在许昌召开军事会议,令前线各军统归唐生智指挥,以一事权。5 日,蒋介石抵新郑督师,唐生智指挥各军向西北军发动总攻击。经过激战,唐生智军于 20 日攻克洛阳,西北军被迫退回陕西。22 日,蒋介石由郑州返回汉口,命唐生智代行总司令职权,办理河南善后事宜。

唐生智素怀反蒋之心,为何不与西北军联手呢? 原因有二:一是他刚脱樊笼,须打几场硬仗,以消除蒋介石的疑虑;二是他已与汪精卫的改组派取得联络,欲拥汪反蒋,自创一个局面。他在郑州时曾对李品仙说:“现在本路军已奉蒋总司令之命向洛阳冯军进攻,但是汪精卫先生也是我们所要拥戴的。目前汪、冯之间还没有合作,我的主意是先将冯军击败占领陕西后,请你在关中主持一切,我则率领本路军在河南宣布独立,请汪先生回国主政。

---

① 陶菊隐:《记者生活三十年》,中华书局 1984 年版,第 168 页。

只要我们宣布独立,届时响应我们的友军必定很多,不会孤立的。"①李品仙对此不以为然,就请长假赴北京休养,从此脱离了唐生智。

蒋百里也希望唐生智向西挺进,在陕、甘、宁和新疆扎下根来,努力建设西北国防,巩固根据地,然后徐图中原。

然而,唐生智占领洛阳后,见各路人马反蒋意愿十分强烈,乃改变初衷,停止西进,准备举事。这样一来,唐部不稳的消息迅速传布开来,蒋介石不放心,特派蒋百里少年时代在上海经济学堂读书时的老同学邵力子到上海。邵力子对蒋百里说,蒋介石想调唐生智回南京任军政部长,请蒋百里致电征询唐的意见。蒋百里认为此举不妥,是当局不信任唐的表现,弄不好反而会激成事端。

实际上,蒋百里与唐生智常有密电往来,已知唐的打算。他对老朋友张宗祥说,唐将有倒蒋之举。张宗祥认为唐"应该联合西北和阎锡山等军队,方有力量。百里亦以为然,而且认为肯定可以联合"②。

诚如蒋百里所言,唐生智特别重视联络阎锡山,除李书城长期驻山西外,又派顾问袁华选专程到太原告诉阎,只要阎同意反蒋,即拥阎为领袖。唐、阎都有反蒋之意,双方一拍即合,阎答应开出 50 万元的支票,充作唐的军费,并约定:一旦唐在郑州发起行动,阎即在太原发表讨蒋通电。

汪精卫从法国归来后,以国民党二届中央执委会的名义向各地实力派发布委任状,冯玉祥、阎锡山、李宗仁、唐生智、张发奎、石友三等,都得到了番号和官衔,一出反对蒋介石的大合唱上演在即。

1929 年 12 月 1 日,唐生智、蒋百里、宋哲元、徐源泉、刘文辉、孙良诚等数十人联名发表通电,呼吁"立息内争,一致对外,固望国内贤德,群起相助,则同舟共济,实为责无旁贷。有违斯旨,仍存自私者,即为全国公敌,誓当立予铲除。良心所迫,至死不渝"③。

12 月 2 日夜,石友三在浦口通电反蒋,向南京城开炮猛烈轰击,并就任

---

① 李品仙:《李品仙回忆录》,第 109 页。

② 张宗祥:《蒋方震小传》,中国人民政治协商会议全国委员会文史资料研究委员会编:《文史资料选辑》第 10 辑,文史资料出版社 1960 年版,第 95 页。

③ 《唐宋等通电》,1929 年 12 月 7 日天津《大公报》,第 3 版。

改组派委任的"护党救国军"第五路军总司令。当时南京城防极为空虚,但石友三并没有发动进攻,而是撤到河南,丧失了击垮蒋介石的一个良机。

12月5日,唐生智通电就任"护党救国军"第四路军总司令,电文云:

> 奉汪精卫先生转来中国国民党第二届中央执委委员会训令,特任生智为护党救国军第四路军总司令,并颁发关防印信到部,遵于本日在郑州行营就职。生智献身党国,备尝险阻,力求革命成功,不惜委曲求全,冬、江各日通电,呼吁和平,计承察览。既和平绝望,战祸蔓延,不以快刀斩乱麻,遂将土崩而瓦解。爰整部候命中原,誓奉中央命令,与各路友军一致努力,为人民请命,为党国争存,实现三民主义,完成国民革命,荷戈陈词,敢请明教。①

当天蒋介石未得到这个消息,对唐生智还抱有希望,致电劝其明确表示态度:"孟潇令前线各军不得移动,令人怀疑。余告其当此危疑震撼之际,惟有明告以最大之决心,与光明无疑之态度出之,使内部矛盾释然,精诚团结,是为主帅者最大之要务也。"②12月6日,蒋"接唐逆生智电,叛变之迹显露,其目的在要求和平让出武汉,并以空言恫吓,虚张声势,幸有防备也"③。

12月7日,唐生智在郑州普乐园召集大会,发表反蒋拥汪的宣言。同日,唐生智任命徐源泉、王均、何键、刘兴为第一、二、三、四方面总指挥,各兼军长,任命龚浩、魏益三、刘春荣等20余人为军长,李云汉等为独立师长,安俊才为骑兵师长,刘芳秀为航空司令。唐以郑州为中心,以南下夺取武汉为主要目标,与南方的张发奎和桂系遥相呼应。

张宗祥在报上看到唐生智的反蒋通电,见阎锡山等人皆未列名,很不放心,就到国富门路对蒋百里说:"孟潇如此卤莽,军队南扼于蒋军,万一阎氏在北方也有变动,岂不危险?"蒋百里说:"此电发时阎亦派代表在唐军中,经商定后发出的。"张宗祥说:"阎氏老奸巨猾,极不可恃,我意此电正当推之领

---

① 《唐就职通电》,1929年12月8日天津《大公报》,第3版。
② 《蒋介石日记》,1929年12月5日。
③ 《蒋介石日记》,1929年12月6日。

衔,使其无可抵赖反复;派一代表未必可恃。君宜自作计图安全。"①但张宗祥的提醒没有引起蒋百里的重视。

过了几天,张宗祥得知唐生智设在上海的代表处被抄,料定蒋百里的密电本必被抄走,形势极为严峻,即雇车到蒋百里家,告以此讯,并邀他到大通路的住处暂住,静观其变,如有风吹草动,可以从容逃走。但蒋百里认为自己在南京政府中熟人尚多,即使唐军失败,也无需避开。张宗祥苦劝,与他争执二三十分钟,终未劝动。

唐生智在郑州举事时,大有"振臂一呼,应者云集"的景象,但阎锡山在关键时刻,再次出尔反尔,自食其言,与张学良联合发表拥护中央的通电,从联唐讨蒋一变而为拥蒋讨唐,收回了给唐开出的 50 万元的支票,并在太原召开群众大会大造反唐声势。阎氏此举影响极大,致使原来在唐的通电上列名的许多将领改变了态度,纷纷发表声明,否认参与反蒋行动。原来积极支持唐反蒋的宋哲元,也决定不再支持。这样一来,唐顿时陷入孤立的境地,遭到了各路人马的围攻。阎锡山更是乘火打劫,派兵南下讨唐,抢占河南地盘。

12 月 19 日,蒋介石电令讨唐军队全部归阎锡山指挥。1930 年 1 月 3 日,阎抵达郑州,4 日召开军事会议,委任韩复榘为北路军前敌总指挥,王金钰为中央军司令。韩、王致电唐,劝他"解甲出洋"。唐屡战屡败,处境艰险,于 6 日晚复电表示愿将部队暂交刘兴,然后出洋,但须保证其安全并酌给川资。阎请示蒋介石,蒋复电准予照办。阎给唐川资 5 万元,唐便离开部队,乘火车北上天津,然后浮海南下,匿居香港。1 月 13 日,唐部两个师被包围缴械,唐的第二次反蒋行动遂告彻底失败。唐不但输光了所有的本钱,还害得老师蒋百里进了监狱。

西湖冷月

蒋百里不听好友张宗祥的劝告,丧失了逃避的良机。他还大发书生脾

---

① 张宗祥:《蒋方震小传》,中国人民政治协商会议全国委员会文史资料研究委员会编:《文史资料选辑》第 10 辑,文史资料出版社 1960 年版,第 95 页。

气,放弃了出国避祸的机会,终于沦为阶下之囚。

1930 年元旦,唐生智尚未完全失败之际,上海市长张群来到国富门路蒋宅,转达南京方面的意思,要蒋百里出国一游,以避嫌疑。张群走后,刘文岛接踵而来,说当局拟拨发蒋百里 5 万元路费,出国越快越好。如此相逼,使蒋百里大光其火,说他从未刮过地皮,无钱出国,也不拿别人的钱出国。由于心情不好,他整天借酒浇愁,酒后脾气更大,吓得家里人什么话也不敢说。

1930 年 1 月 11 日,蒋介石记载:"今日接汉电,知郢城确于昨日克服,唐逆潜逃。"①随着唐生智在战场上的失利,南京方面对蒋百里的态度渐趋强硬,派来 6 名便衣警察,住进蒋宅的汽车房中,对蒋百里加以监控,使他失去了行动自由。

1930 年 1 月 14 日,蒋百里的老朋友单不庵因病谢世,使处在逆境中的他倍觉哀伤。单不庵伤寒复发、病势垂危时,蒋百里曾与张宗祥约定,一旦单不庵撒手西去,他们二人即携款前去帮助料理后事。这天,张宗祥按约打电话给蒋百里,蒋百里说他不能去,一切请张主持。张宗祥知道事情不妙,只好单独前往。1929 年 1 月 19 日,恩师梁启超在北京协和医院因病仙逝,蒋百里未能亲往吊唁,一直引为憾事,而今再失良友,虽近在咫尺,却不能把酒祭典,痛何如之!

次日,蒋百里在便衣警察的监控下前往杭州。火车经硖石时,他下车在老家住了一夜,第二天到杭州,住进一家旅馆。1 月 26 日,浙江省主席张静江秉承南京方面的旨意,将蒋百里正式拘捕,押至西湖湖心的蒋庄别墅看管起来。上海来的便衣警察销差而去,看守职任由浙江警方接替。

早春的西湖,寒意袭人,冷风吹进,别有一种苍凉肃杀之气,独处蒋庄的蒋百里面对冷寂的清月和湖水,油然生出了古人所说的"念天地之悠悠,独怆然而涕下"的感觉。奔波数年,一无所成,痛失恩师于前,再失益友于后,学生亡命天涯,自己身陷囹圄,往事不堪回首,前途尤难预料,真可谓"国事、家事、天下事,事事忧心"。难道真的斗不过神秘莫测的"命运"二字吗?

---

① 《蒋介石日记》,1930 年 1 月 11 日。

唐生智复出,蒋百里以身家性命担保;唐生智反蒋,蒋百里参与密谋——有被搜获的他们二人间往来密电为证,这使蒋百里百口难辩。既然难辩,不如不辩,连死都不怕的人,还怕厄运临头吗?蒋百里博览群书,对佛家教义也曾用过一番功夫,如今独对冷月,对佛祖弃绝私欲、普度众生的宏愿有了更深刻的体悟。这是他此后经常抄写佛经、研习佛法的一个契机。

蒋百里的侄儿蒋复璁闻讯后,千方百计来到蒋庄看望叔父。二人在此时此地相见,心头纵有万语千言,竟不知从何说起。蒋复璁提到古人的两句诗:"能受天磨真铁汉,不遭人忌是庸才。"[①]蒋百里知道侄儿是在安慰自己,也只能苦笑而已。西湖是美丽的,但在心情沉重的蒋百里叔侄看来,却有挥之不去的阴影。

负责看守蒋百里的警官叫陈震泽,他和孙传芳督浙时受过蒋百里救助的《杭州报》主办人许行彬是至交。许嘱他善待蒋百里。陈与手下的几个警员与蒋百里朝夕相处,对蒋的为人有了更深入的了解。有天晚上,陈特备美酒佳肴与蒋对饮。在酒酣耳热之际,陈悄声对蒋百里说,湖上备有小船,要走此其时也。但蒋百里不愿连累友人,谢过陈警官的好意,继续饮酒。陈警官知道,蒋百里在杭州住不了多久了。

南京三元巷看守所

1930年2月,蒋百里被押解至南京,关进三元巷总司令部军法处看守所待审。

蒋介石虽然下令拘禁了蒋百里,但并不打算对他进行严厉制裁,因为他毕竟没有拉起一干人马在战场上与蒋介石的军队浴血厮杀。况且他桃李满天下,声誉传九州,处置失当,会造成不必要的麻烦。另外,蒋百里的老朋友陈仪担任军政部次长兼兵工署署长,他想方设法让军事法庭对蒋百里的案子拖而不审,以待外部环境发生有利的变化。

1930年4月,蒋介石、冯玉祥、阎锡山之间的中原大战全面爆发,蒋忙

---

① 陶菊隐:《蒋百里先生传》,第118页。

于应付瞬息万变的战场形势,对狱中的囚犯就无暇顾及了,蒋百里的日子也慢慢好过起来。

蒋百里被拘押时,左梅夫人正好因病住院。出院后,她以顽强的毅力,忍着内心巨大的哀痛,一边照顾5个女儿,一边收集中外名人狱中生活的相关资料,摘抄下来寄给丈夫,给丈夫以精神上的安慰和鼓励。过了大约三个月,当局才允许左梅夫人探监一次,夫妻二人四目相对,一切尽在不言中。

又过了一段时间,蒋百里在狱中的待遇进一步好转,当局允许家属每天探监。左梅把蒋昭、蒋雍和蒋英安排进中西学校寄宿读书,自己带着四女儿蒋华和五女儿蒋和来到南京,在三元巷附近赁屋而居,就近照料丈夫的饮食起居。虽然蒋百里在事业上总是不太称心如意,但他与左梅的婚姻无疑是非常美满幸福的。左梅兼具善良、忠诚、任劳任怨、克勤克俭等优秀品质,又有坚毅与刚强的个性。她与蒋百里在患难中相识,又陪他走过了一段极不平坦的旅程。无论在顺境还是在逆境中,她都默默地站在丈夫的身后,做丈夫坚强的后盾。

左梅来后,蒋百里的生活起居有了一定的规律,一日三餐都由夫人在外边做好送进来,两个活泼可爱的女儿经常绕膝玩耍,给蒋百里在狱中的日子平添了无数的乐趣。早饭后,他打太极拳锻炼身体。打完拳略事休息,即开始练习书法,抄写佛经。他的书法本来就很有功底,经狱中潜心研习,更有了很大的提高。练完字,他给两个女儿讲唐诗宋词。由于他学识渊博,口才又佳,讲得深入浅出,引人入胜,女儿们年龄虽小,却能听得津津有味。午饭后,他小睡一会儿,接着给女儿们讲《水浒传》《西游记》和《封神榜》里面的故事,使女儿们大开眼界。

蒋百里还下功夫研究哲学和佛学,哲学以康德和伏尔泰的著作为主,其中以康德对他的影响最大。他在从欧洲带回来的一张康德像上题了词,叫人配上相框,挂在牢房的墙上,朝夕相伴。他认为这张像最能表现哲人康德的神韵。

蒋百里还钻进博大精深的佛教教义中乐而忘返,蒋洁在《百里先生言行风度的追怀》一文中对此做了描述:

同年先生对于佛法的探究,功夫用得最大,常常整天探索,有时竟至用脑过度,不能安眠,先生爱燃好的香,有时也打坐。说到释迦牟尼的讲经说法,先生一往神情,至今犹在目前。他曾想象地说:"一个老头坐在那里孜孜不倦地高谈佛法,许多门徒肃静聆听,真是一幅庄严妙相。"讲到香烛,他说:"佛法最平等,众生所供奉的烛与香,佛固享受,而烛的光明与香的香味,则普及众人,大家都可同其享受。"先生尊重宜黄欧阳大师,那年常常转命前去问教,在一次大师的诞辰,先生特地写了一幅极大的恭楷小字中堂,录的是一部经文,命送呈作为贺礼。[①]

1930 年底,蒋百里在狱中迎来了一位参禅谈佛的同道,他就是国民党元老居正。

居正,原名之骏,字岳崧,后改名正,字觉生,晚号梅川居士,生于 1876 年,湖北省黄州府人。居正少时聪明好学,1899 年中秀才,1905 年东渡日本留学,结识宋教仁等革命党人,加入同盟会和共进会,参与过武昌首义的筹备和领导工作。孙中山在南京就任临时大总统后,居正出任内政部次长。后追随孙中山参加"二次革命",在东京加入"中华革命党",任党务部部长。1915 年讨袁护国之役爆发后,居正被孙中山任命为东北军总司令,主持山东讨袁军事。1924 年参加国民党第一届全国代表大会,居正被选为中央执行委员,但他对孙中山"联共、联俄、扶助农工"的三大政策持反对态度,受孙中山冷遇,蛰居上海乡间一年。1925 年孙中山逝世后,居正与邹鲁、谢持、张继等国民党内的右派在北京西山碧云寺孙中山灵前开会,坚决主张反共反苏,形成国民党中的"西山会议派",与国民党左派和共产党针锋相对,与蒋介石也是冤家对头。

1927 年蒋介石第一次下野后,居正复出,担任国民党中央特别委员会委员。等蒋东山再起,居正等西山会议派人物被迫退出中央党部及国民政府。居正隐居上海乡间,行动虽受到一定限制,但与各方联络反蒋的活动仍未停止。

---

① 黄萍荪编:《蒋百里文选》,重庆新阵地图书社 1940 年版,第 401—402 页。

1929 年 12 月 21 日晚,蒋百里的老同学蒋尊簋在上海法租界萨坡塞路私宅设宴请客,参加者有许崇智的参谋长耿毅、居正等西山会议派重要分子以及唐生智派来的代表,商讨策动军队讨伐蒋介石之事[1]。宴后,居、蒋、耿三人持汪精卫颁发给第五师师长熊式辉的总指挥委任状,前去策反熊式辉,以响应北方的唐生智和南方的张发奎、李宗仁,不料被熊的卫队捕获,当即搜出证据,遂遭拘禁。

居正初由第五师看管,1930 年 5 月转入龙华看守所,负责看守之人,面目狰狞,行为丑恶,居正以国民党元老的身份也难免受到残酷虐待,这使他颇觉心灰意冷,感叹世态炎凉,人世无常,乃改而吃素,潜心礼佛,每天抄写佛经,常持《妙法莲华经》,苦心修炼。

1930 年 12 月下旬,居正被押至南京,关进三元巷军法处看守所,与蒋百里相邻而居。他们都是当世名流,互相仰慕已久,又多共同之处,同因反对蒋介石而入狱,所以在一起谈佛说禅,十分投契。居正的夫人也和左梅一样,白天到狱中照料丈夫的饮食起居,晚上出狱居住。相同的经历和处境使他们两家人结下了深厚的友谊。

居正毕竟是国民党元老,不久即获优遇,在监狱外租房居住,前后有警丁看守,准客人来访问,但不许居正出门。"九一八"事变后,他先于蒋百里获得自由,回到上海。蒋百里出狱后,他闻讯书赠长联,称蒋百里为学兄、同难友。居正晚年自号梅川居士,潜心研究佛学,有佛学著作传世。

告别邓演达

1931 年 8 月 21 日,蒋百里又迎来了一位同难友,他就是大名鼎鼎的国民党左派领袖邓演达。他们对门而居、朝夕相处达两月之久。

邓演达,字择生,1895 年 3 月 1 日生于广东惠阳县鹿颈村。1909 年 14 岁时考入设在广州黄埔的广东陆军小学,因才华出众,深得在校任教的革命党人邓铿的赏识,成为同盟会的秘密会员。1914 年,邓演达进入武昌陆军

---

① 《蒋尊簋等被捕》,1929 年 12 月 23 日天津《大公报》,第 3 版。

第二预备学校。1917 年春,他和叶挺都以优等生的资格升入保定陆军学校第六期工兵科,1919 年 2 月以优异成绩毕业。保定军校历届毕业生多尊称蒋百里为老师,邓演达也不例外。师生相逢在狱中,真是别有一番滋味在心头。他们与蒋介石都有交往,昔日座上客,今日阶下囚,沧海桑田,世事无常,怎不令人感叹!

邓演达追随孙中山,成为粤军邓铿手下的一员虎将。1924 年参与筹备黄埔军校,并任军校训练部副主任兼学生总队长,与学生们结下了深厚的友谊。1926 年北伐开始,邓演达任北伐军总司令部政治部主任。他与共产党关系密切,是廖仲恺之后国民党左派阵营中的代表人物。

宁汉分裂后,邓演达喊出"打倒新军阀蒋介石"的口号,成为反蒋急先锋。后因反对汪精卫"分共",邓演达出游苏、德等国,一边学习和调查研究,一边联络国民党左派商讨反蒋大计。1930 年 5 月,邓演达返回上海,经积极筹备,于 8 月成立"中国国民党临时行动委员会",自任总干事,在全国各地建立地方组织。他联络不满蒋介石所作所为的黄埔学生,秘密组织黄埔革命同学会,策动黄埔军人起来反蒋。陈诚、罗卓英、杜聿明、宋希濂、周至柔等许多黄埔军人都倾向邓演达,使蒋介石的统治受到了极大威胁。蒋悬赏重金,全力缉捕邓演达。

1931 年 8 月 17 日,就在邓演达准备率领干部赴江西指挥陈诚的第十八路军起兵反蒋前,因叛徒陈敬斋告密,邓在上海愚园路愚园坊 20 号被捕,21 日押解南京三元巷军法处看守所,送进蒋百里对门的一间牢房里。

他们经常叙谈,天南海北,古往今来,无所不包。狱中规定犯人间不准交谈,但他们均系要角,比普通犯人多一点自由,所以常能找到交谈的机会。他们谈话时,蒋华与蒋和在天井里瞭望把风,看到巡察的狱警前来,即轻轻咳嗽示警,他们听到后就迅速分开,各归自己的牢房。蒋百里有时在房中打坐参禅,蒋华与蒋和就跑到对门邓演达的房中踢毽子,或听邓讲一些有趣的故事。

蒋百里先与国民党老右派居正论佛说禅,继与国民党新左派邓演达谈天说地,三人又都是因反对蒋介石而入狱,说来也是一项奇遇。

邓演达被捕入狱后,乐观地认为蒋介石决不至于杀他。他一边读书学习,思考问题,一边通过看守人员与同案难友通信,勉励他们坚定信念,坚持斗争。

蒋原来确无杀邓之意,他采取各种手段,软硬兼施,要邓放弃自己的政治主张,解散组织,并许以中央党部秘书长或总参谋长等高官厚禄加以利诱,邓均不为所动。"九一八"事变发生后,蒋介石亲自找邓谈话,希望能言归于好,共御外侮,但遭到邓的痛斥。此时,各方要求蒋介石下野的呼声很高,更有部分黄埔学生联名上书呼吁释放邓演达,这使蒋感到了极大的威胁,遂决定在下野前将邓除掉,永绝后患。他先派人将邓移至紫金山的一处茅屋内,单独看管起来,不让外界知道。11 月 29 日夜,他派卫队长王世和率领几名卫士到邓处,谎称要邓移居汤山,以便在途中下手。当汽车行至南京城东麒麟门外的沙子岗时,枪声响起,邓演达倒在血泊之中,正可谓"碧血飞花,荒野埋骨",一代英杰,就这样孤零零地去了。

学生被杀,蒋百里十分痛心和惋惜,同时不免产生了唇亡齿寒的悲凉感觉。第二天,他情绪消沉地对前来探监的张宗祥说:"昨日邓演达君被枪决了! 狱中少一叙谈之友。不知哪一天轮到我,或许就在明天。"①他把自己手写的《金刚经》一卷赠与老友留作纪念,二人含泪忍悲,黯然告别。后来,张宗祥把经卷装裱好,题上"百里狱中书"几个字,珍重保存起来。

挽徐志摩

1931 年 11 月 18 日,诗人徐志摩到狱中探望蒋百里。久别重逢,二人均十分高兴,谈了个痛快。蒋百里绝未料到,这竟成为他与这位天才诗人的永诀!

关于徐志摩之死,11 月 21 日的上海《新闻报》作了如下报道:

中国航空公司京平线之济南号飞机,于十九日在济南党家庄附近遇雾失事,机既全毁,机师王贯一、梁壁堂,及搭客徐志摩,均同时遇难。

①　许逸云:《蒋百里年谱》,第 122 页。

记者昨往公司方面及徐宅访问,兹将所得汇志如后。失事情形:济南号飞机,于十九日上午八时,由京(南京——引者)装载邮件四十余磅,由飞行师王贯一、副飞行师梁璧堂驾驶出发,乘客仅北大教授徐志摩一人,拟赴北平。该机于上午十时十分飞抵徐州,十时二十分,由徐继续北飞,是时天气甚佳,不料该机飞抵距济南五十里党家庄附近,忽遇漫天大雾,进退俱属不能,致触山顶倾覆,机身着火,机油四溢,遂熊熊不能遏止。飞行师王贯一、梁璧堂,及乘客徐志摩遂同时遇难。①

噩耗传出,全国震惊,天人同悲,共悼诗人之早逝!诗人生前友好,纷纷作诗撰文,回忆往事,介绍成就,将无尽的哀思和怀念化成一行行流泪的文字。

徐志摩的遗体运至上海后,在静安寺设灵堂,供热爱他的人前来凭吊,沪上文艺界举行了隆重的追悼会。蒋百里在狱中,不能亲往吊唁,引为憾事。徐志摩的遗体运到硖石,于第二年春葬在东山的万石窝,张宗祥题写了墓碑,碑文是"诗人徐志摩之墓"。

> 轻轻的我走了,
> 正如我轻轻的来;
> 我轻轻的招手,
> 作别西天的云彩。
>
> 那河畔的金柳,
> 是夕阳中的新娘;
> 波光里的艳影,
> 在我的心头荡漾。
>
> 软泥上的青荇,

---

① 《中国航空公司济南机遇雾失事》,1931年11月21日《新闻报》,第13版。

油油的在水底招摇；

在康河的柔波里，

我甘心做一条水草！

那榆荫下的一潭，

不是清泉，是天上虹；

揉碎在浮藻间，

沉淀着彩虹似的梦。

寻梦？撑一支长篙，

向青草更青处漫溯；

满载一船星辉，

在星辉斑斓里放歌。

但我不能放歌，

悄悄是别离的笙箫；

夏虫也为我沉默，

沉默是今晚的康桥！

悄悄的我走了，

正如我悄悄的来；

我挥一挥衣袖，

不带走一片云彩。

这是诗人留给我们的一首千古绝唱，是诗人对自己命运的预言和诠释。碛石留恨，文曲星太早坠落尘埃；东山有幸，诗人的英灵永远相伴！

每当蒋百里吟诵志摩的诗，回想与志摩交往的经历，他对志摩的怀念就增加一分。他清楚地记得，徐志摩与张幼仪是因他而结亲的。有一年，他到上海，住在一家客栈里，同乡徐申如经常带着儿子徐志摩来看他，因而结识了张君劢。徐家虽富甲一方，但社会地位远不如张嘉璈、张君劢兄弟显赫，徐申如便有了联姻之意，而张君劢见徐志摩聪明伶俐，也很喜欢，于是就有了徐志摩与张君劢之妹张幼仪的一段姻缘。

徐志摩热情奔放,情感丰富,与沉着练达、中规中矩的张幼仪合不来,最终协议离婚。这段姻缘因家长包办在前、性格冲突在后而致破裂,当然无可厚非。然而,徐志摩与陆小曼的恋爱和婚姻,却招致了部分亲友的坚决反对,梁启超在婚礼上毫不留情地给予他们批评和忠告,徐父徐母坚决不接纳陆小曼作儿媳,到北京与张幼仪和孙儿住在一起,并断绝了对徐志摩的接济。蒋百里对志摩的所作所为虽然很不以为然,但他知道,像志摩这样情感胜于理智的人,劝是劝不住的,何况他与陆小曼的恋爱已到如痴如狂的地步。蒋百里只能在内心里默默地为志摩祝福。

徐志摩和陆小曼结婚后,联袂南下上海,十里洋场五光十色的生活使贪图安逸享受、为人不拘小节、花钱大手大脚的陆小曼如鱼得水。徐志摩则债台高筑,不得不同时在几所大学任教,忙得焦头烂额。好运来了,挡也挡不住;厄运降临,躲也躲不开。陆小曼在花花公子温瑞午的诱惑下染上了抽鸦片烟的不良嗜好,并与温瑞午时相过从。徐志摩有苦难言,只能打碎了牙,和着血往肚子里吞。他的苦闷和烦恼,可想而知。

1930年秋,徐志摩应胡适的邀请,到北京大学担任教授,同时兼任女子大学的教授。他想举家北迁,换个环境,开始新的生活,但陆小曼留恋十里洋场,不愿北上,他只好经常奔波于北京、南京和上海之间,灾难就此发生了。

如果说徐志摩与张幼仪的结合是不幸的,那么他与陆小曼的婚姻就是实实在在的悲剧了。济南附近的烈火把蒋百里对志摩的祝福化为灰烬,蒋百里欲哭无泪,乃饱蘸笔墨,写下了泣血的文字:

> 挽志摩:口吟的,手写的,是志摩的文字,不是诗,他的诗是不自欺的生命换来的。[①]

---

① 陈从周:《徐志摩年谱》,第93页。

脱离牢笼

1931 年 12 月 6 日，上海《申报》刊登了一条短讯："羁京年余之前军官学校校长蒋百里氏，经陈铭枢、朱绍良之力保，业已释放，于昨日抵沪。氏门徒极多，闻蒋氏到沪之讯，纷往私邸，备至慰问之意云。"

被囚年余，一朝获释，蒋百里和妻子女儿固然喜不自胜，亲朋好友和门人弟子也是大感欣慰，连日贺客不绝于途，贺电贺信雪片似飞来。时在武汉的老友张宗祥寄诗两首以为贺：

百里回沪寄诗代简（二首）

> 君向吴淞我汉阳，天教劳燕自分张。
> 白头期会知能几，况是重生返故乡。
>
> 中原谁是济川才，垂老雄心苦不灰。
> 倘使鼎中不全沸，好分片席筑书台。[1]

蒋百里这次顺利挣脱牢笼，一赖"九一八"事变后国内政治形势的变化，二赖学生陈铭枢的鼎力相助。蒋百里受学生牵连而入狱，因学生相救而出狱，也可能是命中注定有此一劫吧！

1930 年蒋百里入狱后，蒋介石不但在中原大战中击垮了冯玉祥和阎锡山，而且迫使陈公博等改组派人物东躲西藏，亡命天涯，使改组派溃不成军，被迫解散。

军事和政治上的巨大胜利使蒋介石春风得意，踌躇满志，他一边调兵遣将"围剿"红军，一边筹备召开"国民会议"，制订"新约法"，为自己当总统铺路。在一片颂扬声中，国民党元老胡汉民却大唱反调，蒋乃不顾舆论及后果，悍然将胡囚禁于南京汤山。

蒋介石此举使广东的胡汉民派与汪精卫派及桂系等反蒋势力聚积起

---

① 许逸云：《蒋百里年谱》，第 123 页。

来,形成了一个新的反蒋联盟。胡汉民的心腹陈济棠迫使亲蒋介石的广东省主席陈铭枢辞职下野,出游日本。5月下旬,广州召开国民党中央执监委员非常会议,发表讨蒋宣言,组织广州国民政府,以汪精卫为国府主席,汪精卫、唐绍仪、孙科、许崇智、古应芬为常务委员,李宗仁、唐生智、许崇智、陈济棠为军委会常委,李、陈分任第一和第四集团军总司令,积极整军经武,准备北上讨蒋。蒋介石也调兵遣将,准备迎敌,宁粤相争的局面于焉形成。

就在两广军队向湖南衡阳推进时,"九一八"事变发生了,各方一致呼吁立息内争,共御外侮,国内和平空气空前浓厚。宁粤双方为避免在国人面前陷于被动,都作出了和解的表示,陈铭枢、蔡元培和张继一并衔命赴粤,充当调人。应粤方的要求,蒋介石于 9 月 30 日任命陈铭枢为京沪卫戍司令长官,并调陈的嫡系部队十九路军驻南京和上海,负卫戍之责,这使陈铭枢的地位大为提高,在蒋介石面前说话有了更大的分量,为他救助老师蒋百里出狱奠定了基础。

蒋百里的老朋友唐天如自从在吴佩孚处辞职后,即回香港家中隐居。他时刻关心着蒋百里的安危,得知陈铭枢到广州做调人,就去找陈,要陈营救蒋百里。他和陈也是至交,以前陈多次请他出山任事,都被他婉言谢绝。此次为救老友蒋百里,唐天如主动要求做陈的幕僚。陈是保定军校出身,营救校长义不容辞,岂敢有任何交换条件?他叫唐天如仍回香港,他回南京后自会择机向蒋介石进言。

局势的变化为蒋百里的脱困带来了希望,为他说项的人逐渐多了起来。老朋友李根源和张一麐呈文保释蒋百里,以"外侮亟,将才少"之语为点睛之笔,蒋介石虽批了"照准"两个字,蒋百里却跨不出狱门,足见蒋介石对蒋百里仍余怒未消。

牵累老师入狱的唐生智则恳托汪精卫向蒋介石说情。一年多来,唐生智对老师总有一种负疚感。反蒋失败,他避居香港,老师却身陷囹圄,使他一直于心难安。只要老师多一天在狱中,唐生智就得多受一天煎熬。除左梅母女外,最希望蒋百里早日出狱的恐怕就数唐生智了。

但以唐当时的处境,也只有干着急的份儿。

直接促成蒋百里获释的是陈铭枢的力保。

　　陈铭枢也是蒋百里在保定军校第一期学生中的得意门生。1913 年陈中途退学,追随孙中山参加反袁的"二次革命",后来成为粤军中的一员名将,在北伐战争中屡建战功。宁汉分裂后,陈离开武汉,投奔蒋介石,屡获升迁,于 1928 年 11 月就任广东省政府主席。辞职出游日本归来后,再到南京追随蒋介石,充当了宁粤和解的调人。

　　陈被任命为京沪卫戍司令长官后,所部十九路军由江西陆续调驻京沪。1931 年 10 月 12 日,陈铭枢向蒋介石转达了粤方关于释放胡汉民的要求,蒋概然表示同意。第二天,陈往见胡汉民,详述了这次调停纠纷和粤省的情况,并力劝胡以国事为重,捐弃前嫌,得到胡的赞成。随后,陈又陪胡会见了蒋介石,为胡的获释铺平了道路。14 日,陈铭枢、吴稚晖等人陪同胡汉民前往上海。

　　10 月 22 日,蒋介石、汪精卫、胡汉民三位国民党巨头在上海孙科宅邸共商国是,陈铭枢等 10 余位宁、粤要员参加。粤方坚持以蒋介石下野为前提条件,使谈判一波三折,陈铭枢奔走其间,尽力调和,倍受各方人士和新闻界关注。

　　11 月 21 日,陈铭枢在南京三元巷正式就任京沪卫戍司令长官之职,蒋介石、吴稚晖、邵力子、蔡廷锴及十九路军团长以上官员 200 余人出席就职典礼。按陶菊隐的话说,此时的陈铭枢成了"党国天字第一号的红人",蒋百里出狱之期也不远了。

　　唐天如在香港等得着急,特地赶到南京,到狱中看望了蒋百里,然后面见陈铭枢,催他赶快向蒋介石进言。陈铭枢已今非昔比,在蒋介石面前说话有了相当的分量,他感到时机已经成熟,便择机劝说蒋介石释放蒋百里。

　　1931 年 12 月 3 日,《申报》刊登了蒋百里由陈铭枢力保即将获释来沪的消息①,这给关心蒋百里的人吃了一颗定心丸。同日,陈铭枢一身戎装来到看守所,与蒋百里进行了一番密谈。蒋华与蒋和见来人不同寻常,就用舌头舐破窗纸偷偷观察,见父亲满脸笑容,知道必有好事。

　　果不其然,蒋百里出来后乐呵呵地对蒋华与蒋和说:"我明天就要出狱

---

① 《蒋方震有保释来沪说》,1931 年 12 月 3 日《申报》,第 14 版。

了,谢谢你们的恩人吧!"①

第二天上午,南京漫天飞雪,左梅夫人和两个女儿拥着蒋百里走出了看守所的大门。他们想不到能这么快离开这个令人寒心的地方,真是苍天有眼啊! 当左梅夫人接到军法处给家属的通知单时,一年多的辛酸苦辣齐集心头,使她忍不住放声一哭。蒋百里入狱后,家中断了经济来源,性格坚毅的左梅夫人勇敢地挑起了生活的重担,既精心照顾狱中的丈夫,又耐心呵护和培育他们的五朵金花,从来不把家庭面临的窘境告诉丈夫。积蓄用完了,她就不时变卖家中值钱的东西,以贴补家用。她还让两个女儿告诉父亲,娘做股票赚了钱。她是怕丈夫知道实际情况后担心和烦恼啊!

当他们踏雪而归时,家中已是贺客盈门了。蒋昭、蒋雍和蒋英也闻讯从上海赶来,一家人终又呼吸着自由的空气团聚了。高朋满座,笑语满堂,美酒飘香,蒋百里一家度过了两年来最愉快的一个夜晚。

据《申报》报道:"羁京年余之前军官学校校长蒋百里氏,经陈铭枢、朱绍良之力保,业已释放,于昨日抵沪。氏门徒极多,闻蒋氏到沪之讯,纷往私邸,备至慰问之意云。"②

翌日下午,蒋百里一家在萧瑟的寒风中游览了玄武湖。游人极少,湖上显得冷寂而空旷,但在兴高采烈的蒋百里一家看来,到处都充满了诗情画意。他们漫步在宁静安逸的环境中,充分享受着合家团圆的幸福与温馨。

返回上海后,蒋百里把手抄的长幅心经赠送给学佛的陈铭枢,以表谢意。

---

① 陶菊隐:《蒋百里先生传》,第 127 页。
② 《蒋方震昨抵沪》,1931 年 12 月 6 日《申报》,第 16 版。

第八章　澹泊明志　宁静致远

赋闲沪上

南京获释归来,几起几落的蒋百里似乎彻悟了人生,对政客们的翻云覆雨、尔虞我诈和内战中的合纵连横、残酷杀伐失去了兴趣,乃自号"澹宁",取诸葛亮"澹泊以明志,宁静以致远"之意,以明心志。这也是蒋百里在狱中参禅打坐的结果,诸葛亮之言与佛理有异曲同工之妙,在蒋百里心中引起了共鸣。

蒋百里读书会友之余,就在床上参禅打坐,观之颇似老僧入定,可见他在这方面已有了相当的修为。然而,他毕竟与削发为僧改称弘一法师的李叔同不一样,他并未遁入空门,不问俗事。他只是比以往更加心平气和、开通豁达了。他本就是个淡泊名利的人,如果不是日寇的步步侵逼,他很可能就像陶渊明一样寄情山水,隐居终生了。

古语云:"树欲静而风不止",就在蒋百里整日以读书莳花、参禅打坐自娱时,平地再响惊雷,日寇于1932年1月28日又将战火烧到了上海。"九一八"旧恨未消,"一二八"新仇再添。是可忍,孰不可忍?驻守上海的十九路军在陈铭枢、蒋光鼐、蔡廷锴等名将的领导下奋起抵抗,与日寇展开了血战。他们三人以及属下的许多将领都是保定军校的学生,战端一起,作为保定系军人精神领袖的蒋百里岂能置身事外?

平静未久的国富门路蒋宅再度热闹起来,不时有军人和记者进进出出,而来的次数最多的,是十九路军参谋长张襄和淞沪警备司令部参谋长林建铭,他们是向蒋百里请教对敌策略的。

战端初开时,日军主要是原驻上海的一些部队,援军尚未抵达,十九路军在人数上占有一定优势,加上士气高昂,很有可能全歼日军,但日军每遇形势不利时即退往租界,使我军无可奈何。蒋百里对此十分愤慨,他说:"为什么不进兵公共租界?为什么在我国领土上敌人纵横无阻而我们反受限制?"[①]他认为进兵公共租界既可乘敌不备,打日军一个措手不及,又可扩大战争范围,使英、美等国难以袖手旁观、置身事外。他的建议得到了部分将领的赞同,一五六旅旅长翁照垣直接向陈铭枢请缨,要求在日军退却时以优势兵力跟踪追击,消灭日军,并乘机占领公共租界区。但是,陈铭枢担心这么做会引起与英、美等国的外交纠纷,使问题进一步复杂化,所以不但没有采纳此项建议,反而严令十九路军不得将战事扩大到租界,因而错过了歼敌的良机。

蒋百里和朱庆澜提出了用海轮运兵偷袭日本本土的设想,但以中国当时的实力而言,实现这一设想比较困难,更何况南京当局抱定边打边谈、以和为主的宗旨,在上海方面都不愿增派援兵打下去,就更谈不到派兵远袭日本了。

十九路军奋起抗战,赢得了全国各界人士的一致赞扬和拥护,南京方面迫于舆论的压力,开始时也作出了准备抗战的姿态,宣布将国都迁往洛阳,又于2月中旬派张治中率八十七师和八十八师开赴上海,以十九路军名义参加抗战。但自此以后,南京再未向上海前线增派一兵一卒,而日本的援军却从海上源源不断地开来,卒使敌我双方力量发生转换,形成敌强我弱之势。3月1日,日军在正面发动全线总攻,同时以重兵在我军侧后浏河口一带登陆,企图迂回包围十九路军。十九路军在前有强敌、后无援军的情况

① 陶菊隐:《蒋百里先生传》,第131页。

下,被迫撤退,"一二八"抗战遂告失败。5月5日,中日双方签订停战协定,规定中国军队留驻现地,日军撤回原驻防区,中日军队之间地区由中国警察管理,成立多国代表组成的共同委员会处理有关事宜。

激荡的风云散去,一切复归平静,蒋百里又恢复了读书莳花、参禅打坐的生活。他每天早晨5点钟起床,到屋前的小花园培植花草。他非常喜爱栽花植树,并善于调理,最喜欢种松、菊、兰,园中花常满,心中春常驻。女儿们还移植夜来香数丛,每当夏令吐放之际,洁白美丽,姿态万方。白天,蒋百里的日常功课是打太极拳、静坐、抄写佛经和读书为文。晚上,他与妻女围坐一起,尽享天伦之乐。他在政治上虽十分失意,但家庭生活却十分幸福美满。他利用这段时间读了许多书,研究了许多与国防有关的问题。

蒋百里一生好学敏思,手不释卷,令人钦佩。钱均夫说蒋百里一生的第一嗜好是读书,他不停地读(吸收)、不停地想(理解)、不停地写(发挥),能够举一反三,触类旁通,最终拥有了渊博的学识;他的第二嗜好是与人谈话,凡有问题力思而不得解时,他就找人聊天,往往能够在不经意中豁然而解。

张君劢最佩服蒋百里读书善思考,能提出新见解。刘文岛则认为蒋百里治学"博而精",凡军事、文学、历史等,均达到了"一以贯之"的境界。

蒋百里睡觉前有在床上读书的习惯,书是他最好的催眠剂,家人常常在他熟睡后把书从他手中取下来,替他掩好被子。他好读书,但绝非死读书、读死书之人。他博览群书,但并非杂而不精。他绝顶聪明而又具有无限的求知欲。他一生经历坎坷,但对学问的追求却一刻也未停止。李小川先生对蒋百里的读书、学问和为人作了一番精彩的总结:

> 中国军事由老粗掌兵到现代化的阶段,由文人指挥而专门家(军官学生)指挥的阶段,有一人焉,对中国历史文化富于研究,对世界潮流洞若观火,见得到,说得出,眼、耳、脑、笔并用,而能纲举目张的,恐怕只有百里先生一人了。百里先生天才丰富,情感热烈,为中国建军唯一人才。他一生名望很高,而一生不得其用,这不足为百里先生悲,实在为中国前途惜。就百里先生个人来说,惟其不遇其时,所以能在暇日在国内研究学问,在海外考察军事兼及政治、经济、外交、文化诸大端,不时

地注入新血液,不使他本身的学力停滞于一定的阶段。中国学问本是笼统的、散漫的,百里先生能够分析起来,贯串起来,他的成就一半建筑在天才上,一半建筑在研究上。[1]

在南京坐牢和上海赋闲的几年,是蒋百里修身养性、细究人生、博览群书、苦钻学问的大好时机。唯其如此,他才能厚积薄发,在以后几年中以自己丰富的学识和犀利的笔锋为中国的抗日战争做出卓越的贡献。

蒋百里赋闲沪上,只有零星的一些稿费收入,养活一家人殊为不易,幸赖友人和门人弟子时常接济,左梅夫人精打细算,才得衣食无虞。后来,银行界的张嘉璈、徐新六、钱新之等友人推举他做了农商银行的常务董事。他有了固定收入,经济上才宽裕起来。

哭长女蒋昭

蒋百里有 5 个如花似玉、人见人爱的女儿,给他的生活带来了无数的乐趣。他是一个慈父,把所有的爱都给了女儿们,他的父爱超过了一般家庭的母爱。女儿们对父亲也是既敬又爱,常去他们家做客的陶菊隐说,蒋百里的女儿们"无不奉父亲如神明","信仰父亲如此之深,几乎具有宗教精神的儿女",除蒋宅外,别无第二家[2]。

蒋百里在狱中时,蒋华与蒋和常绕膝玩耍,陪他打发寂寥的光阴。有一次,她们见父亲的袜子破得不能再穿了,就用压岁钱给他买了几双新袜子。当时左梅夫人已在变卖家中什物,两个女儿怕父亲追问新袜子的来历时得知家境窘迫的实情而担心,就把新袜子洗了很多遍,洗成旧袜子,悄悄塞到父亲的枕头下。后来父亲察觉了女儿们的良苦用心,不觉潸然泪下。他们的心在逆境中贴得更近了。

二女儿蒋雍平时沉默寡言,不像其他姐妹那样活泼,与父亲的直接交流

---

① 许逸云:《蒋百里年谱》,第 119 页。
② 陶菊隐:《蒋百里先生传》,第 132 页。

相对少一些。父亲在狱中曾手抄《无量寿经》中的《愿生偈》送给她。1934年夏父亲在普陀山得病,蒋雍"衣不解带,目不交睫",侍奉在侧,使父亲感叹"少说话的人,常是感情最丰富的人"[①]。蒋雍虽无太多的言语,但她在用自己的心爱着父亲。

蒋百里酷爱西洋音乐,故而对富于音乐天赋的长女蒋昭格外钟爱。蒋昭是个活泼可爱、聪明伶俐、懂事乖巧的孩子,并不因父亲命运的坎坷和家境的窘迫而怨天尤人。相反,逆境使她早早地懂得了怎样为父母分担忧愁,激励她更加刻苦学习,自立自强。她在学校里学会了拉小提琴。由于她勤拉苦练,水平提高很快,在音乐界崭露头角,西文报纸曾专门给予介绍,并配发了她的照片。父母对她寄予了极大的希望,她也决心不让视自己为掌上明珠的父母失望。然而,天有不测风云,人有旦夕祸福,突如其来的疾病夺去了爱女的生命,使父母陷入了极大的悲痛中。1934年的秋风秋雨把抹不去的阴影留在了蒋百里一家的心中。

这年夏天,蒋百里携妻女往浙江普陀山旅游度假。他们白天在海滩游泳散步,晚上借宿于寺庙,一家人难得如此幸福欢愉。不料乐极生悲,蒋百里因游泳着了风寒,不但全身酸痛,而且吃不下饭,只能卧床静养。由于没有携带药品,山中又无医生,左梅只好请寺里的和尚想办法。和尚说除了求菩萨保佑外,别无他法。左梅救夫心切,到菩萨像前虔诚地祷告一番,然后包了一把香灰回来,煎水给丈夫喝。蒋百里虽然不相信香灰能治病,但又不忍拂爱妻的好意,就端起来喝了几口。说来也奇,他的病竟好转起来,饮食也恢复了正常。

返回上海后,蒋百里又患了肺炎,打针吃药,过了好些日子才得以痊愈。他们本以为度过此劫,就会雨过天晴,从此一家人无病无灾地生活下去,孰料更大的不幸在等待着他们,看来这一年他们是流年不利呀!

有一天,蒋昭突然发高烧,到医院做 X 光检查,发现肺部有小黑点,显然是患了当时极难治愈的肺结核。父母心急如焚,多方延医诊治,效果均不明显。蒋昭生于北京,怀念北方的秋天,非常想北上疗养。父亲爱女心切,

---

① 陶菊隐:《蒋百里先生传》,第 141 页。

决心不惜一切代价治好她的病。他携全家北上,在颐和园内租了房子住下来,把女儿送进了专治肺病的疗养院。医生安慰他们说,这种病经过精心治疗,痊愈的把握很大。

父亲吃了这颗定心丸,便安顿好妻女,南下处理要事去了。

不幸的是,女儿的病未见好转,反而一天比一天重。8月19日,病入膏肓的女儿想念父亲,要见父亲一面,母亲赶紧往上海发了急电:昭想父速来!父亲接到电报,心猛地向下一沉,知道女儿的病情有变,就乘火车匆匆赶到北京。女儿听到父亲熟悉亲切的声音,脸上顿时出现了幸福惬意的笑容。晚上,她依偎在父母的怀抱中,睡了一个难得的好觉,但她似乎知道自己的时间不多了,泪水不时地顺着面颊向下流,流得父母的心都碎了。

白天,父亲到颐和园中稍事休息。有个牧师到医院看蒋昭,见她已被疾病折磨地不成样子,就用手抚摸着她的前额说:"你平平静静地回到上帝的怀里去吧!不要留恋这个世界。"蒋昭闻言,点点头表示赞同,并说要马上就走。坐在床边的母亲泣不成声地说:"慢一点吧,等你的爸爸来。"①

晚上7点多钟,父亲从颐和园赶到医院,处于弥留之际的女儿亲吻父母的额头,作了最后的告别,即撒手而去了。父母的掌上明珠,处于豆蔻年华的天使般的女儿就这样永远地离开了人世,怎不令父母肝肠寸断?从诀别挚友蔡锷开始,蒋百里十多年来已经历了太多的生离死别,但这一次对他的打击最大,在他心上留下的创痛最深!

北京的初秋尚暖,颐和园的风景最美,但巨大的悲痛侵袭着蒋百里一家的心灵,使他们犹如置身寒冷的冬季。他们茶饭不思,睡觉不香,用泪水为失去的亲人祈祷。

9月初,蒋百里一家返回上海,去时多一人,来时少一个,全家福成了印在旧照片上的奢侈的记忆。回到家中,睹物思人,伤感更甚。左梅怕丈夫过于悲痛,强忍着眼泪不敢放声一哭,而丈夫则认为有眼泪就该流出来,于是夫妻二人来到书房,捶胸顿足,嚎啕大哭,直到声嘶力竭为止。

---

① 陶菊隐:《蒋百里先生传》,第142页。

默筹抗日方策

蒋百里素怀重建国防、抵御外侮、振兴民族的大志。多年来,他仆仆风尘,奔走于各实力派军人之门,所求者并非高官厚禄和纸醉金迷,而是国家的统一和军事的重振,因为他知道,在日益迫切的外敌入侵面前,分疆裂土的割据局面和一盘散沙似的人心,将使我们的民族像砧板上的鱼肉一样,任人宰割。

虽然有"不在其位,不谋其政"的训条,但蒋百里抱定"天下兴亡,匹夫有责"和"位卑未敢忘忧国"的宗旨,始终关注着国防问题。在俄国发生革命和欧美列强以经济手段代替原来的军事侵华手段以后,蒋百里就将关注的焦点集中到了富于侵略性的日本方面。他比任何人都了解日本军人的侵略野心。他以军事家和战略家的眼光,早就预见到中日之间必有一场生死血战。他了解日本的军事实力,更了解中国的具体国情,所以他很早就提出中国须以持久战略对付日寇的入侵。1921 年,他应邀到湖南襄助"联省自治"运动,在长沙发表了题为《世界军事大势与中国国情》的演说,即明确提出了持久战略:

> 至于从环境的现状看来,吾们所最感危险的,就是那近邻富于侵略性的国家。三国志里刘玄德有句话说得好:"今与我争天下者,曹操也。彼以诈,我以仁,必事事与之相反,乃始有成。"我们对于敌人制胜的唯一方法,就是事事与之相反,就是他利于速战,我都用持久之方法来使他疲弊。他的武力中心放在第一线,我们都放在第二线,而且在腹地内深深的藏着,使他一时有力,没用处。我断定这个办法,一定可以制敌人的死命。①

在各派军阀为权力和地盘杀得昏天黑地、你死我活之时,作出如此高瞻

①　蒋百里:《裁兵计划书》(第 3 编),蒋复璁、薛光前主编:《蒋百里全集》第 4 辑,第 159 页。

远瞩的战略性预见,诚非常人所能及。

蒋百里还有一个令人拍案叫绝的预言。1923年他奔母丧后乘火车北归,学生龚浩随行。车过徐州时,蒋百里突然若有所感地说:"将来对日作战,津浦、京汉两线必然被敌军占领。现代国防应以三阳为根据地,即洛阳、襄阳和衡阳。"[①]对老师的宏论,龚浩听来好似天方夜谭,着实不敢苟同。龚浩认为,即使中日开战,中国的半壁河山也绝不会沦于敌手。但作为学生,他不敢与老师争执,只好付之一笑,将此事记在心里。后来抗战爆发,敌人很快攻陷我沿海地区,中国军队在蒋百里所说的"三阳"一线都站不住脚,一直退到了云、贵、川地区。知彼知己、高瞻远瞩如蒋百里者,在当时的中国确实找不出第二人。

蒋百里之所以受到国人的一致推崇,不仅是因为他有丰富的学识和良好的品德修养,而且是因为他有深邃的洞察力和超常的预见力。他那强烈的爱国心,在抗击日本侵略的征程中得到了最充分的体现。

出狱以后,蒋百里一边读书为文、修身养性,一边研究与国防有关的问题,默筹抗日方策。他虽置身于内战的纷争之外,澹泊处世,多静少动,但他对日益临近的外侮的关注却没有丝毫放松。"一二八"事变后,蒋百里在沪上与日本人多有交往。由于他日语流利,知识面广,又极善言辞,前来上海的日本达官贵人、富商巨贾和新闻记者都愿与他一谈。当时全国反日气氛浓厚,侄儿蒋复璁怕叔父受到人们的误会,劝他最好断绝与日本人的来往,他笑而不答,使侄儿颇感纳闷。抗日战争爆发后,他才向侄儿讲明真情:他是受政府密令,与日本人周旋,一则了解日本的军事和政治动态,二则运用自己的影响力,将中日战争爆发的时间尽量往后拖延,以使中国争取更多的时间作军事上的准备。实际上,他在当时已经担负了一定的使命。

1933年,蒋百里曾以个人名义赴日本访问考察,拜会了日本军政界的一些要人,驳斥了荒木贞夫等人的侵略谬论。看到日本军国主义分子在做着鲸吞中国的美梦,日本的媒介充斥着向外侵略扩张的鼓噪,日本朝野弥漫着穷兵黩武的野蛮气息,他更加坚信中日两个民族之间的大决战为期不

---

① 陶菊隐:《蒋百里先生传》,第87页。

远了。

回国后,他以普通公民的身份拟定了钢铁计划、煤炭计划、炼油计划、战时交通计划等,无不以提高我国的国防实力为目标。他从军事战略家的角度观察问题,认为现代战争已不仅仅是军人在战场上的厮杀,而是全民的战争,是两个国家综合实力的较量。中国由于连年内战,本就薄弱落后的经济基础更是雪上加霜,如不急起直追,在未来的中日决战中将遭受更大的困难。他预计大战一起,沿海地区将尽陷敌手,所以他的各种计划的着眼点都在内地。

关于炼钢,他认为开始阶段应将小型工厂设于安徽的马鞍山,用大冶的铁和淮南的煤。第二步应将厂址选在湖南株洲和郴州之间,用萍乡的煤和宁乡、醴陵、永兴的铁,因为他估计战争开始后九江以东都会落于日寇之手,马鞍山的钢厂也将不保,宜在湖南设厂,为未雨绸缪之计。他的计划得到了国民政府资源委员会的赞赏,但由于蒋介石与红军激战正酣,这项计划就被束之高阁了。

他的炼油计划是从美国大量进口柴油,在庐山、衡山和川湘交界处的武陵山建成三个大型储油池,油池均建在山洞内,以免敌机轰炸。当时中国尚无石油工业,而美国柴油过剩,价格低廉,中国大量储存,进行提炼加工,战时可作汽车和飞机的燃油以应急需。他与美国煤油公司驻上海的代理人商洽,初步谈妥了美方三年内尽量供给柴油、中方分期付款的意向。他还拟定了这项计划涉及的技术、设备、供给等细目,配上相关的统计表,交国民政府有关部门作进一步研讨。他建议政府在实施炼油计划的同时,调集科学技术人员在中国的大西北寻找和开发石油,建设本民族的石油工业,以免在非常时期被外国人卡住脖子。然而,由于政府各部门之间因利益关系而互相掣肘,又使蒋百里的计划成了纸上画饼。他不禁浩然长叹道:"在官僚主义之下,什么都行不通的!"[①]

蒋百里从全国的战略布局出发,非常看重湖南的战略地位。他认为中国的战时大本营宜设于芷江和洪江一带,工业布局则以南岳衡山为核心,分

① 许逸云:《蒋百里年谱》,第 130 页。

布于株洲至郴州一线的山岳地带,以利防空。他认为湖南是中国的乌克兰,将在中日战争中起到关键作用。这样的预言在当时实属罕见,虽然战争爆发后湖南成了前线,而中国的大本营设到了更西的四川重庆,但国人对他的预见还是惊叹不已。

在拟定各项计划的同时,蒋百里对国防经济学进行了深入研究,于1934 年 5 月写成《从历史上解释国防经济学之基本原则》一文(后为《国防论》一书中的一篇),明确提出了"生活条件与战斗条件一致则强,相离则弱,相反则亡"的至理名言。他通过对中外历史的分析,论述了这项基本原则的重要性。他指出:"生活与战斗本是一件东西从两方面看,但依经济及战斗的状态之演进,时时有分离之趋势。希腊罗马虽在欧洲取得文化先进美名,但今日继承希腊罗马文化的却并不是当年的希腊人罗马人。具有伟大的文化而卒至衰亡的总原因,就是生活工具与战斗工具的不一致。"他列举了生活条件和战斗条件一致的成功范例,如乘马横扫欧亚大陆的蒙古人和乘船征服世界的欧洲人,是善于利用天然工具的成功者。而中国古代的井田制和近代西方的全国总动员方法,是"费尽心血用人为制度而成功者"。蒋百里非常推崇中国古代的井田制在军事上的作用,他认为井田制"不是讲均产",而是"一种又可种田吃饭又可出兵打仗的国防制度"[①]。他所孜孜以求的是唤醒全民族的忧患意识,动员全国的人力物力,与即将入侵的外敌进行一场总体战争。不如此,不足以挽救中国的危亡。他的文章和观点受到了各界人士的推许,也得到了最高当局的关注。在抗击日寇的漫长征程中,蒋百里无疑是一个富有远见卓识的孤独的先行者。

蒋介石乘"一二八"事变复出后,被选为国民政府军事委员会委员长,全权负责全国军事。他深知日本帝国主义欲壑难填,亡我中华的狼子野心不死,中日之间必有一战,所以也着手进行抗击日寇的准备工作。在国家用人之际,他想到了文韬武略兼备的军事大家蒋百里。在抗日的大目标下,他们两人尽释前嫌,原来疏远的关系变得日益密切起来。1934 年秋蒋百里送蒋昭北上看病,一度曾南下,与蒋介石见面商洽有关事务。昔日阶下囚,今日

---

① 蒋百里:《国防论》,蒋复璁、薛光前主编:《蒋百里全集》第 2 辑,第 204—205 页。

座上客,两位校长为筹谋抗日大计走到一起了。

蒋百里吸取以前的经验教训,对关乎内战的事情不置一词。他在内战的漩涡里几经浮沉,历经沧桑,到头来发现自己的所作所为于国无益,于家无用,于己不利。他要置身于内战的是是非非之外,做一些对国家和民族有益的事情。蒋介石尊重他的意向,只让他就与中日关系有关的内政外交问题提出意见和建议,供政府参考。

日军自占领东三省后,不断向关内蚕食渗透,至 1935 年,华北的不少地区或置于日军的控制之下,或被迫成为中立区,北平和天津也受到了日本驻屯军的威胁,形势相当严峻。1935 年 5 月,驻华北日军借口中国政府援助和容留义勇军孙永勤部而挑起事端,在位于天津的河北省政府门前肆无忌惮地示威,迫使河北省政府主席于学忠将省府迁往保定。6 月 9 日,华北日军司令梅津美治郎与主持北平军分会的何应钦秘密签订《何梅协定》,规定:于学忠的第五十一军自河北调往他处;取消河北各地国民党党部;禁止国民党的一切活动;取消河北省的反日活动。

事件发生后,蒋百里衔密命北上考察日军动向,向南京方面提出因应之策。通过考察,蒋百里致函蒋介石,对外交方针和外交技术提出了自己的看法。他认为政府在重视外交方针的严肃性和连贯性的同时,绝不能忽视具体运作过程中的技术问题。他指出:"此次北变,敌人口实,似属于方针方面,而就震实际考察,则原因于技术方面者十之八九。"鉴于外交人才匮乏的现状,他建议蒋介石选拔青年才俊,"分配于各使馆及领事馆",在外交领域做出贡献并积累经验[①]。

蒋百里由泰安抵达济南的当晚,日本驻济南总领事有野闻讯前来拜访。通过实际观察,通过与有野领事的交谈,蒋百里对日本人在北方的情形作出了三点判断:(1)察哈尔和绥远两省"暂时必无问题,以关东军目前尚无余力,可以出师";(2)平津问题是国内的一部分财阀与日本驻屯军勾结造成的,可循外交途径"交涉处理";(3)山东虽暂时无事,但日本参谋本部的少壮派军人对山东"时时怀有野心,思援平津之例,进兵一旅乃至一师",将山东

---

① 蒋百里:《上蒋委员长报告书》,蒋复璁、薛光前主编:《蒋百里全集》第 1 辑,第 2 页。

置于其控制之下。对此,蒋百里建议政府严加防范。蒋百里在这份条陈中还谈到了国际形势,作出了世界大战将在三四年内爆发的判断,建议中国加紧国防建设,以应付大变局的出现:"窃维国防情势,日益紧张,时机最长亦不过三四年,我中国国力现尚有限,若欲事事周备,实不可能,今惟集中力量于致胜之一二要点,使两三年内,能完成一固体,则自余枝叶,可临时补救。"①证之史实,中日战争两年后爆发,世界大战四年后爆发,皆在蒋百里的预料之中。如此人才,实为国之栋梁。

1935 年 7 月 20 日,蒋百里致电蒋介石,提出对日外交必须有三种方案:"一为目前应急之策,此事重心在外使人选。二为对外方案万不可先探日人意旨,盖日人方案各有不同,故我方须向彼提一方案,则彼方态度自然明了,然后公(指蒋介石——引者)可依此状况,以定大局方针。三为对外计,则对内方案亦不可不早行立定。"②蒋百里在此条陈中首次提出了早定国内大计的问题。他在内心深处实希望蒋介石能容忍异党异派,早定抗日大计,而各派力量能立息内争,团结在抗日的大旗之下,集中人力物力,共同抵御外侮。

北上考察告一段落后,蒋百里将左梅夫人和孩子接至风景优美的青岛避暑。他有"善骑者"的称号,在青岛的主要节目就是教几个女儿骑马。名师出高徒,在他的指导下,几个女儿都成了骑马的高手。她们骑马驰骋,英姿飒爽,宛如杨门女将再世,使父亲倍感欣慰和自豪。

衔命赴欧洲

蒋介石为抗日着想,准备派人到欧洲考察军事,尤其是德、意、英、法等国在战时实行的总动员法。他想到了一个合适的人选:蒋百里。

一份急电打来,蒋百里中断度假,从青岛乘飞机直飞南京,欣然领受了与抗日密切相关的这项特殊使命。在外侮日亟、国家危难之际,他是不会袖

---

① 蒋百里:《上蒋委员长报告书》,蒋复璁、薛光前主编:《蒋百里全集》第 1 辑,第 2—3 页。
② 蒋百里:《上蒋委员长报告书》,蒋复璁、薛光前主编:《蒋百里全集》第 1 辑,第 4 页。

手旁观的。11 月 13 日下午,蒋介石"与蒋百里谈话"①,告以自己的计划。

蒋百里欣然从命。他把妻女从青岛接回上海,开始进行出访前的准备工作。

蒋百里到南京后,住在龚浩家中。龚浩时任军事委员会参谋本部第一厅厅长,同时兼任陆军大学教授。师生二人朝夕相处,研讨军事问题,乐而忘倦。蒋百里的侄儿蒋复璁也在南京,常来看望叔父。有一天,蒋百里右脚的拇指忽然红肿起来,蒋复璁有个姓谭的同学是德国留学归来的医生,他诊断是患了痛风。蒋复璁不敢大意,亲自陪叔父到上海,找了一位德国医生诊治,也说是痛风。医生说此病不难治,但须戒绝烟和酒,用药半年后可以断根。然而,蒋百里每天烟不离手,酒不离口,要他戒绝,谈何容易,加上不久他即扬波万里,远赴欧洲,所以痛风就时发时愈,没有根绝。谁也没有料到,这会成为他致命的隐患。

蒋百里出国之前,蒋介石曾邀请他到南京郊外的汤山共度周末,并就他此次欧洲之行的使命作了密谈。他的头衔是军事委员会高等顾问。

1936 年 3 月 26 日,蒋百里携夫人左梅和蒋英、蒋和二女乘"维多利亚"号轮船从上海出发,前赴欧洲。船上还有中国驻法国大使顾维钧夫妇和驻意大利大使刘文岛。当年蒋百里随梁启超访欧,携学生刘文岛同行,送他到法国留学。十多年过去,刘已升任驻外使节,成为党国要人了。他永远忘不了老师对他的爱护和培养。

船到新加坡时,英国总督请顾、刘两大使和蒋百里夫妇参观新落成的防御工事。该工事面海而建,气势宏伟,结构稳固,敌人从海上来袭,实不易突破,但蒋百里发现它有一个致命弱点:只注重海防,未顾及陆防,如敌人不从海上来袭,而是从马来半岛南下袭新加坡之背,则守军必会不战而溃。果不其然,1942 年日本军队从背后发动攻势,英军很快就缴械投降了。

经过三个多星期的海上航行,轮船停靠到了意大利的那不勒斯港。这是蒋百里欧洲之行的第一站,有意大利军方和中国驻意使馆人员前来迎接。他们弃舟登岸,乘汽车抵达罗马,下榻于中国驻意使馆。刘文岛作为大使,

---

① 《蒋介石日记》,1935 年 11 月 13 日。

对老师一家的衣食住行作了周密安排,使他们有宾至如归之感。

意大利方面对蒋百里给予了热情接待,安排他拜会了总理墨索里尼。意大利军方对蒋百里更是盛情款待,请他参观了许多军事设施,以及在那不勒斯举行的航空演习和罗马举行的军事演习。意方还召集有关人员,与蒋百里研讨战时总动员法,使他获益匪浅。通过参观访问,蒋百里对第一次世界大战以来欧洲军事理论、军事装备和技术的发展有了广泛的了解和深刻的认识。

欧洲已到陆海空军并重的时代,日本的陆军和海军都有强大实力,空军虽未独立成军,但也有了相当大的发展,而中国的军事,严格说来还处于陆军时代,海军势单力薄,实力远逊于日本。通过考察,蒋百里更清楚地看到了中国的差距。当时,意大利的杜黑将军关于争夺制空权的理论在欧洲受到推崇,各国的军事战略和战术都发生了巨大的变化。杜黑主张海陆空军平衡发展,而以空军为重点,在三军之上建立统筹国防的总机构。他的主张不但在意大利风行一时,在德、英和苏联等国也备受重视,希特勒更任命纳粹要角戈林担任航空部长和空军司令,大力发展空军。蒋百里回国后,在文章和演讲中大谈发展空军的重要性。他写了一份关于空军的详细报告,可惜手稿在西安事变时丢失了。他后来提到了两个原则:第一,"不论自制或他国代制,几种制式非确实规定不可";第二,空军的地面组织比天空组织"更属重要",因为"空中部队还可以临时编成,地上组织绝不能临渴掘井"①。毫无疑问,在中国空军发展史上,蒋百里的贡献是不容忽略的。

蒋百里在罗马逗留两月之久,每有闲暇,他就带夫人和孩子们游览罗马的名胜古迹,参观历代大师们的雕塑和油画等艺术珍品。他对欧洲的人文和历史非常熟悉,加上已两次到过欧洲,所以他是个极为称职的导游员。他讲得好,蒋英与蒋和记得勤,归国后他根据二女的记录整理成《罗马游记之片断》。后来这篇游记以《现代文化之由来及新人生观之成立》为题,作为《国防论》的一章予以发表。蒋百里在前言中抒发了他访问罗马的感想:

---

① 蒋百里编译:《新兵制与新兵法·自序》,蒋复璁、薛光前主编:《蒋百里全集》第4辑,第224页。

　　我这番出国考察,首先拜访了欧洲的南国,而且是南国的南都——罗马。我这次是重游,旧的怀念与新的怅触,如像三春的花雨缤纷,经过我的心目。这些伟大的古迹不够,还加上些伟大的新迹。如果我是英国人或许五十年后的中国人,我一定点头微笑的说:"倒也不坏!"但我这一回出来,身历了创巨痛深的国难,看见一个国家十几年内会整个从弱变强,那得不感奋,那得不起野心,那得不为之赞叹。[①]

　　意大利原为欧洲弱国,但经过十几年的发展,已具备了与欧洲列强并驾齐驱的实力,使蒋百里赞叹不已。他同时想到了多灾多难的祖国。在差距面前,他想的是如何奋起直追,迎头赶上。

　　完成意大利的考察工作后,蒋百里利用闲暇携蒋英游览了风景如画的佛罗伦萨和水城威尼斯,然后北上攀登著名的阿尔卑斯山。蒋英和大姐蒋昭一样,具有音乐天赋,深得父亲的喜爱。父亲此次特意带她来欧洲,就是为了让她在德国学习音乐。他们登高望远,饱览了白雪覆盖的阿尔卑斯山的奇异风光后,直接来到奥地利首都维也纳。左梅与蒋和则由罗马乘火车前来会合。

　　安顿好家人,蒋百里只身前往南斯拉夫、捷克和匈牙利等国考察访问,与这些国家的军政要员进行了广泛接触,参观了兵工厂和军事设施,结识了不少朋友。

　　他游历三个月后,返回维也纳,携家人同赴德国首都柏林。柏林是他的福地,有他的许多老朋友。当年与他同营实习的布隆堡已担任德国的国防部长。老友久别重逢,何等快事!有了这层特殊的关系,蒋百里非常顺利地完成了在德国的考察任务。他还通过布隆堡将军的介绍,将两个女儿送进了柏林的一家贵族学校学习。为了女儿的学业和前途,纵然心中万分难舍,他还是把她们留在了异国他乡。

　　蒋百里夫妇对两个女儿千叮咛万嘱咐以后,在 10 月的寒风中乘火车离开柏林,取道法兰克福和科隆行抵巴黎,受到驻法大使顾维钧夫妇的优遇。

①　蒋百里:《国防论》,蒋复璁、薛光前主编:《蒋百里全集》第 2 辑,第 323 页。

左梅与顾夫人虽在赴欧途中才结识,但却像深交数十年的老朋友一样,见面总有谈不完的话题。

在巴黎参观访问一周后,蒋百里夫妇乘飞机来到英国伦敦,因驻英大使不在,由使馆代办负责接待他们,替他们买好了赴美国的船票。他们在世界著名的雾都盘桓了一周,即搭乘德国的万吨巨轮"欧罗巴"号横渡大西洋前往美国。

他们在纽约登岸,来到美国。他们目睹了这个世界大都会的繁华喧嚣,也领略了首都华盛顿的宁静高雅。在乘火车向西海岸进发时,他们不时地下车出站,在沿途的一些名胜古迹观光游览。由于蒋百里的考察任务已经完成,在美国的日子就显得非常轻松。他们在中途折而北行,观看了闻名全世界的尼亚加拉大瀑布,又到工业中心芝加哥,参观了水族馆和博物馆。他们最后来到旧金山,准备回国。由于美国船员大罢工,船行无期,他们只好在一家旅馆住下来等待。所谓"无巧不成书",蒋百里居然在这家旅馆里遇到了老朋友胡适博士。他乡遇故知,乃人生一大乐事,把酒对饮,畅谈天下大事,足以忘却置身异域的寂寥。

罢工在继续,船行仍无期,蒋百里急于归国,一则是想尽快向蒋委员长当面汇报考察情况,二则是旅费即将用尽,不能久留,所以他打电话给温哥华的友人订了船票,然后告别胡适博士,携夫人乘火车北上加拿大,搭乘"俄罗斯皇后"号轮船,踏上了归国的航程。

他们在日本横滨登岸,没有久留,即转往神户候船。这时候美国的船员罢工已经结束,蒋百里夫妇等了几天,搭上了乘风破浪而来的美国邮轮"日本皇后"号,在船上又与胡适博士不期而遇,真是巧合。12月1日,他们完成环球航行,回到上海。

有一件事值得一提:蒋百里在美国见到了老朋友钱家治的儿子钱学森。这位毕业于上海交通大学的高才生,是1935年以公费生的资格来美国留学的。他经过一年苦读取得硕士学位后,在进一步深造的专业选择上与父亲发生了意见分歧。蒋百里认为钱学森的选择是正确的,回国后对钱家治作了解释,清除了钱氏父子之间的争执。蒋百里当时肯定没有料到,这位风华正茂的青年日后会成为他的乘龙快婿,与他的三女儿蒋英成婚。他更不会想到,钱学森会成为中国的"原子弹之父",成为一位举世闻名的科学家。钱学森在晚年常怀着深深的敬意说:"蒋方震先生不仅是我的岳父,他还是我最早的师长和引路人。"①

关于欧洲各国的总动员法,蒋百里在海外即不断有报告寄至国内,回国后又写了几篇综合性的报告,并多次以总动员法为题发表演讲,向军政要员们进行全方位的介绍,其中最重要的文章有以下三篇:(1)《总动员纲要》;(2)《总动员之意义及其实施办法纲要之说明》;(3)《与全国总动员关联之作战部队的辎重组织纲要》。蒋百里指出,第一篇的内容是"办理动员事务的人所应知道的",第二篇是"民众方面即被动员的人所当知道的",第三篇则是"关于实际做动员工作的程序"②。

《总动员纲要》由两篇报告组成。蒋百里在报告第1号中指出,总动员是一项前所未见的复杂工作,必须建立一个统一的领导机构。德国采用的是中央集权制,由德军参谋本部总揽,而法国采用的是地方分权制,由地方上的动员局负责实施。蒋百里根据中国的实际情况,建议吸收德法两国之长,取"参用制",即"每省择一地区(战略要点之区)归中央军部直接指挥,而其余各区归地方军事及行政长官负责办理,中央居指导监督之地位"。他进而规划了中央和地方机构的部门设置、人员配置以及运作程序和方法等重要项目。

总动员是全国军事和民事一体化的一项浩大工程,蒋百里认为实施总动员有两大要领,一是对现有的一切按总动员的要求进行改造,使所有的生产和生活工具都能适应长期作战的要求;二是对即将建设的铁路、水利、工厂等事业,均按军事目的,在高级军官的指导下有序进行,以备作战时加以利用。

在报告的最后,蒋百里指出了总动员应注意的事项,一忌不经济,二忌空有计划不能实施,三忌各官署之推诿责任。他特别援引了各国动员法的

① 《钱学森与蒋方震》,2000年11月10日《浙江日报》,第14版。
② 蒋百里编译:《新兵制与新兵法·自序》,蒋复璁、薛光前主编:《蒋百里全集》第4辑,第224页。

一条共同规定："动员实施时各机关不得向上级请示。"①

蒋百里在报告第 2 号中强调了养成"国民组织力"的重要性。他说："今世界论军备之要素,不外乎三:曰人,曰物,曰组织。吾中国于此三者中,已得其二,所阙者独此最后一项组织力是已。而组织能力之最大表现,即为国民总动员,此其为政府统率之力十之六,而人民之自觉与习惯亦居十之四,信能将民族之组织力发展,则国防之树如反掌耳。"②通过考察,他认识到唤醒民众、动员民众、组织民众,是实施总动员法的关键因素。他在报告中还详述了 1934 年和 1935 年欧洲各国实施总动员的有关情况,供国内决策部门作参考。

《总动员之意义及其实施办法纲要之说明》是蒋百里 1937 年夏在庐山军官训练班所作的演讲之一。他在文中阐述了总动员的源起、含义与发展历程,讲了军队动员和全民总动员的区别,以大量的事例说明了总动员的意义,所谓"有备无患","凡事豫则立",都是现代战争的精要所在。他认为要想战时少流血,就得平时多流汗,民众与军人同样重要,"汗与血有同等的价格。一个好国民,不一定要拿枪才算好汉,拿一把锄头,一根米突尺,也是一个无名英雄"。他进而明确指出:"我们更要知道国民总动员,不是全国人一齐拿枪上战线(这件事归军队动员管),是全国人,打仗的拿武器,种田的人拿锄头,织布的织布,做工的做工。现在打仗专靠血还不行,还得靠汗。地上一架战车,打起仗来只要两个人,但是战线后方要四十六个人帮他。天上一架飞机,地上要有六十个人的组织。"③

他还用两张图表说明了总动员的构成体系和建设国防工业的前后顺序。

蒋百里在第三篇文章中主要阐述了中国实施总动员的几个步骤:"第一步是军队辎重组织之确定,第二步是后方仓库网之构成,第三步是仓库网到

---

① 黄萍荪编:《蒋百里文选》,第 128—132 页。

② 黄萍荪编:《蒋百里文选》,第 133 页。

③ 蒋百里编译:《新兵制与新兵法》,附录二,《总动员之意义及其实施办法纲要之说明》,蒋复璁、薛光前主编:《蒋百里全集》第 4 辑,第 283—284 页。

交通网之布置,第四步是各根据地集中物资人员的种种方法。"①

在日寇侵逼日益加剧之际,蒋百里关于总动员法的考察、介绍和宣讲,对高层的决策和全国的备战无疑具有极为重要的意义。1937 年"七七"事变发生后,蒋介石在演说中慷慨激昂地陈词:"如果战端一开,那就是地无分南北,人无分老幼,皆有守土抗战之责任,皆应抱定牺牲一切之决心。"全民总动员,由此可见一斑。

---

① 蒋百里编译:《新兵制与新兵法·自序》,蒋复璁、薛光前主编:《蒋百里全集》第 4 辑,第 224 页。

第九章　抗日烽火　毁家纾难

卷入西安事变

　　1936 年 12 月 12 日，张学良和杨虎城在古城西安扣押蒋介石，发动震惊中外的西安事变，归国不久的蒋百里也卷入其中，并在事变的和平解决过程中发挥了一定作用。

　　蒋介石坚持"攘外必先安内"的既定政策，决心把经过二万五千里长征而至陕北的红军赶尽杀绝。1935 年 10 月，蒋介石在西安设立西北"剿匪总司令部"，自兼总司令，以张学良为副总司令，代行总司令职权，指挥东北军、杨虎城的西北军以及陕、甘、宁、青四省的其他军队，"围剿"陕甘红军。张学良是个国难家仇集于一身的人，素怀抗击日寇、打回老家之心，杨虎城则与蒋一直有矛盾，对蒋利用内战消灭异己力量的做法十分不满。张、杨在抗日救国的大目标下携起手来，接受中国共产党提出的停止内战共赴国难的主张，与红军达成罢兵息战的秘密协议，形成"前线无战事"的局面。

　　1936 年 10 月 22 日，蒋介石亲临西安督战。张学良恳切请求蒋停止内战，一致抗日，遭到蒋的严厉斥责。10 月 31 日是蒋介石 50 岁生日，他于 10 月 29 日乘火车去洛阳，名为避寿，实则是部署"剿共"。他命令几个月前到湖南和湖北对付两广事变的约三十个师北移,集结在平汉路汉口至郑州段和陇海路郑州至灵宝段,准备随时开赴陕甘。他的计划是:如果张、杨坚持不与红军作战,即把他们的军队调往他处,而由中央军完成对红军的最后一击。在此期间,张学良曾两次赴洛阳劝蒋抗日,都受到蒋的训斥。

12 月 4 日,蒋介石由洛阳再次来到西安,住在临潼骊山脚下的华清池,高级将领陈诚、卫立煌、蒋鼎文、陈继承、朱绍良等也先后来到西安。一时之间,古都西安冠盖云集,陕甘地区战云密布,成为全国注目的焦点。12 月 7 日晚,张学良再到华清池向蒋介石"哭谏",希望蒋认清形势,改弦更张,停止内战,一致抗日。对张的痛哭陈词,蒋不但不听,反而对张大加申斥,并说即使张用手枪打死他,他的"剿共"政策也不会改变。8 日上午,杨虎城也到华清池劝蒋,蒋仍不改初衷。张、杨见多次劝谏无效,遂决定采取非常手段,扣押蒋介石,逼他抗日,形势已紧张到了一触即发的地步。

就在这个节骨眼上,蒋百里来到了西安,成为事变的见证人之一。

1936 年 12 月 1 日蒋百里自海外归来后,立即成为记者追逐的对象,但因考察任务属于机密,他不能多谈,只好向记者们敷衍一番,将他们打发走。回到家中,他置酒备菜,请来相交甚深的著名记者陶菊隐,敞开话匣子,把欧美之行的所见所闻所思所想一股脑儿倒了出来。陶经常在报上发表关于国际问题的文章,与蒋百里很能谈得来,两人是谊兼师友的忘年之交。

蒋介石获悉蒋百里考察归来,即于 12 月 8 日来电让他赴西安面谈。因上海至西安的飞机票极难买到,蒋百里打算推迟行期,但蒋介石急于见他,又来电催促,他只好于 9 日下午乘火车到南京,于 11 日上午乘飞机赴西安,中午抵达。他在西京招待所略事休息后,即于下午 2 时乘车到华清池向蒋介石汇报赴欧洲考察的有关情况。蒋介石对正在临近的巨大变故毫无察觉,所以与蒋百里相谈甚欢。一小时后,蒋百里告辞而出,在华清池舒舒服服地洗了一个温泉浴,旅途劳顿,一扫而光。

下午 4 点多钟,蒋百里由华清池返回西京招待所休息。西京招待所是个"人"字形的建筑物。一层和二层住满了随蒋介石前来的军政大员及随从,主要人物有:

蒋百里　军事委员会高等顾问,住 124 室

陈　诚　南京国民政府军政部次长,住 114 室

卫立煌　前豫鄂皖边区主任(将发表的晋陕绥宁边区总指挥),住 112 室

陈继承　豫鄂皖边区主任、陆军第一军军长,住 107 室

蒋作宾　南京国民政府内政部长,住 111 室

邵元冲　国民党中央委员、党史史料编辑委员会主任委员,住 113 室

蒋鼎文　福建绥靖主任、陆军第二军军长(将发表的西北剿匪前敌总司令),住 207 室

陈调元　军事参议院副院长,住 214 室

朱绍良　甘肃绥靖主任,住 208 室

万耀煌　陆军第二十五军军长,住 211 室

当天晚上,张学良和杨虎城在新城大楼大宴宾客,蒋百里应邀前往。因蒋介石留张学良和陈诚等人在华清池商谈作战计划,所以由杨虎城一人主持宴会。客人们开怀畅饮,高谈阔论,对张、杨的密谋一无所知。蒋百里既善饮又健谈,是宴会上大受欢迎的一位。过了一段时间,张学良自驾汽车自华清池匆匆赶来,同车而来的还有陈调元、陈诚、蒋作宾、陈继承和卫立煌,他们的到来使宴会的气氛更加热烈。晚 10 时许,宾主尽欢而散。

回到招待所后,陈诚和陕西省主席邵力子来找蒋百里聊天,直到 12 时半才告辞而去。蒋百里奔波劳累了一天,很快就进入了梦乡。

第二天天还未亮,蒋百里即披衣下床,准备草拟赴欧考察报告。远处突然传来一阵一阵的枪声,蒋百里以为是部队在进行军事演习,就没有当回事。随后枪声由远而近,似在咫尺之间,蒋百里不知变生肘腋,还认为是附近的驻军在练习实弹射击,所以继续伏案整理文稿。随着枪声的爆响,招待所里变得躁动起来,只听得走廊里有人大声问:"由上海来的蒋百里先生住在哪一间房?"蒋百里未及作答,就有一个青年营长推门而入,问道:"您是蒋百里先生?"

"是的。"处变不惊的蒋百里平静地回答。

"请先生客厅里坐。"营长说完,即命两个持枪的士兵一左一右挟着蒋百

里来到客厅①。

客厅里聚集了不少人,既有南京方面的军政大员及其随员、家属和卫士,也有东北军系统的马占山、鲍文樾等,因为包围西京招待所的是杨虎城军中的宪兵部队,不认识东北军系统的人,后来经过点名,才把马占山等人请了出去。

陈诚听到枪声后觉得事情不妙,赶紧把一份分化瓦解张学良和杨虎城军队的秘密计划撕成碎片,扔在抽水马桶里用水冲下,然后迅速跑到招待所的地下室躲藏起来。宪兵营的士兵到处搜索陈诚,一直搜到地下室,发现墙角有一个倒扣着的垃圾箱有点可疑,翻过来一看,发现陈诚缩作一团躲在下面,满身尽是灰土,模样十分狼狈。他被士兵押进客厅,见到众人时显得有些尴尬,默默地坐到一边去了。

万耀煌和妻子周长临听到人声鼎沸,赶快穿衣下床,开门查看。他见很多持枪士兵在各室搜捕住客,心知有异,立即锁上房门。过一会儿,士兵来抓他,用力撞了几下门,未撞开,又用钥匙开门,万耀煌紧握锁钮不放松。士兵见一时打不开此门,就去别的房间捕人去了。万耀煌判断是部分士兵发动兵变,只要坚持到天亮,自会有其他部队前来平乱,但后来凭窗看到街上的军队秩序井然,并非乱军模样,始知是有计划的行动。上午11时左右,士兵再来搜捕,周长临怕士兵开枪,就让丈夫藏到衣柜中,但最后还是被士兵搜了出来,押至客厅。

邵元冲听到枪声后,从后窗跳到院子里想越墙逃跑,士兵发现后,立即喊话叫他站住,他不听,继续向招待所西边的围墙跑去。士兵连开两枪,击中他的腹部。他被送到医院救治,终因流血过多而死。这是西京招待所唯一的死亡事件。

西京招待所的"贵客"都被带到大客厅后,负责看守的士兵把他们的随员和家属带至别的房间分别看管,使大客厅的人少了许多。大家面面相觑,都不知到底发生了什么事。陈诚等人心事重重,均面现忧色,只有蒋百里无官一身轻,心绪比较平稳。为了打破沉闷的局面,他用浓重的家乡口音吟了

---

① 陶菊隐:《蒋百里先生传》,第173页。

一句:"昨为座上客,今作阶下囚!"他的风趣吟诵使大家紧绷的神经松弛下来。

大胖子陈调元也活跃起来,掏出一盒香烟开玩笑地说:"卖烟,卖烟,茄力克香烟,现钱交易,五毛钱一支。此时此地,不算贵吧!"他边说边给大家发烟。负搜捕和看守之责的那位青年营长看见后,赶紧让士兵拿来整条的香烟供大家抽。在烟雾缭绕中,大家聊起天来,但谁也不敢谈兵变之事。最后还是蒋百里憋不住,问那位青年营长:"今天究竟发生了什么事呀?"

青年营长喟然长叹道:"你们有年纪的人,哪里知道我们年轻人的苦……事情不会扩大,你们请放心,再过些时你们就可以得着真消息了。"①

不久,侍从室主任钱大钧也被押了进来。钱大钧随蒋介石住在华清池,众人见他肩部受伤,身上沾满血迹,料想华清池也出了大乱子,但谁也不敢趋前询问。

报馆的第一份号外终于送来了,大家看到"张杨兵谏"的标题,尽管已有精神准备,内心仍不免为之震撼。号外刊登了张学良杨虎城的双十二通电,对发动兵谏的原因作了解释,并提出了八项政治主张,内容如下:

> 南京中央执行委员会、国民政府林主席钧鉴:暨各部院会勋鉴:各绥靖主任、各总司令、各省主席、各救国联合会、各机关、各法团、各报馆、各学校钧鉴:东北沦亡,时逾五载,国权凌夷,疆土日蹙。淞沪协定,屈辱于前;塘沽、何梅协定,继之于后,凡属国人,无不痛心。近来国际形势豹变,相互勾结,以我国家民族为牺牲。绥东战起,群情鼎沸,士气激昂。丁此时机,我中枢领袖应如何激励军民,发动全国之整个抗战!乃前方之守土将士,浴血杀敌,后方之外交当局,仍力谋妥协。自上海之爱国冤狱爆发,世界震惊,举国痛愤,爱国获罪,令人发指!蒋委员长介公受群小包围,弃绝民众,误国咎深,学良等涕泣进谏,累遭重斥。日昨西安学生举行救国运动,竟嗾使警察枪杀爱国幼童,稍具人心,孰忍出此。学良等多年袍泽,不忍坐视,因对介公为最后之诤谏,保其安全,

---

① 陶菊隐:《蒋百里先生传》,第174页。

促其反省。西北军民一致主张如下：

（一）改组南京政府，容纳各党各派，共同负责救国。

（二）停止一切内战。

（三）立即释放上海被捕之爱国领袖。

（四）释放全国一切政治犯。

（五）开放民众爱国运动。

（六）保障人民集会结社一切政治自由。

（七）确定遵行总理遗嘱。

（八）立即召开救国会议。

以上八项，为我等及西北军民之爱国主张，望诸公俯顺舆情，开诚采纳，为国家开一线之生机，涤已往误国之愆尤。大义当前，不容反顾。只求救亡主张贯彻，有济于国家。为功为罪，一听国人之处置，临电不胜待命之至！张学良、杨虎城、朱绍良、马占山、于学忠、陈诚、邵力子、蒋鼎文、陈调元、卫立煌、钱大钧、何柱国、冯钦哉、孙蔚如、陈继承、王以哲、万福麟、董英斌、缪澄流叩。①

读罢此文，蒋百里大感安慰，张、杨以"舍得一身剐，敢把皇帝拉下马"的超人勇气，发动兵谏，逼蒋抗日，是符合国情民意的义举，与蒋百里素怀的抗日壮志不谋而合。蒋百里作为"客卿"，虽不便对蒋介石的内战政策提出反对，但他对任何有利于抗战的行动都是无条件支持的。在陈诚等大员惊愕惶惑之际，蒋百里的心中对张、杨的行动和主张充满了同情，因为加强国防抵御外侮是他多年来一以贯之的追求。

下午5时，士兵们把蒋百里等人移至二楼，分散关押，每室派士兵一人持枪守卫。6时许，忙了一天的张学良来到招待所，遍访各室，向被押的军政大员们拱手赔不是。有人抱怨饿了一天了，张学良即命看守人员通知厨师备饭，然后匆匆离去。夜幕降临，灯火初上，厨师刚将饭菜备好，即被饥饿

---

① 中国第二历史档案馆、云南省档案馆和陕西省档案馆合编：《西安事变档案史料选编》，档案出版社1986年版，第3—4页。

难耐的士兵们抢食一空,厨师连炊五次,均是如此,直到士兵们吃饱了,才轮到军政大员及随从们吃。他们个个狼吞虎咽,都顾不得吃相好看与否了。

晚上张学良来看蒋百里,说他父亲张作霖很敬重百里先生,而今面对如此复杂的局势,他希望蒋百里对他多加指教和帮助。他让副官给蒋百里拿来牛排、火腿、白兰地和香烟等,对蒋百里优礼有加。

第二天上午 10 时许,张学良来招待所告诉蒋百里,南京方面以何应钦为首的主战派准备对西安大加讨伐。对地面进攻,张学良有把握对付,但他担心何应钦派飞机对西安狂轰滥炸,则后果不堪设想。蒋百里经过分析,向张学良断言:"委员长在西安,他们必不来轰炸。"①闻听此言,张学良似吃了一颗定心丸,脸上的忧色一扫而光,欣然告辞而去。

蒋百里处在软禁中,对外界对西安事变的反应知之甚少,对南京方面的意见分歧、中共中央的介入和国际社会的舆论缺乏了解,他只能通过张学良对他讲的一星半点情况进行分析和判断,为事变的和平解决贡献自己的力量。

蒋介石对张学良"犯上作乱"之举大为愤怒,拒不与张交谈,使双方的谈判无从开始。幸而 12 月 14 日宋美龄和孔祥熙派英国顾问端纳由南京飞至西安,才打破了僵局。端纳告诉蒋介石,张、杨发动兵谏完全是为了抗日,确无加害之意,只要蒋接受抗日救国主张,就会获得自由。端纳劝蒋不要固执己见,应该听取西安人民的意见,接受张、杨的八项要求。经过端纳的劝解,蒋介石的态度有所缓和,并答应由新城大楼移至玄风桥新落成的高桂滋公馆去住。

15 日下午端纳飞往洛阳,通过电话向宋美龄汇报蒋介石的近况和自己西安之行的经过。端纳特别强调张、杨绝无加害蒋介石之意,只要南京方面不采取过激行动,事变可望于数日内解决。但是,以何应钦为首的主战派积极调兵遣将,进逼西安,宋美龄在南京已有控制不住局面之势,必须要有蒋介石的手谕才能阻止主战派动武。

蒋介石的态度虽有所缓和,但每次见到张学良仍是怒目而视,痛加斥

---

① 陶菊隐:《蒋百里先生传》,第 179 页。

责,使张学良难以进言。张无奈,只好请无党无派的蒋百里出面充当调人。15日,张学良征得蒋百里的同意后,马上去征询蒋介石的意见,蒋介石正需要一个"第三者"居中斡旋,使自己有台阶可下,当然不会反对。16日晚,张学良与蒋百里同去见蒋介石。蒋百里劝蒋介石说:"此间事已有转机,但中央军如急攻,则又将促之中变。委员长固不辞为国牺牲,然西北民困乍苏,至可悯念,宜稍留回旋余地,为国家保持元气。"①

他请蒋介石致函南京方面,叮嘱不要进攻西安,蒋介石表示同意。关于送信者的人选,张学良认为蒋百里最合适,但蒋百里认为只有派一个与南京方面关系很深而与张学良感情不融洽的军事大员前去,才有办法。蒋百里问张学良最恨哪一位被拘押在西安的军政大员,张说他最看不顺眼的是蒋鼎文,因为蒋鼎文爱出坏主意。蒋百里提议派蒋鼎文去南京,一则表明西安方面绝无伤害其他中央大员之意,二则显示张、杨对和平解决时局抱有极大的诚意,必能产生积极的效果。

张学良完全赞同蒋百里的提议,当即派总务处长周文章把蒋鼎文请至蒋百里的新住处阜丰里,告以派他去南京之意。蒋鼎文表示,只要对大局有益,且得到蒋介石命令,任何使命,在所不辞。

第二天,张学良带蒋鼎文去见蒋介石,蒋给何应钦写了手令:"敬之吾兄:闻昨日空军在渭南轰炸,望即令停止,以近情观察,中于本星期六日(十九日)前可以回京,故星期六以前,万不可冲突,望即停止轰炸为要。顺颂戎祉。中正手启。十二月十七日。"②

当天中午,蒋鼎文携蒋介石手令飞洛阳,第二天飞南京,将手令面交何应钦,何被迫下令暂停轰炸。这使主战派气焰顿挫,为宋美龄、孔祥熙和宋子文等主和派造成了有利的局面,连原本力主讨伐的戴笠也"看出张学良有求和的动机,否则张不会把蒋鼎文放出来"③。后来,军政界上层人士均认

① 蒋介石:《西安半月记》,秦孝仪主编:《革命文献》第94辑,台北,1983年版,第18页。
② 中国社会科学院现代史研究室编:《西安事变资料》第1辑,人民出版社1980年版,第155页。
③ 唐纵:《在蒋介石身边八年——侍从室高级幕僚唐纵日记》,群众出版社1991年版,第70页。

为蒋百里为开启和平解决事变之门起了有益的推动作用。

17日,周恩来率中共代表团到西安,表明了中共中央的基本态度:争取和平解决西安事变,只要蒋介石答应停止内战、一致抗日的条件,不但要放他回去,还要拥护他做全国抗日的领袖。这与张学良捉蒋的初衷和捉蒋后的思路不谋而合。20日,宋子文飞抵西安,了解到张、杨抗日救国的热诚及和平解决事变的诚意,探明了中共中央制定的和平方针,这些都进一步坚定了他采用和平办法营救蒋介石的信心和勇气。21日,宋子文飞返南京,向宋美龄和孔祥熙作了汇报。22日,宋美龄偕宋子文、端纳、蒋鼎文和戴笠飞赴西安。经过各方的努力,震惊中外的西安事变终于得到和平解决。

12月25日上午,张学良陪送蒋介石一行飞离西安。到洛阳后,蒋介石命令张学良致电杨虎城,将扣押在西安的陈诚、卫立煌、蒋鼎文和陈调元4人和几十架被扣的新式战斗机先行释放。杨虎城接到张学良的电报后与王以哲、周恩来等人商量,大家认为既然已把蒋介石放走,扣押其他人已无意义,不如一齐都放了。26日下午,杨虎城拜访了蒋百里和陈诚等人,表示道歉,并于当晚在新城大楼大摆宴席,为他们送行。在宴会上,蒋百里又以调侃的口吻说了一句:"昨为阶下囚,今又座上客。"他的话使大家相顾莞尔。

12月27日,在送行的军乐声中,蒋百里等人乘飞机离开了西安。这短短的十几个日夜,中国历史的进程产生了极为深远的影响,同时也在涉身其中的每个人心上留下了抹不去的印痕。事变的最终结局是蒋百里期待已久的,因为抗击日寇侵略是他后半生最大的追求。

大战前的奔忙

由于有了西安事变中共同"蒙难"的经历,蒋介石与蒋百里的关系更加密切起来。事变以后,蒋介石被迫放弃了内战的政策,而将主要精力用来准备抗战,素来主张抗日御侮的蒋百里就有了更大的用武之地。

1937年2月初,蒋介石由溪口老家赴杭州,对西安事变时背部的跌伤进行X光检查,蒋百里奉召前往会面,商讨意大利著名经济学家史丹法尼来华担任财政顾问之事。

　　蒋百里携薛光前到杭州后,先由侍从室主任钱大钧和陈布雷接待。第二天下午,蒋、薛二人同去拜见蒋介石．蒋介石穿一件棕色夹袍,笑容可掬,但双手扶腰,显见得伤痛未愈。蒋百里趋前握手问道:"委员长贵体如何?"蒋介石回答:"很好,只是腰部还没有十分复原,想来没有大关系。"[①]寒暄之后,各自落座,蒋百里请薛光前汇报了史丹法尼顾问来华的日程和工作安排情况。

　　薛光前和史丹法尼是蒋百里上年在意大利考察时结识的两位财经专家。

　　薛光前是江苏省青浦县人,生于 1909 年。薛于 1933 年在上海东吴大学法学院毕业后,入中国银行工作,主编《中行生活》杂志,兼任其他文学工作,得到总经理张嘉璈先生的赏识。1935 年,薛由张嘉璈资助旅费,赴意大利留学,拜罗马大学政治经济研究所主任史丹法尼为师,攻读博士学位。他一边读书,一边在刘文岛大使手下任职,赚钱维持在意大利的生活费用。由于他刻苦自励,踏实肯干,很快得到了刘大使的器重。

　　史丹法尼教授生于 1879 年,曾在第一次世界大战后担任过意大利的财政部长,对战后意大利的财经改革和币制的重建作出过卓越的贡献,是闻名欧洲的财经专家。

　　蒋百里深知现代战争已非纯军事行动,而是交战双方综合国力的较量,所以他赴欧洲考察总动员法时,对各国的财政问题也给予高度重视。他到意大利后对刘文岛谈到这个问题,刘大使就向他推荐了薛光前。刘把薛召至会客厅,介绍说:"这是百里师,你想必早见过了。他很关心义国的经济财政情形,想听听你的意见。我已经给百里师讲过,在我们馆员中你是对义国情形研究得最道地的一位,你慢慢的说吧。"[②]

　　刘大使介绍完即引身而退,由蒋百里与薛光前单独交谈。薛当时刚完成了专题研究《意大利经财改革》,对意大利的情况较为熟悉,即侃侃而谈约两小时之久,主题是如何合理分配国家税收和有效利用全国资源。他认为

---

　　① 　薛光前:《蒋百里的晚年与军事思想》,台北,传记文学出版社 1969 年版,第 18 页。
　　② 　薛光前:《蒋百里的晚年与军事思想》,第 8 页。当时把意大利译为义大利——引者。

宜采取的措施有：（1）培养税源；（2）改良田赋及土地税；（3）核实稽征；（4）简化税类税率；（5）统一营业发票；（6）改良货物税及营业税；（7）废除遗产税。薛还谈到了史丹法尼教授和他的名著《财政论》。蒋百里对薛光前的高论大为激赏，对史丹法尼的学识和成就也深感钦佩，他叫薛光前把谈话要点写成书面报告，送他核阅。

薛光前连夜写好报告呈上，蒋百里阅后即转呈蒋介石，并建议聘请史丹法尼到中国担任财政顾问。蒋介石批准这项建议后，国民政府即通过驻意大利使馆与史丹法尼商洽，史丹法尼欣然应允。

薛光前学成后先于蒋百里归国，起初在铁道部供职，旋由蒋介石委任为军事委员会资源委员会专门委员，为史丹法尼来华担任顾问做准备工作。

这就是史顾问来华的前因后果。

蒋百里和薛光前在杭州向蒋介石作过汇报后，乘火车返回上海，静候史顾问来华。

1937 年 3 月下旬，史丹法尼先生携夫人及二子一女抵达上海，蒋百里、薛光前以及上海特别市政府秘书长俞鸿钧前往迎接，把他们安排在迈尔西爱路的一家大旅馆里住下来。随后，蒋百里一行乘火车上特挂的专车来到杭州，下榻于杭州有名的大华饭店，因史顾问带有家眷，蒋百里便携左梅夫人同行，就近照应。

蒋介石正在杭州与周恩来商谈国共合作的有关事宜，闻史顾问抵达，即于 3 月 30 日设晚宴款待[1]，垂询备详，优礼有加。他对"史丹法尼白头青年之言行不胜企慕"，认为他体现了"意大利国家之人格"[2]。4 月 3 日，他又赞叹道："史丹法尼以一白头学者时时以兵士自居，难怪意大利复兴如是之速也。"[3]见面之后，蒋介石嘱侍从室派裁缝给史顾问全家做了绫罗绸缎的旗袍马褂等中式服装，使他们颇有受宠若惊之感。

蒋百里和薛光前陪史顾问一家游览了杭州的西湖美景和其他名胜古迹以后，一同到南京开始办公。蒋介石任命蒋百里为史丹法尼高等顾问办公

---

① 《蒋介石日记》，1937 年 3 月 30 日。
② 《蒋介石日记》，1937 年 4 月 2 日。
③ 《蒋介石日记》，1937 年 4 月 3 日。

室主任,把办公处安排在卫岗 8 号一幢二层楼的洋房内。史顾问在蒋百里和薛光前的协助下,与行政院、财政部和资源委员会等有关部门的代表频繁开会、交谈,并调阅有关资料,争取在尽可能短的时间内熟悉和掌握中国的经济和财政现状,以便为第二阶段的考察工作奠定基础。

在此期间,蒋百里与史顾问经常见面,尽可能多的向他介绍有关情况。史顾问调阅的数百种资料都由顾问处的工作人员译成意大利文或英文,供他参考。由于各部门的通力合作,史顾问的调查咨询工作获得了令人满意的成效。

1937 年 4 月 21 日,史丹法尼就中国经济社会问题呈交报告,内容如下:

> 奉钧座三月三十日及四月一日在杭面谕,谨遵于第一步时期与钧座之代表蒋百里将军每日举行极有意义之谈话。蒋将军识验宏博,爱国心长,实予工作上以不少之助力,至以下诸君,亦曾先后晤见,分别征询:
>
> 　　行政院政务处处长何廉
> 　　资源委员会副秘书长钱昌照
> 　　财政部次长邹琳
> 　　财政部币制研究委员会委员长陈锦涛
> 　　财政部所得税办事处主任梁敬镡
> 　　军政部兵工署署长俞大维
> 　　资源委员会统计处处长孙拯。①

1937 年 5 月 5 日,蒋百里陪同史顾问从浦口北上,以游历为名赴各地进行实地考察,随行的有史顾问的秘书马格里尼将军、长子彼爱乐以及薛光前等。史顾问主要考察经济和财政,蒋百里还负有考察军事的特殊使命。

---

① 中国第二历史档案馆编:《中华民国史档案资料汇编》第五辑第二编外交(二),江苏古籍出版社 1994 年版,第 1344 页。

他们考察的第一站是济南。5月6日下午4时,他们在济南会见了大名鼎鼎的山东省主席韩复榘,谈话一个半小时。5月7日上午参观,晚间赴韩复榘举办的宴会。宴会结束后与邹平乡村建设学院院长梁漱溟谈乡村建设问题。当年蒋百里和梁启超在北京从事文化活动时,与梁漱溟时相过从,私交甚笃。十数年后两人在异乡相遇,关心的还是国家建设问题。日本占领华北和华东后,如果中国在山东和山西两省广泛组织民间武装,凭借山区的地形优势,相机袭扰敌人,定会给日军造成很大困难,使其难以全力西进。梁漱溟的乡村教育符合全民总动员的大思路,所以引起了蒋百里的浓厚兴趣。

谈话中蒋百里的真知灼见给梁留下了极为深刻的印象。"七七"事变爆发后,梁到南京和上海观察政府是否下定了抗战的决心,尤其是想与蒋百里见面一谈。蒋见到梁后,力催他赶快回山东,请山东省政府把兵工厂和民用机器设备等有用的物资往西迁移,因为上海的工业界和金融界等许多行业已在政府的促动下开始迁移了。蒋百里对抗战的前途充满信心,他语气坚定地说:"打不了,亦要打;打败了,就退;退了还是打。五年、八年、十年总坚持打下去;不论打到什么天地,穷尽输光不要紧,千千万万就是不要同他(日寇)妥协,最后胜利定是我们的。你不相信,可以睁眼看着。我们都会看见的,除非你是个'短命鬼'。"①在那国难当头的峥嵘岁月,凡接触过百里先生的人,无不为他坚定的毅力和必胜的信念所感动。

5月8日,蒋百里和史顾问一行到邹平参观访问,晚上赴青岛。5月9日,他们在青岛参观,晚上即搭车返济南,于5月10日早8时到济南后即转车赴北平。为避免日本人的注意,他们在北平很少公开活动,只是在5月12日受到河北省主席冯治安、北平市长秦德纯等人的宴请。他们还与冯治安、秦德纯、萧振瀛和张自忠等人密谈,将中枢的抗日决心转告他们,叫他们振作精神,做好打仗的准备。有时候,蒋百里带马格里尼将军视察军事设施,薛光前就陪史顾问到东安市场等地买些古玩,因为史顾问在军事方面是外行,而马格里尼是军事专家,在意大利因战功卓著而升至中将。蒋百里希

① 梁漱溟:《蒋百里轶事数则》,《文史资料选辑》第102辑,第134页。

望他对中国的军事设施提出一些指导性的建议。

北平的考察结束后,蒋百里一行于 5 月 13 日乘飞机来到阎锡山统治下的山西省。北平属敏感地区,而太原则不然,所以史顾问和蒋百里等人能够公开活动。阎锡山当时在晋祠,由赵戴文和贾景德负责接待史顾问。他们在太原举行盛大欢迎宴会,召集全省军政首要约 200 人参加。史顾问在宴会上发表了慷慨激昂的演说,鼓励大家团结起来抵御外侮,并断言最后的胜利一定属于中国。演说不时赢得阵阵热烈的掌声。实际上史顾问的演说内容有许多是蒋百里的观点,他在考察途中经常有意识地让这位意大利老人大讲抗日救国的道理,希望借此鼓励中国的人心士气。他的这个高招收到了非常好的效果。

之后,蒋百里一行由太原东行,来到山西门户娘子关考察军事防御情况,与驻扎娘子关的军事将领进行了座谈。出山西后,他们在石家庄乘火车沿平汉线南下,于 5 月 17 日到郑州。5 月 19 日,他们抵达武汉,受到了湖北省主席黄绍竑的热情接待。5 月 20 日,他们与黄绍竑谈了民众训练及教育问题。会谈结束后,黄绍竑与考察团成员合影留念。

告别武汉,蒋百里一行继续南下,于 5 月 23 日上午 8 时来到长沙。湖南是蔡锷的故乡,蒋百里对于湖南有一种特殊的感情,一则挚友蔡锷和高徒唐生智都是湖南人,二则蒋百里非常重视湖南的战略地位,他认定中日开战后,湖南将发挥十分重要的作用。他在长沙抽空登临岳麓山,凭吊了故友蔡锷将军。史丹法尼和蒋百里等人从长沙来到南岳衡山,晤见湖南省主席何键。何键召集有关单位负责人开会,与史顾问一行讨论经济建设问题。蒋百里还向他们宣讲自己一直在思考的以南岳衡山为核心地区建设战时工业体系的计划。

他们清晨在祝融峰观日出,夜间则宿于南岳名刹上封寺。蒋百里与上封寺方丈宝生禅师畅谈佛学,获益匪浅。

从衡山下来,他们又马不停蹄来到广州,于 5 月 26 日与余汉谋等广东军政长官晤谈,27日赴香港。5月31日,史顾问一行抵达上海①。

　　1937年6月上旬,蒋百里一行结束考察,返回南京。时值初夏,蒋介石等政要都在庐山办公,所以史顾问和蒋百里等人也转赴庐山。

　　此次考察历时一月,辗转十余个省市,蒋百里一路观察,一路宣传,一路思索,为中国的抗战大业奔走呼号,为决策部门出谋划策,为地方军民鼓劲打气,圆满地完成了自己的使命。史顾问在充分了解情况后,也向中国政府提出了许多切实可行的建议,尤其在财政和税收方面,提出了不少有针对性的改革建议,引起了蒋介石和有关部门的高度重视。蒋百里也根据考察情况写了报告,呈送蒋介石。6月20日,蒋介石看过蒋百里的报告,认为"亦甚有益,半年来经济外交之规则至此得一结论"②。可惜的是,史顾问和蒋百里的许多建议尚未落到实处,"七七"事变就爆发了。

　　7月1日,为抗日战争培训军政干部的庐山暑期训练团第一期正式开学。训练团由蒋介石亲任团长,陈诚任教育长,担任具体工作,学员包括从事党务、军事、教育、县政、警政、军训和政训的各种工作人员,分为两个总队、五个大队、二十个中队,总部设在庐山海会寺,另在牯岭设一分部。训练团授课内容除军事和党务外,尚包括管理法、统计学、地方财务行政、田赋、土地制度、林垦矿务、蒸汽电气机器、储蓄和孙中山实业计划等国民经济建设的课程,都与坚持持久抗战有直接的关系。

　　7月7日卢沟桥事变爆发后,训练团没有停办,而是抓紧时间继续上课,力争在短时间内为抗日战争培养各类干部。蒋百里经常应训练团之邀为学员们举行专题演讲,内容涉及军事、政治和外交等诸多方面,而讲得最多的是蒋百里颇有心得的全民总动员法。在此期间,他把与国防有关的演讲稿和以前写作的一些军事论文汇编成书,冠名《国防论》予以出版,作为训练团的辅导教材。他还在谢贻征的协助下利用空余时间翻译了多篇军事论文,供军事将领们参考。在国家和民族生死存亡的严峻关头,他决心把自己的一切奉献出来。

---

　　①　中国第二历史档案馆编:《1937年国民政府聘请意大利高等顾问斯坦法尼访华的有关史料》(上),《民国档案》1995年第1期,第24—25页。
　　②　《蒋介石日记》,1937年6月20日。

毁家纾难

卢沟桥的枪炮声一响,中国到了退无可退的最后关头,全民族奋起决战的时刻终于来临了。史顾问的聘任合同本已到期,但因他对财政和战时总动员等问题有丰富的知识和独到的见解,能提出针对性很强的建议,所以又被蒋介石续聘一月。

8月初,蒋百里陪史顾问来到上海,协助宋子文策划战时经济和财政大业,并帮助安定上海的金融。因全面抗战的大局已经形成,上海的形势特别紧张,中日双方在上海的大搏斗一触即发,蒋介石派大批军队进驻淞沪地区,做战斗准备。蒋百里到上海后,家中顿时成为高级军官经常出入之所。有一天,少壮派将领孙元良在蒋百里家中吃饭,谈到中日间的生死搏杀,两个人都变得热血沸腾起来,孙元良突然把酒杯摔在地上,大声说:"我们决心拼命打,战至最后之一人!"蒋百里也慷慨激昂地说:"你们年轻人要活着看咱们中国翻身的日子呀,我这老命却拼在这一次!"[1]56岁的百里先生已做好了为国牺牲的心理准备。

8月13日,日军进攻上海中国守军,淞沪战争爆发,史顾问的工作遂告结束,携夫人和子女转赴香港,等待回国。8月15日,蒋百里乘一辆汽车赶到南京,准备拼上老命,为国效力。侄儿蒋复璁问及家人,蒋百里说一切不管,只求报国。他不计名位,但求对抗战有所贡献,所以提出想到胡宗南的军队中参加战斗。然而,政府有更重要的使命要他去完成,蒋百里驱驰疆场杀敌报国的心愿终未实现。

8月19日,他在南京为自己的新书《新兵制与新兵法》作序,鼓动人们像马拉松运动员和追赶太阳的夸父一样坚持到最后一刻:"马拉松长距离的竞走员,纵然落到了最后,也要竭尽能力,用最大的速度前进。这是将来得锦标的唯一条件,也是运动家对于自己应负的道德责任。今夏在庐山,原想把'未来'全体性战争的若干基础条件做一种研究,谁知道卢沟桥的炮声已

---

① 陶菊隐:《蒋百里先生传》,第189页。

经将这'未来'推进到了现在！咳,时间走得比我们快,我们也只好甘心做夸父吧！"①

为了争取国际社会的支持和援助,国民政府决定派胡适赴美国、张静江赴英国、蒋百里赴德国和意大利分别进行外交活动。时间紧,任务重,不容有任何耽搁。蒋百里打长途电话到上海,嘱咐左梅夫人收拾行装,准备远行。左梅和女儿们正忙于为伤兵做绷带和衣服,纱布和衣料都是自己花钱购买的,左梅甚至变卖了一部分首饰来买布匹。她虽是日本人,但对日本军国主义的侵略行径深恶痛绝,他们家中有个共同的口号,那就是"打倒日本帝国主义"！左梅接到丈夫的电话后,没有丝毫的犹豫,弃个人的小家于不顾,于9月6日携蒋雍和蒋华乘汽车西行至杭州,与从南京赶来的蒋复璁会合。9月9日,他们乘火车到南昌,然后转乘汽车前往长沙。蒋百里与胡适等人从南京乘轮船到汉口,13日到长沙与左梅夫人等会齐,同车南下抵达香港。蒋百里安排夫人暂住香港,自己再度放洋出国,为抗战大业效力。后来,蒋雍赴内地工作,为抗日战争贡献绵薄之力,蒋百里在一封家信中说:"我们一家人六个人,现在分作了四处,我的梦魂飞来飞去,遥望祖国的烽火,我的心情没有一天宁静过。"②在祖国这个大家庭遭受异族侵略的时候,个人的小家庭是不会安宁的,唯一的选择就是行动起来,驱逐强敌。

再赴欧洲

1937年9月18日,蒋百里与史丹法尼一家由香港乘意大利邮船出发,再赴欧洲。蒋百里此次是以蒋介石特使的身份出国的,行前他曾与薛光前到南京中央大学面见蒋介石请训,蒋介石赠给他们每人一张亲笔签名的半身照片,并把一封致墨索里尼的亲笔信交给蒋百里。

蒋百里的随员有蒋复璁、薛光前、谢贻征和任显群。蒋复璁时任国立中央图书馆馆长,对德国情况比较熟悉,随行赴欧,协助蒋百里开展对德工作。

---

① 蒋百里编译:《新兵制与新兵法·自序》,蒋复璁、薛光前主编:《蒋百里全集》第4辑,第223页。

② 陶菊隐:《蒋百里先生传》,第193页。

薛光前负责对意大利的工作,任显群负责总务和情报,谢贻征负责文书译电,是蒋百里的私人秘书。

史顾问和蒋百里住在头等舱,意大利船长把他们奉为上宾,每日与他们同桌进餐,优礼有加。他们曾在新加坡上岸游览,受到中国驻新加坡总领事高凌百的盛情款待。

9月30日,蒋百里在船上赋诗一首,以抒爱国情怀:

> 涕泪辞京国,艰难作远游。
> 遥赴战场苦,白了少年头。①

经过20余天的航行,他们于10月10日抵达意大利的那不勒斯港。这天恰逢中华民国国庆日,蒋百里在船上召集同船赴英学习军事的一批学生和其他一些中国人,共同聚会以示庆祝。蒋百里发表简短的演说,对中国抗战的前途表示出了极大的信心,在大家心中引起了强烈的共鸣。

到罗马后,蒋百里等人住在中国驻意大利使馆,薛光前和夫人孩子住在史顾问家。上年蒋百里访问意大利,受到了意方的热情欢迎和款待,顺利完成了考察任务。然而由于国际形势风云变幻,这一次意方的态度转趋冷淡,使蒋百里遇到了很大的困难。卢沟桥事变前,中德、中意关系尚称友善,两国都是中国重要的贸易伙伴,中国进口的军火和战争物资主要来自这两个国家,它们则从中国大量进口钨、锑等原料用于军工生产,双方在经济上存在极大的共同利益。此外,有数十名德国军事顾问在华工作,帮助中国训练军队并出谋划策,意大利则派出航空专家帮助中国发展空军。与德、意保持战略伙伴关系的日本对此极为不满,经常提出抗议并施加各种各样的压力,但希特勒和墨索里尼均不予理睬,继续与中国进行经贸往来。即使德日两国1936年11月25日签订《反共产国际协定》后,中德关系仍未受到太大的影响。

卢沟桥事变后,情况发生了变化。7月下旬,日本驻德大使要求德国停

---

① 许逸云:《蒋百里年谱》,第156页。

止向中国供应军火,并以废除《反共产国际协定》相要挟。当时希特勒对中日冲突持中立态度,曾训令驻华大使陶德曼居中调停,但未获结果。鉴于日本的压力,希特勒决定不再接受中国新的军火订单,在中德关系上转趋谨慎和冷淡,意大利加入《反共产国际协定》的步伐正在加快,德、意、日三国轴心正在形成之中,在这种情况下,蒋百里受到冷遇是可想而知的。

10月12日,意大利外交部长齐亚诺接见了蒋百里。齐亚诺是墨索里尼的女婿,曾担任驻华大使,对中国素抱友好态度,但此次见到蒋百里时却喋喋不休地说了许多埋怨中国的话,指责中国在国联对意大利实施经济制裁的问题上不帮意大利的忙。相反,对蒋百里非常关心的一些问题,齐亚诺或含糊其辞,或顾左右而言他,使蒋百里得不到要领。初次会谈,双方不欢而散。

蒋百里想面见墨索里尼陈述利害,通过刘文岛大使与意大利外交部和有关部门接洽,但茫无头绪,得不到意方确切的答复。

蒋百里觉得死等下去不是办法,乃略施小计,叫刘大使举办一次宴会,为他和史丹法尼接风洗尘,请意大利政要参加,客人名单由史丹法尼代开。10月20日晚,宴会在中国大使馆举行,应邀前来的各界名流达60多人,其中包括齐亚诺等内阁成员,真是一次难得的盛会。

蒋百里在宴会上发表了热情洋溢的演说,由薛光前口译出来,博得了满堂喝彩:

> 我这次到罗马,有一通讯社(日本通讯社)说,我是来买军火的。是的,我是来买军火的!(全场寂然)可是,我要的军火,不是看得见的,是看不见的;不是物质的,是精神的!(热烈鼓掌)
>
> ……
>
> 条条大路通罗马,这句话在中古时代通用,在二十世纪也可以通用。罗马一词,在中国《后汉书》,称为大秦。向慕之心,由来已久。罗马是西方精神遗产的结晶,一如中国是东方文化传统的中心。东西交应,大道流行,只有代表东西精神文明的中意两国,才能负得起这责任,才能达到这目的。(热烈鼓掌)

……

　　国际间友敌无常,唯中意关系,自有史以来,只有友好,从无敌意。愿一同起立,尽此一觞,为这国际外交政治中罕有珍贵的中意友好关系,继续共同努力!(众起举杯尽饮,鼓掌经久不绝。)①

　　蒋百里的演说获得了很大的成功,达到了预期的目的。第二天,齐亚诺派人索取演说稿,转呈墨索里尼,蒋百里很快就收到了墨索里尼正式约见的通知。

　　10月25日下午6时,蒋百里一身戎装,携薛光前来到威尼斯宫拜见墨索里尼。在高大宽畅的办公室中,墨索里尼和蒋百里隔桌而坐,齐亚诺和薛光前侍立两侧。蒋百里递上蒋介石的亲笔信,并转达了蒋介石对他的问候。蒋百里强调了中意两国的传统友谊,希望双方共同努力,使之继续保持下去,他并对意大利顾问在中国所做的贡献表示感谢。墨索里尼表示,中国克服目前遭遇的困难后,中意邦交必会得到进一步发展,他赞成中意继续进行经济合作。

　　谈到这里,蒋百里突然话锋一转,提到意大利准备加入德、日反共同盟之事。他说日本以防共为幌子,其军事行动是自北而南,其目的并非针对苏联,而是在破坏中国的独立和统一。他希望墨索里尼珍惜中意传统友谊,不要误入日本军阀的骗局,切勿加入德、日防共协定。

　　蒋百里单刀直入提出这个问题,使墨索里尼措手不及,半响无语,一旁的齐亚诺也面露惊异之色。墨索里尼稳定了一下情绪,解释说意大利参加这个协定绝无伤害中国之意,而是出于反对英法的战略需要。他站起身走过来,拍着薛光前的肩膀说:"烦你向蒋将军说明,防共协定是欧洲的关系,中国不必多所顾虑。中国已向克服环境之途程中迈进,将重回到历史之光荣。意大利对中国寄以莫大的同情,我个人对蒋介石委员长尤表无限的敬意。"②

---

① 薛光前:《蒋百里的晚年与军事思想》,第40—41页。
② 陶菊隐:《蒋百里先生传》,第198页。

最后,蒋百里向墨索里尼赠送了一套商务印书馆印影的四库全书珍本,并与他合影留念,然后告辞而出。这次会谈虽未能使墨索里尼改变其加入反共协定的既定政策,但蒋百里尽了自己最大的努力,他的外交才华和丰富学识得到了墨索里尼和齐亚诺等人的交口称赞。

10 月 27 日,意大利东方文化协会举行招待会欢迎蒋百里来访。蒋百里发表演说,比较了中日两国文化的不同。他说:"中国的文化,宛如苍松古柏,根深蒂固,经得起风吹雨打。日本的文化,宛如桃李樱花,鲜艳夺目,但经不起微风细雨。今天中国国难重重,但深信雨过天晴,否极泰来,松柏长青,定有参天拔地之一日。日本好像春风得意,可惜美景不长,昙花一现而已。"蒋百里还向意大利友人表述了中国必胜的信念:"中国人最大的武器,就是坚强不屈的意志。敌人可侵占我城市,可屈服我政府,但决不能屈服一国的文化,更不能屈服一个民族的意志。日本假口防共,想拿二百万兵来屈服中国人的意志,等于梦想。日本一天不停止侵略中国,中国誓必抵抗到底。最后胜利,必属于中国!"[1]蒋百里利用各种机会进行宣讲,希望争取到更多的意大利人同情和支持中国的抗战事业。

在欧洲颇有影响的中国南京教区主教于斌也奉政府派遣来到罗马进行外交活动。于斌是蒋百里的老朋友,在意大利各界都有熟人,蒋百里对他的到来感到十分高兴,称他是一支从天而降的"生力军"。他们朝夕相处,四处拜客,多方联系,希望能劝阻意大利加入德、日反共协定。然而,墨索里尼决心已定,他们已经无力回天了。唯一值得欣慰的是,蒋百里争取到了墨索里尼的默许,中意两国可以继续秘密进行易货贸易,中国仍能从意大利得到一些急需的军火。

11 月 1 日,蒋百里与侄儿蒋复璁赴柏林,留薛光前和任显群等人在罗马,处理未了之事。蒋百里下榻阿特朗饭店后,即通过中国驻德大使程天放向德国外交部接洽,要求拜见希特勒,但未得到明确答复。

11 月 3 日,针对中日冲突而召集的九国公约签字国会议在比利时首都布鲁塞尔召开,与会的有英、美、苏、法、中、比等十九个国家的代表,而德国和

---

① 薛光前:《蒋百里的晚年与军事思想》,第 46 页。

日本则拒绝出席。中国代表团希望会议宣布日本为侵略者,对日本采取强硬措施,而其他各国只打算在中国与日本之间以调停或斡旋的方式达成一项和平解决办法。然而,由于日本拒不出席,会议注定不会取得令人满意的成果。11月5日上午,蒋百里和驻德大使程天放乘飞机抵达布鲁塞尔,见到了中国代表团的成员:驻法国大使顾维钧、驻英国大使郭泰祺、驻比利时公使钱泰、驻荷兰公使金问泗、驻瑞士公使胡世泽等。蒋百里向顾维钧介绍了在意大利办理交涉以及与墨索里尼会谈的有关情况。他指出,意大利是由于它自己在欧洲的利益而准备加入德、日阵营的,意大利的目的"在于形成一个集团,使英法认识到意大利也有朋友。并非真指望日本的实际支持,只不过是为了对英、法的联合施加压力"①。经顾维钧介绍,蒋百里于11月6日上午会见了参加会议的美国首席代表戴维斯,申述了中国政府的基本立场。就在这一天,意大利正式加入德、日《反共产国际协定》,三国轴心终告形成,中国对德、意两国的外交陷入了更大的困境。

蒋百里和程天放随中国代表团出席了一次会议,看到的情景颇令他们失望:"不但小国的代表畏日本如虎,讲话小心翼翼,惟恐引起日本的不满,就是英法两个强国,甚至发起九国公约的美国,也不敢作任何坚决的主张。它们不但不敢提出制裁日本的意见,甚至谴责日本侵略的话,也都避免不讲。"②有鉴于此,大会尚未结束,程天放和蒋百里就于11月10日上午乘飞机返回柏林。

蒋百里拜会了德国外交部长牛赖特。由于在外交政策上与希特勒的分歧越来越大,牛赖特的地位已岌岌可危,随时都有被解职的可能,所以他尽管对中国仍怀有友谊和同情,但已经是有心无力了。

11月27日,蒋百里会见了纳粹德国的第二号人物、空军元帅戈林。戈林在政治上倾向于日本,但在经济方面非常重视中德之间的易货贸易,不愿在日本的压力下轻易改变对华关系,失去钨、锑等矿砂的来源和军火的销售市场。蒋百里向戈林转交了中国政府赠给他的一等勋章,戈林愉快地接受

---

①　顾维钧著,中国社会科学院近代史研究所译:《顾维钧回忆录》第2册,中华书局1985年版,第616页。

②　程天放:《使德回忆录》,台北,正中书局1979年版,第227页。

下来,并表示感谢。关于中日冲突,戈林说中日两个国家都是德国的好朋友,德国不便作左右袒。他认为打下去对双方都无好处,希望双方能尽快达成和解。蒋百里说中日之战乃由日本的侵略而起,中国既已奋起抗战,就决不会中途妥协。关于军火问题,戈林倒是很爽快,说只要中国有外汇,德国什么都可以提供。

纳粹分子戈培尔主导的德国舆论对中国极为不利,各报报道中日战争的情况时,往往加上对中国不利的标题,对日军在战场上的进展则予以夸大,有时甚至在社论中攻击中国,袒护和支持日本。蒋百里综合各方面的情况,写成一份报告,于12月初让蒋复璁先行回国向蒋介石汇报。报告的主要内容是:德、意、日三国轴心已经形成,势难分化,中国唯有加强拉拢英、美、联络苏联,促成英、美、苏的合作,才能最终致日本于死命。临别时,蒋百里告诫蒋复璁要有长期抗战的决心,"政府无论迁至新疆迪化或西藏拉萨,应执'中央图书馆'名牌,追随到底"[①]。

中国政府为了加强对意大利的工作,特派与齐亚诺关系密切的陈公博到罗马活动。陈公博会见了齐亚诺和墨索里尼,希望意大利对中国提供实质性的帮助。但由于意大利已加入德、日《反共产国际协定》,陈公博的努力未获成功。墨索里尼极力主张在中国承认伪"满洲国"和建立华北自治政权的基础上,尽早解决中日争端,这明显是在为日本侵略者张目。

由于目的未达,陈公博接受刘文岛的建议,与驻法大使顾维钧共同出面,召集中国驻欧洲各大国使节在巴黎聚会,商讨如何运用外交来支持长期抗战,蒋百里亦应邀前往参加。与会者还有驻德大使程天放、驻英大使郭泰祺、驻比公使钱泰以及李石曾、沈祖同、张彭春等人。自12月25日至12月28日,他们共开了七次会。顾维钧介绍了九国公约签字国会议的情况,郭泰祺和程天放分别介绍了英国和德国的动态,蒋百里讲了日本的政策和国情,断言"日本侵略中国,决不能持久"[②]。最后,大家一致认为,各使馆应加强对外宣传工作,让各国尽可能多地了解中国的抗战情况,以争取国际舆论

---

① 蒋复璁:《先叔百里公年表》,蒋复璁、薛光前主编:《蒋百里全集》第6辑,第52页。
② 程天放:《使德回忆录》,第243页。

的同情和支持。

巴黎会议之后，蒋百里曾赴英国，在伦敦停留一周，以切实了解英国的内政和外交政策。返回柏林后，他在路易皇后街 22 号租屋而居，与留学的蒋英、蒋和住在一起。他常与史丹法尼通信，商讨有关问题。遇有闲暇，他就拿起笔来，写文章寄回国内发表，为抗日战争呐喊和鼓劲。

1938 年 1 月 26 日，蒋百里写成《速决与持久》一文，由迁至汉口的《大公报》发表。他在文中指出，由于飞机和汽车的广泛应用，世界强国军队的机动性已大大加强，就战斗装备来说，各国都在"速"字上用功夫，即所谓"速决主义"。速决不是速胜，而是军队快速灵活的机动性。他认为中国军队应赶上世界军事的潮流，增强运动性，增强火力。他说："我认为我们固然要求持久战，但其先决问题，便是要使军备增加运动性，因为我们要以持久为目的，须以速决为手段。"①

在蒋百里逗留柏林期间，德国的对华政策发生了重大变化。1938 年 2 月 4 日，希特勒改组了外交部和陆军部，免去亲华的外交部长牛赖特和国防部长布隆堡的职务，由他本人总揽海陆空军的指挥权，由亲日分子里宾特洛甫继任外交部长。2 月 20 日，希特勒发表演说，宣布德国正式承认伪"满洲国"，这是希特勒给日本送上的一份厚礼，而对浴血抗战的中国人民来说，则是一个严重的打击。中德关系虽未因此而完全决裂，但大势已去，无可挽回，蒋百里认为继续留在德国已无必要，故决定尽快回国，投身于轰轰烈烈的抗日战场。

1938 年 3 月，蒋百里让蒋英继续留在德国学习音乐，自己携蒋和来到巴黎。他分别拜访了法国总统勒蒲仑、总理达拉第和国防部长甘茂林等政要，还带蒋和游览了埃菲尔铁塔、凯旋门、拿破仑墓等名胜古迹，然后于 4 月初取道马赛，搭乘"罗素尔"号邮轮返国。船行海上之时，他们得到了中国军队在台儿庄获得大捷的消息，船长举杯向他们表示祝贺。台儿庄大捷更加坚定了蒋百里的必胜信念，他的心早已飞到了烽火连天的抗日战场。

---

① 大公报西安分馆编：《蒋百里先生抗战论文集》，第 18—19 页。

第十章　鞠躬尽瘁　死而后已

以笔为枪

　　蒋百里从欧洲归来与左梅夫人重聚后，由于身心皆疲，就在香港休养了一段时间。他一边利用香港消息灵通的便利条件继续关注国际局势的变化，一边写文章寄到武汉发表，为全民抗战添砖加瓦。抗战以来，在日军的疯狂进攻下，上海、南京、南昌等地先后失守，日军的矛头直指华中重镇武汉，中国政府则调集大军，层层设防，为武汉保卫战做切实的准备。一时间，武汉及其外围地区上空战云密布，成为全国乃至全世界注目的中心。

　　1938年7月27日，蒋百里应蒋介石之召，由香港乘专机抵达武汉。他在武汉接受了中央社记者的采访，简要介绍了此次欧洲之行的情况和他对国际形势以及中国抗战前途的看法：

　　　　本人于上年八月间奉命出国，迄今将及十月。在此数阅月中，曾赴英法德义等国，作较长时间之朝野访问与军事工业建设之参观，对于国际关系之急遽变化与各国国防工业之勇猛进步，所生感想甚多。目今国际关系之机陧情势，一反欧战前之状态。自欧战以后，国际外交之纵横捭阖,纯赖国联制度之运用,是以国际关系常现平稳,鲜生重大枝节。旋因利害冲突重重,有数强国宣告退盟,采取单独行动,遂使国联瘫弱无力。既失去控制力量,国际间遂生出不可救治之裂痕。德义两法西斯蒂国家,亲切联合,使英法不能不交相携手,以期应付。此两集团之对峙状态,使欧局顿见紧张,同时彼此间为求充实阵线,更分别积极寻求友国,德义联日成功,一所谓反共集团,英法结好美国,三者关系日渐亲近。据余个人观察,在过去一二年内,国际关系的有若是惊人之巨大变动,相信今后益有不可思议之重大演化。此两集团此后为推诚相与,联为一体,造成伟大之和平集团,抑仇恨重生,彼此卒不能不以兵戎相见,本人则无法判明。不过,立局外之吾国,宜谨慎注意细心研究之。本人确信英法美之团结将愈形稳固,英法美团结之稳固,则对吾之抗战前途,不无有重大裨益也。①

当晚,蒋百里下榻于德明饭店,第二天即受到蒋介石召见。他们进行了较长时间的谈话,话题主要集中在国际形势的演变对中国抗战的影响方面。蒋介石说,现在国际形势很重要,可惜国内研究国际问题的人太少了,他让蒋百里留意这方面的人才,随时向他推荐,以备大用。蒋百里马上想到了上海《新闻报》的忘年交陶菊隐。他对蒋介石说:"我有一位没有出过洋而又不甚熟悉外交的朋友,经常写些有关国际问题的文字,其见解颇有独到之处,可以介绍他前来谒见委员长。"②这个阶段,蒋介石对蒋百里十分信任,对他的任何建议都极为重视,所以当即表示欢迎陶菊隐前来一谈。

7月31日,蒋百里在《大公报》上发表《从国际上观察各国外交之风格》一文,对英、德、意、法四国的外交特点作了精辟的分析和比较。从此以后,蒋百里的大名即频频见诸报端,或发表文章,或参加座谈,或发表演说,成了武汉三镇的一个大忙人。他在德明饭店的住处经常人来人往,高朋满座。在夜深人静之际,他铺纸研墨,奋笔疾书,写出一行行激励人心的文字。他

---

① 《赴欧考察之军事专家蒋百里归来谈话》,1938年7月28日汉口《大公报》,第2版。
② 陶菊隐:《记者生活三十年》,第239页。

的妙笔利如投枪,他的文字快似羽箭,每每在武汉三镇引起轰动。

8月21日至26日,《大公报》连载了一篇长文:《日本人——一个外国人的研究》。这是蒋百里多年来研究日本的心血结晶,甫经发表,即引起各界瞩目,《大公报》的销售量陡增一万多份,每日报纸出版以前,即有许多人在报社发行部前排队等候,以图先睹为快。此文连载时未署作者姓名,更引起读者的好奇。由于文字生动,分析精辟,有人猜测出自郭沫若的手笔,有人则认为是陈布雷的杰作,《大公报》的编辑也卖起了关子,在23日的编者按语中介绍说:本报最近三天开始登载的《日本人》一文,是一篇约二万字的长文,执笔者是一位"老日本通",值得咀嚼细读。直到8月26日全文连载完毕,文末标出"蒋方震于汉口"的字样,人们方才知道此文的作者是军事家蒋百里先生。

由于《日本人》一文大受欢迎,《大公报》以最快的速度出版单行本以飨读者。从9月15日开始,蒋百里连续几天在《大公报》头版刊登了一则颇具幽默色彩的售书广告:

> 出卖《日本人》,三角钱一个。出售处:汉口《大公报》馆。蒋百里谨启。

单行本前后行销达十几万册,在抗战的前线和后方都产生了广泛的影响。当时担任武汉卫戍副总司令的万耀煌派人将单行本运至重庆发售,也引起了极大的轰动,形成万人争购的感人景象。在前线担任战地记者的曹聚仁则把蒋百里的《日本人》与毛泽东的《论持久战》相提并论,称之为他在抗战初期黑暗日子中"精神上的乐观支柱"①。

这篇长文的写作始于德国柏林,经多次修改补充,在武汉定稿发表。文章一开头,蒋百里就以悲天悯人的笔调写道:"世界上没有像我那样同情于日本人的!"当时全中国人民都对日本人恨之入骨,主战最力的蒋百里怎么会同情他们呢? 因为他认为日本人正在主演比《哈姆雷特》更悲的一幕大悲

---

① 曹聚仁:《采访外记 采访二记》,生活·读书·新知三联书店2007年版,第224页。

剧！日本人站在悬崖边上，正在走向自残毁灭而不自知，难道不是一群可怜虫吗？"古代的悲剧，是不可知的运命所注定的。现代的悲剧，是主人翁性格的反映，是自造的，而目前这个大悲剧，却是两者兼而有之。"日本军国主义者疯狂向外侵略扩张，既有历史和现实的原因，也有岛国小民独特的民族个性的因素。

日本人喜欢把鱼活活杀死后生吃，这充分体现了他们的残忍性。日本武士道崇尚的剖腹自杀也与鱼有关，"日本古代拿鲤鱼来比武士，因为只有鲤鱼受了刀伤乃至临死也不会动"。日本人对酒的品评也与他国不同，"世界各国的酒是越陈越好，白兰地一百年，绍兴酒五十年，但日本酒却是要新鲜，越新越好"。日本男人皆以狂喝豪饮为荣。个人醉酒事小，如果整个国家都醉了，其祸不远矣。日本人最钟爱的花是樱花，最尊敬的人是武士，但蒋百里却从二者中看到了日本人的悲剧所在："樱花当他最美的时候，正是立刻就要凋谢的象征。好像武士当他最荣誉的时候，就是他效命疆场的一刹那间。"虽然日本人在中国耀武扬威，不可一世，但他们的末日已经不远了。

蒋百里从历史、地理、政治、军事、经济、外交、文化以及风俗习惯等诸多方面深刻剖析了日本的国情，揭示了日本国内存在的种种矛盾。他明确指出，日本的黄金时代已经过去，"从内政上说，明治末年确是日本内政的黄金时代"，但自从第一次世界大战以后，日本军人滥用权力，屡屡擅自采取行动，加剧了内部的分裂，使权力体系产生了混乱，失去了国民和国际社会的信任；"从国际上说，华盛顿会议实为日本独步东亚的时代，因为这时世界公认日本为一等强国，而且是东亚的重心"，但由于日本野心太大，过于咄咄逼人，反而引起了英、美、苏、法等国的戒备，在远东展开军备竞赛。日本在侵略中国之时，也为自己树起了若干强敌，目前的国际环境已对它极为不利了。

在文章的最后，蒋百里以寓言的形式，借一位德国老人之口，道出了自己一以贯之的主张："胜也罢，败也罢，就是不要同他讲和！"①这句通俗直白的话道出了全国抗日军民的心声，成为抗战时期流传甚广的一句名言。

---

① 大公报西安分馆编：《蒋百里先生抗战论文集》，第26—50页。

1938 年 8 月 28 日、9 月 4 日和 9 月 25 日,《大公报》分三次刊登了蒋百里的《抗战一年之前因与后果》一文。这是他的又一篇力作,也曾传诵一时。文章对悲观论者给予了严厉的抨击,告诫他们不要怨天尤人,对乐观论者也敲了敲警钟,提醒他们不要把抗战看得太轻松。蒋百里把一年来的抗战视为中国历史上的"奇迹与突变",而其原动力则来自数千年的中华民族文明史:"这次的抗战是三千年以前下的种子,经过了种种的培养,到现在才正当的发了芽,开了花。而将来还要结着世界上未曾有的美果。"他把中国历史分成三个时期加以分析,第一个时期自周朝开辟中原到秦汉统一中国,这是"华族完成自己文化的时期",这个时期已经下了两颗种子:一是同化力,一是抵抗力";第二个时期从汉代张骞出使西域到宋末文天祥杀身成仁,是各民族大冲突、大融合的时期,是"养成我们同化力的时期";第三个时期从文天祥杀身成仁到孙中山在南京就任大总统职为止,是"锻炼我们抵抗力的时期"。我们的"抵抗力有三千年的培养,五百年的锻炼,根基深厚,无论世界上哪一族也比不过"。敌人的压迫愈强,中华民族的抵抗力就愈能得到充分的发挥,对抗战前途悲观绝望是要不得的。

在抗战大潮中,不少人变节投敌,做了汉奸,蒋百里把这些败类喻为附着在我们民族肌体中的"癌"细胞,他们在抗战烽火中现了原形,对中华民族而言是一件大好事。他说:"如今天幸的敌人却送我们一种妙药,替我们分别贤奸,将那种毒细胞尽量的吸收去,使我们民族的血液加一层的干净健康。"更多的人则会在抗战中经受住考验,心灵得到净化,意志更加坚定,所以,他认为,"这一次抗战的最大结果:为社会,是替理想与实际选了一条沟渠;为个人,是在纯朴的心灵与敏活的官能间造了一条桥梁"[1]。在隆隆的炮火声中,蒋百里已经看到了中华民族复兴的曙光。

1938 年 9 月 7 日,蒋百里发表《为国联开会敬告英伦人士》一文,对在远东有重大利益且对国联"有一种特别的热心与希望"的英伦人士提出了忠告。他指出,英国是一个世界大国,"现在世界上无论在某一小地方出一件事故,没有不与英国有关系的",所以英国不应推卸应负的责任。疯狂侵略

---

[1] 大公报西安分馆编:《蒋百里先生抗战论文集》,第 58—76 页。

中国的日本虽唱着反共反苏的高调,但其真正目的则是"南进",因为"国际间真的战斗,不是武力,而是经济,穷乏的日本不寻经济出路,是没有办法的",所以日本反共政策的指针"都没有向北指着,而一步步的向西南方下来"。蒋百里明确指出:"我们这一次抗战认为是在替英国世界帝国挡着最前线,同时是在替国联的和平政策守着最后的堡垒。"①此文虽然不长,但句句发人深省,既富于洞察力,又富有远见,引起了国内外人士的普遍关注。

由于蒋百里的文章誉满天下,不少人慕名前来拜访,也有不少人请他去开座谈会,发表演讲。这是他一生最忙碌的时期,也是最受人尊敬的时期。

1938 年 9 月 1 日,蒋百里在汉口举行的记者节集会上发表了《欧洲考察军事经过的判断》的演讲,介绍了赴欧考察的有关情况。他在会上首次见到郭沫若先生,晤谈甚欢。之后,他又于 3 日和 12 日与郭沫若两度晤谈,并共进午餐。他们都是日本通,又都是坚决主张抗战的知名人士,有许多共同的话题。

9 月 4 日,蒋百里在三青团新闻服务座谈会上发表了《从保卫武汉谈到世界军情》的演说。

9 月 12 日,他应银行界励志会的邀请,在汉口总商会讲演。他认为国家面临的紧迫问题有三,一是外交,二是军事,三是经济。他分析了三者之间的关系,指出在战争期间,"军事当然是前提,可是在这前提的前面,还有一个相当重要的'外交',也可以说:外交是军事的先锋",而军事和外交的基础是经济。他画了一棵树,把三者作了形象的比喻:"我们看,这树根等于经济,这树身等于军事,这树叶等于外交。"②

蒋百里在工作之余,常去两个地方,一是万耀煌家,一是薛光前处。

万耀煌时任武汉卫戍副总司令(总司令为陈诚)兼十五军团军团长,指挥十几个师的兵力,担任武汉外围防御工事的构筑任务。蒋百里常到万耀煌家,品尝万夫人的拿手好菜。他对武汉的保卫计划非常关心,常向万耀煌提出指导性的建议,并曾几度参观万耀煌主持构筑的工事。他说等敌人来进攻时,他一定亲临第一线阵地,看看敌人的真面目,"以测其战力"。他嘱

---

① 蒋百里:《为国联开会敬告英伦人士》,1938 年 9 月 7 日汉口《大公报》,第 3 版。

② 《在汉口总商会之演说词》,蒋复璁、薛光前主编:《蒋百里全集》第 1 辑,第 375—376 页。

万耀煌研究湘军志,"从历史中研究太平天国与湘军攻守武昌之战例,以为参考"。万耀煌谨遵师命,详研湘军志后,细绘太平军与湘军双方作战及进出武昌的线路图,送呈蒋百里核阅,又得到了蒋百里的详细指示。万耀煌回忆说:"百里师之所见,总有很多突出精到之处。"①

蒋百里常去的另一个地方是薛光前处。薛光前先于蒋百里于1938年3月回国,到交通部担任秘书,同时主编《抗战与交通》杂志。不久,交通部迁往重庆,设武汉留守办事处,薛光前与另外三人参与留守工作,住在汉口特二区兰陵路。他们有一个厨子,烧得一手好菜,蒋百里是个美食家,喜欢浅酌小饮,自是这里的常客。酒足饭饱之后,他常与留守处的金侯城先生下围棋。他虽深通棋理,但因心不在此,往往不终局而散。蒋百里还喜欢品铁观音,有时高兴起来,他会捧来宜兴紫砂陶茶具,教薛光前他们怎样净器,怎样煮水,怎样冲茶,怎样茗饮,"一股飘然若仙之情,实在令人怀爱"②!蒋百里是个具有真才实学并富有远见卓识的著名军事家,更是一个以笔为枪的文化斗士,他虽未亲赴战场拼老命,但在后方夜以继日地紧张工作,又何尝不是以性命相搏呢?他在汉口曾作五律一首,手书遍赠亲友,以明自己的志向和决心,其诗云:

犹有书生气,空拳张国威。

高歌天未白,长啸日应回。

旧学深沧海,新潮动怒雷。

老来逢我子,心愿未应灰。③

代理陆军大学校长

数年来,蒋百里一直担任蒋介石的顾问或私人代表,从未担任过实职。

---

① 万耀煌:《关于蒋百里先生逝世前后之补述》,蒋复璁、薛光前主编:《蒋百里全集》第6辑,第222—223页。

② 薛光前:《蒋百里的晚年与军事思想》,第56页。

③ 许逸云:《蒋百里年谱》,第171页。

随着战局的演变,蒋介石决定辞去陆军大学校长之职,转而委派蒋百里担任,充分发挥他在军事教育方面的特长,为抗日战争培养更多的军事人才。为此,他特意约蒋百里谈话,说明自己的意图①。

陆军大学的前身是 1906 年在河北保定成立的陆军行营军官学堂,由段祺瑞督办。1911 年更名为陆军预备大学堂,民国成立后由保定移至北京,定名为"陆军大学校"。1928 年北伐成功后蒋介石派人接收管理,同年 12 月由蒋介石兼任校长。

1931 年陆军大学由北平迁到南京,1936 年增设参谋班和将官讲习班,抗战爆发后迁湖南。陆军大学是培养中高级军官和参谋军官的最高学府,历来为蒋介石所重视,他担任黄埔军校校长尝到了甜头,所以后来兼任了许多军校的校长,而由各校教育长负责具体校务,他一般不愿让别人担任校长之职。

蒋百里当然知道蒋介石的这个特点,所以当蒋介石提议由他担任陆大校长时,他立即婉言辞谢,表示愿意出任教育长,做具体工作。双方各执己见,都不肯轻易让步,最后采取了两人都能接受的折衷办法,在校长前面加上了"代理"二字。

9 月 10 日,蒋介石在武汉正式委任蒋百里为陆军大学代理校长。9 月 14 日,蒋百里走马上任,脱下便服,换上一身戎装,腰间挎了指挥刀,显得英姿勃发,再次找回了二十余年前担任保定军校校长时的感觉。

当天下午,蒋百里离开武汉,前往陆军大学的所在地湖南桃源接任视事,然后转赴南岳衡山,与刚从香港赶来的左梅夫人、孩子们以及陶菊隐先生会齐。武汉形势吃紧时,蒋介石曾打算把统帅部移往衡山,并选定磨剑台何键公馆为驻跸之所,而把附近的刘建绪别墅拨给蒋百里安置家眷。蒋百里当然希望左梅夫人能随侍左右,照顾自己的生活起居,但夫人考虑自己的身份特殊,怕到内地后给丈夫造成不便和不利,所以坚持住在香港,况且置身于人人皆曰日本人可杀的环境中,肯定会有许多难言的苦衷。蒋百里曾写信劝夫人来,但左梅夫人还是不愿到内地。她在香港深居简出,谢绝任何

---

① 《蒋介石日记》,1938 年 9 月 8 日。

日本人的来访。她轻易不上街,以免撞见日本人引起无端的麻烦。许多日本人想通过她了解百里先生的情况,都吃了闭门羹。她的父亲已经谢世,在日本还有母亲和妹妹等亲人。上年离开上海时,她给母亲写了信,叫母亲不要再写信来,一家人从此断了音信。直到抗战胜利以后,她才间接获悉母亲已在离乱中去世。可以说,在中日战争期间,她内心的痛苦和精神上的压抑是一般人难以想象的。

蒋百里决定把家安在人烟稀少的衡山,使夫人能得到一个相对宽松的环境,终使夫人改变主意,离开香港前来团聚。更令蒋百里高兴的是她把陶菊隐先生也拉来了。

自从蒋介石答应约见陶菊隐后,蒋百里就写信给陶,叫他到香港晤面,说有要事相商。蒋百里知道陶先生不愿与高层往来,更不愿在政府中任职,所以未提见蒋介石之事。为确保陶能赴港,蒋百里在信中将了他一军:如你不愿赴港,我将来沪与你相见。随信还汇寄路费 200 元。陶菊隐当然不能让蒋百里到上海冒险,只好向《新闻报》的总经理告假十天,于 9 月 5 日乘英国邮轮"日本皇后"号前往香港。9 月 7 日到港后,他只见到左梅夫人,却见不到蒋百里的影子。他不知道百里葫芦里头卖什么药,决定立即返回上海,但因左梅夫人盛情挽留,才很不情愿地答应多等几天。最后又是左梅夫人左劝右说,他拗不过,只好一同前来衡山见蒋百里。

蒋百里知道陶菊隐的脾气,所以没有开门见山地说明本意。他先畅谈抗战大局,继而把话题转到陶菊隐十分熟悉的国际关系方面,引得陶菊隐发表了一大篇见解独到的高论。他见时机成熟了,就突然说明天就动身到汉口去,与蒋介石当面谈。陶菊隐这才恍然大悟:蒋百里的目的是要把他引荐给蒋介石。果然不出蒋百里所料,陶先生当即婉言相拒,说他愿以新闻记者为终身职业,此外别无所求。他请蒋百里让他马上回上海去。

蒋百里对此早有准备,他向陶提出两项保证:一是不强迫他在内地担任任何工作,二是见过蒋介石一面后他即可回上海。话说到这个份上,陶菊隐不好再推辞,只好答应赴汉口一行。

9 月 24 日,蒋百里和陶菊隐抵达汉口,下榻于德明饭店。第二天上午,蒋介石召见陶菊隐,进行了较长时间的谈话,话题主要集中在国际关系方面。头天晚上,蒋百里再三叮嘱陶菊隐,见蒋介石时,"对于国际问题虽不必人云亦云,但也不可坚持一隅之见,一则国际形势瞬息万变,有时出人意外,再则你的意见也许是不入耳之言,总以留有余地为好"①。对蒋百里的关爱,陶菊隐十分感激,终生难忘。

谈话结果,蒋介石对陶菊隐的学识和见解甚为赞赏,打算给他安排具体工作,但因蒋百里有言在先,蒋介石也不便强人所难。最后议定陶菊隐仍回上海,以后凡蒋介石有所咨询,或陶菊隐对国际问题有所陈述,均通过中央社上海分社的电台,用专用密码进行传递。

因武汉的弃守只是时间问题,湖南必将成为抗日前线,所以军事委员会命令陆军大学迁往贵州遵义。陆大致电武汉,催促蒋百里速回湖南主持迁校事务。9月29日,蒋百里与陶菊隐在德明饭店合摄一影,以作留念,然后同乘小轿车沿湘鄂公路前往长沙。此路本就坎坷不平,加上不时有日寇飞机飞来轰炸,汽车根本跑不快,所以到长沙已是夜半时分。他们在中国银行长沙分行住下,陶菊隐归心似箭,准备第二天早晨即乘火车南下,取道香港返沪。但湖南省主席张治中打电话转告他们,蒋介石要他们在长沙多住几日,有要事相商。

两天后,蒋介石转来他准备在10月10日国庆节发表的演说稿,让蒋百里和陶菊隐对文中所讲的外交方针提出意见和建议。他们经过商议,复电蒋介石说,目前世界局势的重心已由伦敦转移到华盛顿,所以政府今后应重视对美外交,应采取美、苏并重的外交方针。电报发出后,这对忘年之交就在长沙郑重道别,本想后会有期,孰料造化弄人,这次极普通的分离竟成了永诀!

由于武汉的防御已很吃紧,陆大的师生已分批从桃源来到长沙,准备绕道桂林前往遵义,蒋百里物色的教育长周亚卫和办公厅主任赵墨龙等僚属也走马上任,中国银行长沙分行的二楼就成了陆大的临时办公地点。

10月2日,陆大特三期举行毕业典礼。军事委员会副委员长冯玉祥在南京时曾随这个班听讲,虽然抗战爆发后冯因职务关系中断了学习,但他一

---

① 陶菊隐:《记者生活三十年》,第241页。

直以陆大普通学员的身份自勉自励。蒋百里素来敬重力主抗日的冯玉祥先生，特于10月1日致函冯玉祥，邀请他去参加毕业典礼并发表讲话。10月2日晨，蒋百里又派毕业班的学生代表去请冯玉祥，冯欣然前往。

简短的仪式结束后，师生们共同照相留念，然后由学生们向教师行礼致谢。等行礼完毕，蒋百里请冯玉祥上台讲话，冯谦虚地说自己是以学员的资格来参加毕业典礼的，不宜发表讲话。蒋百里于是大声对师生们说："副委员长练兵是严格的，最注重爱国教育的。我们今天要副委员长教给我们训练军队的道理。"①这样一来，冯玉祥不好再推辞，走上台去讲了一番练军与抗日的道理。

当天晚上，陆大为毕业班同学举行公宴，祝贺他们顺利完成学业。冯玉祥按时赴宴，与蒋百里等少数几位老师共坐一桌。蒋百里见有些桌上的学生们坐不开，就叫三个最年轻的学员来与老师共享美酒佳肴。这天晚上，蒋百里开怀畅饮，显得特别高兴，对同学们的敬酒，他来者不拒，一杯杯地全灌下肚去。坐在一旁的冯玉祥见此情形，内心颇为蒋百里的健康担忧，就劝他少饮酒，酒喝多了会伤人。蒋百里举起杯来说："死都不怕，还怕酒吗？"②冯闻此言，就未再劝，不过他做梦也没有想到，一个月后会从宜山传来蒋百里的死讯。

蒋百里接掌陆大的时间虽然不长，但他对学校的人事安排、教学内容和计划等诸多事项都作了通盘考虑。他物色的周亚卫、赵墨龙等人都是搞军事教育的行家里手。荣任代理校长后，他常在深夜造访薛光前，畅谈他接掌陆大后的计划。他的目标是为国家培养一批高级将才，他们不仅富于学术思想，而且具备实际经验，能够学以致用。他要按自己的思路对学校的管理和教学进行改革。他认为课堂里的学问根本不够用，纸上谈兵，不足道也，一定要靠实习，在实践中学习行军打仗的诀窍。为此，他决定购置一批车辆，以便随时把学员开到各地，进行野战演习。薛光前在交通部任职，购置和运输这些大型设备较为方便，所以蒋百里还未等预算得到批准，就开了一

---

① 冯玉祥：《我与蒋百里先生》，黄萍荪编：《蒋百里文选》，第379页。
② 冯玉祥：《我所认识的蒋介石》，黑龙江人民出版社1980年版，第107页。

批交通车辆和器材的单子，托薛光前代购。薛光前不敢耽搁，迅即转托交通部材料司香港购料处照单订购。广州沦陷后，粤汉铁路被切断，这批车辆和器材由薛光前的胞弟薛光仁押运，取道海防，经滇越铁路，辗转运至内地。可惜货到之时，蒋百里已经病故，不能用以实现自己的理想了。

蒋百里在短短的十多天时间里为陆大学生作了数次演讲，都成为军中传诵一时的名篇。他初次演讲的题目是《参谋官之品格问题》。他以姜太公、张良、诸葛亮等人为例，阐述了优秀的参谋官所应具备的品格。他指出，品格就是气骨，气要高，骨要硬，不贪名利，不媚俗。参谋官要有姜太公钓鱼的沉稳与自信，要有张良"牺牲自己，以为他人"的胸怀，更要有诸葛亮"鞠躬尽瘁，死而后已"的品格。参谋官的地位由姜太公时的"王者之师"逐渐降为幕宾，民国以后更降为主官的僚属，成了"高等的当差"。蒋百里坚信这种状况不会持续下去，参谋官的地位以后必定会逐步提高，而其中的关键是要大家"靠高尚的人格去争取，如果只是去找人，以弄钱混饭吃为目的，人们怎样能够重你！我们莫怪人家不尊敬我们，首先要自己尊敬自己"①。

综观蒋百里的一生，谁也无法否认：蒋百里正是上述种种优秀品格的身体力行者。他之赢得最高当局和社会各界的信任和尊敬，绝非投机钻营和自吹自擂的结果，而是他丰富的学识和伟大的品格征服了每一个人。

蒋百里第二次演讲的题目是《"知"与"能"》。他特别强调理论联系实际的重要性，强调要协调好"知"与"能"的关系。他说气要高，但"心要虚，要平，要低下"，随时随地向人请教新知识和新学问；骨要硬，但"脑要柔，要软"，就是要随机应变，适应各种不同的环境，脑筋不僵化，不墨守成规。他引用德国名将毛奇的话来加深同学们的印象："不知者不能"，"从知到能尚须一跃"。"知"是"能"的基本条件，而从"知"到"能"的一"跃"，就是要靠自己在实践中坚持不懈地积极探索，不断学习，像孔夫子一样活到老，学到老，"发愤忘食，乐以忘忧，不知老之将至"。

针对国人时间观念不强的通病，蒋百里在演讲结束后做了一个试验。他让有手表的同学把手表交上来，进行了对比，然后语重心长地告诫大家：

---

① 黄萍苏编：《蒋百里文选》，第362页。

"你们看,各种表时间不同,这十个中已经有三十分钟的差异了。你们要认识时间的重要,要知道在这三十分钟里如果德国和捷克作战,他们的空军已经可以毁灭对方了。"①智者之言,总与常人不同。

10月10日"双十节"那天,蒋百里向全校师生作了《国庆纪念报告》。他把孙中山领导的辛亥革命和抗日战争联系起来,阐述了二者之间的辩证关系,重申了抗战必胜的论断。他驳斥了敌人以蒙古人和满洲人入主中原的史实为依据散布的"中国只配被人统治"的谬论,指出由于辛亥革命的成功,中华民族已经觉醒,民族主义思潮已深入人心,中国所处的时代已与宋末和明末截然不同,中华民族的抵抗力已被全面激发出来,胜利一定属于我们。蒋百里以铿锵有力的语调作了如下论断:"抗战是革命的继续,在这纪念第一次革命成功的时候,我们精确地看出:第一次革命可以成功,第二次革命一定也可以成功,革命可以成功,抗战也一定成功!"②抗战必胜是蒋百里始终如一的信念,他无论走到哪里,都将这一信念传播到哪里,当时凡听过他的演讲和读过他的文章的人,对此都有极为深刻的印象。

10月中旬,陆军大学的师生开始向贵州遵义进发,蒋百里赶赴衡山,让左梅夫人携蒋雍、蒋华、蒋和三女及仆佣先行前往桂林,自己带了几个僚属到湖南东安唐生智的老家去看望唐生智。蒋百里乘汽车行至衡阳时,想到早年的恩师陈仲恕先生因年事已高不便行动,居于日寇侵占下的上海,靠画竹子勉强维持一家人的生计,晚景十分清苦,就由衡阳中国银行分行汇寄500元接济这位老人。陈先生收到汇款的第三天,从报上看到蒋百里病逝宜山的噩耗,不禁悲从中来,流泪涟涟。他绝未想到,白发人送黑发人的悲剧会发生在他们师生之间。

蒋百里在衡阳还碰见了另一个侄儿、蒋复璁的胞兄蒋公毅。蒋公毅毕业于天津陆军军医学校(国防医学院的前身),曾在第二军第三师及陆军第二师任军医处长。南京保卫战开始后,他所在的部队被困在城中,他本可渡江北上,但他不忍舍下三千伤兵,坚持留在南京。日军进城后,他扮作难民,

---

① 黄萍荪编:《蒋百里文选》,第369页。
② 《蒋百里先生追悼会特刊·国庆纪念报告》,1938年12月28日重庆《中央日报》,第4版。

侥幸逃脱了日军的滥杀,逃至后方重新参加抗日工作。蒋百里叫他给自己检查一下身体。蒋公觳也是赶路之人,没有随身带听诊器,只好把耳朵贴在蒋百里的胸口听了一下,没能及时发现蒋百里的心脏病。蒋公觳医术颇高,当时如能确诊蒋百里的心脏有问题,加以必要的治疗,或许蒋百里不会遽尔长逝。事后蒋公觳捶胸顿足,懊悔不已,但为时已晚。

从衡阳继续西行,蒋百里来到了东安县。

1937年11月,唐生智主动请缨,担任南京卫戍司令长官,率军保卫南京。后南京城破,唐生智受到舆论的攻击,避居东安老家,办学育人,以舒解精神上的巨大压力。情绪郁闷的唐生智突然见到恩师从天而降,不禁喜极而泣,不知说什么才好。他们相交近三十年,共同经历过无数次风雨波折,师生情谊始终未变。此时此地,他们再度聚首,两人都不免感慨万千! 值得欣慰的是,他们都为抗战大业尽了自己最大的努力。

辞别唐生智,蒋百里马不停蹄地赶到桂林,与左梅母女会齐。他在桂林受到了广西省主席黄旭初先生的热情接待,许多机关请他去演讲,许多朋友和学生前来拜会,他又成了一个大忙人,整天累得精疲力尽,得不到很好的休息。

10月24日上午10时许,蒋百里拜会了在桂林巡视的冯玉祥,就途中所见所闻谈了一些感想。他说:"广州武汉虽然沦陷了,并不能阻止我们坚持抗战争取最后的胜利,不过现在对爱惜物力,还作得很不够,譬如在收割稻麦、打稻麦的时候,很多的谷粒留在地上。公路凹凸不平,根据车辆,应该花钱修路,让老百姓得点工资,不应该等轮胎坏了,让外国人赚我们的钱。至于军事方面,不爱惜物力的事情,就更多了,顺便的时候,把这个意见,请你给委员长和各省军政长官多说说。"冯玉祥说:"你的意思很好,我一定照着办。"[1]冯在当天的日记中写道:"蒋先生见解每有独到处,可以多多领教。"[2]遗憾的是他们分手刚刚十天,冯玉祥就再也听不到蒋百里的高论了。

蒋百里听说在平汉铁路局工作的老友张宗祥已先由汉口撤退至桂林,

① 冯玉祥:《我与蒋百里先生》,黄萍苏编:《蒋百里文选》,第380页。
② 中国第二历史档案馆编:《冯玉祥日记》第5册,江苏古籍出版社1992年版,第524页。

即前往晤面。张宗祥就蒋百里的新书《国防论》和《日本人》，发表了一些意见和看法，蒋百里均表示接受。谈到后来，蒋百里对张宗祥说："我昨方到桂林，知子在，即访至此。第一须为我觅一医生检查心脏，第二想请你太太烧点家乡菜吃吃。"张妻闻言，即去市场买牛羊肉和芋头，张宗祥则陪蒋百里到平汉铁路局的张医生处检查身体。张医生仔细听诊后，认为蒋百里的心脏确实有病，但不甚危险。听到这样的诊断，他们二人都放下心来，同车回到张宗祥家。张妻已将饭菜做好，蒋百里烫上一壶三花酒，就着家乡风味的芋头煨鸭和红烧羊肉，开怀畅饮，与老友纵论时事，尽欢而散。蒋百里早年受枪伤，伤了元气，身子骨本来就弱，后来又患上痛风，给他治过病的医生都劝他戒酒戒烟，但他总不把医生的劝告放在心上，坚持饮酒抽烟，加上抗战以来夜以继日地工作，心脏长时间承受巨大的负荷，最终因心脏麻痹症而逝，怎不令人扼腕叹息！

后来的几天中，蒋百里和张宗祥又数次聚谈。张宗祥有感而发，写了《百里来桂》一诗赠与老友：

> 四十余年交谊亲，白头仍是走风尘。
> 漓江江上重相遇，各有伤时泪满襟。①

10月27日，蒋百里应广西省政府的邀请，作题为《半年计划与十年计划》的演讲。经过李宗仁、白崇禧等人的锐意经营，广西的行政组织和行政能力在当时堪称全国的典范，蒋百里对此给予了极高的评价，但他同时告诫说，订计划要根据本国本地区的实际情况，不要盲目模仿。就目前形势而言，广西应制定一个半年计划，充分利用现有的人力物力，为抗战服务。但从长远看，日本在战场上的胜利是暂时的，最终必然遭受彻底失败，所以我们又要做"十年计划"甚至"二十年计划"，在科学上力争有所创造发明，作为立国的根本。他指出："假若我们研究一种科学，却有独到处，只要那一种科学，比各国好，比世界都好，就可以复兴民族。"他希望广西成立科学研究院，

---

① 许逸云：《蒋百里年谱》，第176页。

不惜财力物力,进行科学研究,"因为科学上的一点成就,就可以获大利,世界上最经济的莫过于此"。我们要摒弃农业经济时代那种小规模自给自足的生活模式,充分利用别人的研究成果为自己服务,"我们不怕失败,不怕条约,有了专长的科学基础就可以复兴民族了"[①]。蒋百里不但在考虑抗战的前途,而且在考虑中华民族的未来。

蒋百里离开桂林之前,与桂林市政筹备处处长庄仲文作了长谈,就自己的所见所闻和所思所想对国事发表了十点意见,这是百里先生对抗战所尽的最后一点贡献。百里先生逝世后,庄仲文追记其要点如下:

(一)兵力当求集合使用,而训练新兵,可仍袭曾文正公办法,以营为单位为较当。军政部只物色适当之师长人才,由师长认识其师属九营长,每营营长物色其排长九人,班长二十七人,如此则每人所需明了能力与个性者,只数人至三十余人。每营必集中训练,单位不大,隐蔽亦易,有三个月之训练,自能成立强固之个体,易于进退自如。各营训练成功后,集合成师,则全师亦能有坚强之战斗力,孙子所谓治众如治寡也。

(二)目前各省公路,因车辆经过太多,大都崎岖颠簸,致车辆之汽油消耗加增,机件损坏较剧,而汽油机件均为舶来品,应竭力求其经济使用,故各省应增强修路队,即雇佣民工,亦属值得,以民工所费,仍在国内流通也。

(三)军事期中,通信频繁,故电报积压,不易疏通,往往数日方能到达,然某人新任或调任,各方仍例致贺电,不但虚靡物力,亦复阻害正当通信,应予以切实取缔。

(四)一般人因习惯于乘坐汽车,遂视汽车为惟一之公路运输工具,然现在车辆不敷,往往有等候数日或一二月,而未能成行者,殊失其求迅速之作用,故各地应尽量利用公路,留以其他交通工具如马车、骡车、

---

① 蒋百里:《半年计划与十年计划》,蒋复璁、薛光前主编:《蒋百里全集》第 1 辑,第 384—385 页。

人力车等分站任运输之责,即组织挑夫队,每五十里为一站,以搬运行李疏散人口亦可。

(五)有各种新工具、新武器,然发明者不能随时随处指示其使用者,而全恃使用者虚心研求以得之。现在我国部队,对新式武器尚未能使用尽善,而并非武器完全不如敌之锐利,故使用武器之重要,尤甚于好武器。新工具亦然,此点必要国人彻底明了。

(六)抗战中不必好高骛远,要若干飞机、若干大炮、若干坦克车,方能致胜云云,是则以不能办到之事为言,其言亦为废言,亟应脚踏实地,将现有物力运用到抗战途上。譬如欧战时,比军曾利用酒瓶以阻碍德骑兵之迅速前进,即是一例。

(七)有一种科学之发明或特殊成就,较之各门同时并举,而因陋就简者为佳。故建国而提倡科学,应集中人力物力于一门,虽十年二十年而成,仍是经济而合算,将来可以吾之特长,以交换他人之特长,譬如英国玛丽皇后号大轮船之钢,系捷克之司高达厂所供给,即是很好例子。至于现在英法等国之畏惧意德,亦因意德近年集中精力于空军,故能出奇致胜也。

(八)湘军每营有夫百六十名,故部队行止自如而迅速,不必扰民。其后承平,而有营官吃夫额之弊,王士珍见其弊,而取消夫额,然北方徭役并重,各县有办徭之机构,尚无问题,南方则向来"一条鞭",有赋无徭,故北洋军队到南方必拉夫,致为民诟,而军无辎重,即使攻地而能克,则士兵们之弹药已尽,必不能再事追击,而收战果。

(九)我国近年建设,因无统盘计划,顾全各方面,故往往因局部之利而成全局之害,譬如石家庄之滹沱河,蜿蜒曲折,本为形势要地,足资防守,然以土豪争水坝阻上游,而形势遂坏。故各项建设之始,必先研究历史与地理,方免恶果。

(十)抗战以来,名都大邑如北平、南京、广州等处,以为必可坚守者,往往不崇朝而失,而台儿庄、广济、德安等不甚著名之地,反获胜仗,故将来之最大胜利,或将于无意中得之。惟所要有"战志","战志"既立,再想"办法"。袁世凯练兵,未尝使兵有战志(对外作战),造成二十余年之内战。国民革命军有战志，而时代潮流与环境未能尽适其意，致有今日之吃亏。今后抗战中，固甚求战志之坚定，而异日议和之后，更当确定军队战志，以备未来之国患。[①]

将星陨落鹤山旁

1938 年 11 月 4 日夜，蒋百里的得意门生、驻扎南阳的第一战区长官部参谋长龚浩做了一个怪梦：他与老师相会于寺庙的大堂，正要倾心长谈，忽然间狂风大作，将老师吹得无影无踪。龚浩从梦中惊醒，一种不祥的预感涌上心头。不幸的是第二天果然传来噩耗，老师在广西宜山因心脏病突发而逝世了。龚浩素来钦佩老师的为人，仰慕老师的学问，对老师惊人的预见力尤为叹服，他在痛悼老师之余，在位于南阳的诸葛武侯祠中修筑了一座"澹宁读书台"，作为对老师永久的纪念[②]。

蒋百里真的把老命拼在了抗日的征程中。

为了能使陆军大学在贵州遵义尽快正常运作，为抗日培养更多急需的军事人才，蒋百里不顾夫人和朋友们的劝说，力疾从公，离开桂林，赶赴遵义。他们一家 5 口，挤在一辆小汽车内，蒋百里和一个女儿与司机坐在前排，夫人和另外两个女儿坐在后排，一路颠簸到了柳州。本拟在柳州只停留一天，因蒋和感冒发烧，就多住了一天。由于 5 个人坐小汽车太挤，蒋百里让蒋雍和蒋华乘长途汽车押行李先行一步，到贵阳等候。

他的身体已很虚弱，夜间冷汗涔涔，又特别怕冷。11 月 1 日由柳州启程后，他的胸口开始剧痛，而且大汗不止，他不得不横躺在后排座位上，让夫人替他按摩。好不容易坚持到宜山县城，住进广西省政府主办的旅馆乐群社，才有了找医生诊治的机会。可惜宜山地处僻远，既无名医，又乏良药，更缺先进的医疗检查设备，要治心脏病，谈何容易。无奈之下，左梅夫人只得请县里的医生为丈夫打了一针吗啡针以止痛。

---

① 大公报西安分馆编：《蒋百里先生抗战论文集》，第 112—114 页。
② 龚浩：《师承记》，蒋复璁、薛光前主编《蒋百里全集》第 6 辑，第 273 页。

经过一夜的休息,蒋百里的病情稳定下来,体力得到一定的恢复。第二天他到外面散步,遇到了浙江大学文学院院长张其昀(晓峰)。浙江大学的前身是求是书院,蒋百里便是浙大的老校友,张其昀热情地邀他到浙大,与浙大教育长郑晓沧等人畅叙,谈得非常投机。蒋百里时刻不忘把教育与国防联系在一起,他当即提出浙大与陆大进行合作,以求文武配合,加强现代化国防教育。张其昀还介绍浙大校医院的周医生为蒋百里看病,周医生给他打了一剂麻黄针。

除浙大外,广州的中央军校第四分校也在宜山县城。得知蒋百里在宜山的消息后,浙大和军校的师生纷纷前来乐群社看望,使蒋百里得不到很好的休息。他素来好客,来者不拒,左梅夫人不敢挡驾,只能干着急。

11 月 4 日上午 11 点,蒋百里与浙江大学校长竺可桢见面,并向其告别①。因为他决定次日动身赶路,夫人劝他多休养几日,他执意不从,陆大需要他,学生们更需要他,他在宜山再也住不下去了。

他与蒋和出门散步,顺道去了一趟浙江大学,给张其昀先生留下一封信,不料此信竟成了他的绝笔:

> 晓峰吾兄有道:连日得晤,甚快。弟定明早启行,期年内再回。不晤仲奇先生,屡费清神,又劳赠以各种药材,请为深致谢忱。附菲仪为在僻地添补药材之用,恳便中转致。渎神,至罪。即颂道安。弟方震顿首,民国二十七年十一月。②

从浙大回到乐群社,夫人问他身体情况怎么样,他说还可以。下午 3 时左右,浙大教育长郑晓沧来访,两人长谈约两小时,蒋百里颇感疲惫。郑晓沧走后,蒋百里吃了一大碗鸡蛋面条,胃口似乎很不错。

由于第二天一大早就要赶路,饭后蒋百里沐浴一过,即上床就寝,一切都很正常。不久有人敲门,是陆大教育长周亚卫从贵阳赶来向校长汇报学

---

① 竺可桢:《竺可桢日记》第 1 册,人民出版社 1984 年版,第 275 页。
② 蒋百里:《致张其昀函》,蒋复璁、薛光前主编:《蒋百里全集》第 1 辑,第 77 页。

校的情况。蒋百里躺在床上，与周一直谈到 8 点钟。周亚卫提到从贵阳到宜山途中不断有土匪开枪射击，左梅夫人乘机劝蒋百里在宜山多住几天，等路上太平了再走，但蒋百里说即使路上有危险也不能轻易改变决定。

周亚卫走后，他们再度入寝，9 点 50 分前后，左梅夫人突然听到丈夫在连声咯痰，就赶紧摇着他的胳膊叫他，但他已无反应。夫人大惊失色，忙叫蒋和起身拿来手电筒照他的眼睛，见瞳孔已经散大，到了无可挽回的地步。夫人一面叫蒋和出去找医生，一面给丈夫做人工呼吸，希望能把丈夫从死神那里拉回来，但已经于事无补了。浙大的校医闻讯赶来，给蒋百里打了一支强心针，但也回天乏术了。在国家最需要蒋百里的时候，突发的心脏病却永远夺去了他的生命，把无尽的哀思和无穷的遗憾留给了他的亲人、朋友、学生以及所有尊敬他的人！

噩耗传出，举国震惊！蒋百里的生前友好和门人弟子纷纷写诗撰文，缅怀他的道德文章和名山事业。蒋百里的老友张宗祥闻讯，饱蘸泪水写下了诗篇《哭百里》：

> 白头离乱聚南荒，三日分襟各慨慷。
> 磨蝎半生悲往命，黄花晚节盼青香。
> 宵深病急难求药，地僻医迟未处方。
> 如此人才如此死，旅魂凄绝鹤山傍。①

巨寇未除，事业未竟，壮志未酬，百里先生遽尔撒手西去，怎不令人黯然神伤，浩然长叹！诚如陶菊隐所言，百里先生"死非必死之病，时非可死之时，年非应死之年"②。如果病魔不过早地夺去他的生命，他必将为中国的抗日大业做出更大的贡献。

蒋介石闻百里先生死讯，也痛惜栋梁之失，特致电广西省政府妥为照料，隆重安葬，并派军事委员会政治部副部长黄琪翔到宜山主持葬礼。11

---

① 张宗祥：《挽诗·其一》，蒋复璁、薛光前主编：《蒋百里全集》第 6 辑，第 203 页。
② 陶菊隐：《蒋百里先生传》，第 252 页。

月 6 日上午,蒋复璁在重庆收到左梅夫人的电报,真如晴天霹雳,击得他目瞪口呆,不知所措。由于车票极难买,他费尽力气才托人买到 8 日开往广西的长途车票,与刘文岛同行,于 10 日抵达宜山。

在亲戚朋友和浙大等机关单位的努力下,葬礼的各项准备工作都就绪了。14 日黄琪翔赶到宜山,第二天即在宜山县党部举行了隆重的追悼大会,在宜山的各机关和学校都派人参加,前来吊唁的人络绎不绝。追悼会后,众人在一片哀泣声中将百里先生的灵柩安葬在宜山县城附近的鹤山,一代人杰,就此长眠于地下。

12 月 10 日,迁到重庆出版的《大公报》刊登了庄仲文追记的《蒋百里先生的最后意见》,并配发短评纪念这位老朋友:

> 在本报停刊期间,蒋百里先生告别了他的祖国而逝,国家丧一元良,本报失一好友!
>
> 百里先生系患急性心脏病,故临终无遗嘱,今见其最后遗言发表,真是感痛之至! 这许多忧国之言,望政府及国人都能服膺勿忘!
>
> 最近得宜山友人来函,承告百里先生的遗灵安葬宜山城三里之鹤岭。安睡吧百里先生,我们后死者都与你具有同样的信心,一定驱除暴寇,复兴国家!

12 月 28 日,国民政府在重庆市商会大礼堂内为蒋百里先生举行了隆重的公祭大会,国民政府党政军首脑、社会名流及各界代表 500 余人出席,有委员长蒋介石[①],行政院长孔祥熙,司法院长居正,考试院长戴季陶,大成至圣先师奉祀官孔德成,参谋总长何应钦,交通部长张嘉璈,教育部长陈立夫,内政部长何键,军事委员会政治部部长陈诚,交通部政务次长彭学沛,国民党中央执行委员会秘书长朱家骅,军事委员会重庆行营主任张群,国民党中央委员吴稚晖、陈布雷、蒋作宾、刘文岛、萧同兹、萧吉珊,监察院长于右任和立法院长孙科的代表,第十一军团司令万耀煌,中共代表周恩来,各界名

---

① 《蒋介石日记》,1938 年 12 月 28 日。

流张伯苓、张君劢、曾琦、穆藕初、黄炎培、沈钧儒等。重庆警察局长徐中齐和宪兵团长袁家佩亲率人马维持治安。

下午2时许，众人已从四面八方齐集礼堂。礼堂内燃烧着七八支巨烛，摆放着百余具花圈，悬挂着许多幅挽幛和挽联，其中有国民政府主席林森的亲笔：

老成凋谢，为国家社会惜之——追悼蒋百里先生。

蒋百里的老同学邵力子的挽联是：

合万语为一言，信中国必有办法；
打败仗也还可，对日本切勿言和！

黄炎培先生的挽联是：

天生兵学家，亦是天生文学家，嗟君历尽尘海风波，其才略至战时方显；

一个中国人，来写一篇日本人，留此最后结晶文字，有光芒使敌胆为寒。

在一片肃穆庄严的气氛中，哀乐声徐徐响起，军事委员会委员长蒋介石亲临会场主祭。他怀着沉痛的心情宣读了祭文：

维中华民国二十七年十二月二十八日，蒋中正谨以香花清酒之奠致祭于蒋百里先生之灵曰：呜呼！林杜怀贤，鼓鼙思将。中道折衡，安危孰仗？先生于学，独运心匠。大川孤航，空绝倚傍。兵甲罗胸，罔测涯量。千载孙吴，颜行傥抗。巨霆震聋，厉砭时尚。谠言起废，懦夫克壮。惠其余绪，犹为世襄。国有先生，实伊天贶。世运方棘，横流待障。念我良执，交期直谅。曩共艰危，在险弥亮。兹参帷幄，讦谟晓畅。萃萃群英，陶钧是望。如何征路，遽婴疠瘴？军国拳拳，逮于属纩。呜呼哀哉！云山凄怆，江流潺湲。追念平生，云胡可忘？金铁可摧，名德岂丧？化身千亿，尚克予相。中词荐悲，临风怏怅。呜呼哀哉！尚飨。①

1939年3月22日，国民政府发表褒扬令，对蒋百里的功绩作了高度评价，追赠陆军上将衔，并依例对家属给予抚恤，内容如下：

> 军事委员会顾问兼代理陆军大学校长蒋方震，精研兵法，著述宏富。比年入参戎幕，讦谟擘划，多所匡扶。方冀培育英才，用纾国难，不幸积劳病逝，轸悼良深。应予特令褒扬，追赠陆军上将，发给治丧费五千元，交军事委员会依例议恤，并将生平事迹存备宣付史馆，用示政府眷念耆贤之至意。此令。
>
> 主　　席　　林　　森
> 行政院院长　　孔祥熙②

盖棺论定，青史留名，既可以告慰亡者之英灵，又能够激励后来者发奋图强，立业建功。百里先生"割臂煎汤以疗亲，孝也；举枪自杀以践言，信也；尽瘁国事，'除死方休'，忠也；勤于负责，以身殉学，勇也；诲人不倦，仁也；著述等身，智也"③。无论过去、现在还是将来，他都是国人学习的楷模。

蒋百里先生学贯中西，于世界最先进的军事理论无不熟悉掌握，对中日两国军事的优劣和特点均了然于胸。对日本侵华野心的深刻洞察，源自他早年留学日本期间的对日本政治、军事、社会和文化的实际观察和切身体验，源自他回国以后对日本动向持续不断的关注和对中日关系走向的深入思考，源自他留学德国、游历欧洲形成的国际视野。持久抗战战略的提出，

---

① 《国民政府军事委员会委员长蒋中正祭文》，1938年12月29日重庆《大公报》。

② 《国民政府褒扬令》(1939年3月22日)，蒋复璁、薛光前主编：《蒋百里全集》第6辑，第197页。

③ 《刘序》，黄萍荪编：《蒋百里文选》，第1—2页。

体现了他对中日两国政治、经济、军事实力的真切了解,体现了他作为军事战略家深邃的洞察力和超常的预见力。他以在野之身,制订钢铁计划、煤炭计划、炼油计划、战时交通计划等,无不以加强国防实力、抵抗日本侵略为目标,充分体现了"天下兴亡,匹夫有责""位卑未敢忘忧国"的精神情怀。他关于总动员的意见和建议,对"七七"事变后全民抗战局面的形成,起到了很大的推动作用。

抗日战争爆发后,蒋百里毁家纾难,拖着病弱之躯积极投身于全民族的抗日战争中,终因劳累过度、积劳成疾而病逝于陆军大学代理校长任上。他为抗日而逝,实现了自己为国家为民族"鞠躬尽瘁,死而后已"的诺言。这一切绝不是偶然的,爱国主义对他来说不是一句空洞的口号,而是高瞻远瞩的思考和实实在在的行动。

料理完蒋百里的丧事,左梅夫人强忍着内心巨大的悲痛,携三个女儿到云南昆明赁屋而居,靠政府的抚恤金维持生计。家中的顶梁柱虽然倒了,左梅母女的精神没有垮,生活虽然清苦,理想之火却未熄灭。女儿们知道,只有积极努力不断进取,才可以告慰父亲在天之灵。到昆明后,蒋雍考入西南联合大学,蒋华考入云南大学。后来,她们得到于斌主教的资助,先后赴美留学。蒋雍后来与广西籍的工程师黄力富结婚,定居美国,蒋华获康乃尔大学硕士学位后,与民国著名外交家魏宸组的儿子魏需卜成婚,定居比利时。

蒋百里的逝世对远在异域的三女蒋英打击尤大。突如其来的噩耗使她肝肠寸断,痛不欲生。她以泪洗面,写下了令人不忍卒读的祭文《哭亡父蒋公百里》:

> 凭空像一个霹雳般地,我接到您的噩耗。当时我正在欧洲这多事的角落里快乐兴奋地用着功。即刻我的神经立刻痉挛起来,心也震动了!浮现在我眼前的,是您不久以前离开欧洲时的容貌,为祖国奔走的矍铄精神,谆谆嘱我埋首上进的声音,没有想到那些话竟成为永诀的遗言了。我仰天痛哭,我几乎发了狂!我想起这时家中披麻带素的妈妈,想起可怜无恃的手足,我好像听到她们绝望的嚎啕,我意识到了自己永恒的孤单!我失措了,我像一只掉在沙漠里的羔羊。可是,我又恍然的

安定下来,决不能,我决不信您会离开我们的。我们几个孩子需要您,临危的祖国需要您!您不能弃下国难当头的祖国独自飘然而逝。您忍得弃了您白头偕老陪您奋斗一生的妈妈么?您更不肯丢下您这群弱小的毛羽未丰的孩子,我等待,我希望能再得到您健在人间的佳音。然而一天、两天……我绝望了!现在我眼前的只是一片无尽头的黑暗,我看不见太阳,甚而也没有了星光。我的生活失去了光明!只有黑夜——连续不断的黑夜呀!我怎么能活下去呢?没有了您的向导,没有了您的鼓励!爸爸,您是我生命的火炬,失去了您,让我永远和黑暗接近吧!好,让黑暗吞蚀了我,那么我还许在梦中拜见您,听您的声音,作您吩咐的事。唉!爸爸,真的快来看我吧!您不会嫌柏林太远的吧?

六年前那时您刚从南京回来,咱们一家重聚,是多么快乐呀!每次您上街回来,总是大包小包的水果带回来。照例老佣人总会站在楼梯上叫声:"老爷您回来啦!"我们便打雷打鼓似的从楼上跳下来。这个喊,那个叫的。呀,什么广东荔枝啰,新会桔啰,外国香瓜啰,葡萄啰,说不尽的好东西。十只手,来得快,一会都抢光了,您总是说:"给妈妈留些啊!给妈妈留些啊!"于是又一齐闹着去找妈,妈妈不是在书桌上记账,就是坐在沙发上结毛线衣。于是一家子便坐在一块儿,有时谈正经的,有时闹着玩,家,真是说不出来香甜啊!

两年后,病魔插足到我们那乐园的门槛了,一向多忧的大姊被它侵袭了。一个月,两个月,终不见起色。于是一家都慌张起来。最慌张的还是您!什么中国郎中、外国医生都请到了,您急得连客也不会了,门亦不出了,整日闷在屋里看书。最后,还为了想遂大姊的心愿,一家都搬到北平去,为她养病。哪知三个月后,我们重踏津浦路时,大姊已经一病不起的长眠了。您那时脸上两行流不尽的泪,真是表示出天下最伟大的父爱啊!唉,爸爸!我们何福,竟蒙您这般的怜爱?可是我们现在又有何罪,竟半空中失去了您——我们的光明,我们的一切。还记得大姊临终时,她左手搂着您,右手搂着妈妈,带着满足而惭愧的微笑,同你们道了永诀。有人在旁边看见了都说:大姊真有福气,能有这样熨帖的父母!唉,现在想起您竟一人在陌生的小城中,左不见妈妈,右不见孩子们,空房冷榻的就这样悄悄的去了,连一声再会也没有说。世界上还有什么事比这个事更可悲的呢!

记得一九三六年,我们随您一同来欧,初在维也纳城外住家,开始学德文。有一天,您刚从德国参加秋操完毕回来,我们为了欢迎您,大家一同下厨房,妈妈大显身手,做了一大桌菜,我们一面细嚼,一面高谈,乐气融融,渐渐南欧媚人的夜幕垂下了,妈妈命我们上床后,自己亦预备休息。哪知她胃病复发,不能安睡。她不愿再打扰我们,自己又不愿起来,所以还是躺在床上自言自语的说:"唉,到外国来,真不如在国内享福。如果在国内的话,只要一嚷,'老三妈'——小脚娘(家中十九年的老佣人)一定要连跑带跳的下楼拿热水袋,现在只能忍着算了。"哪知道,您听见了这话,竟一个人悄悄的走到厨房去,生着了火,静静的一面抽烟斗,一面守着水壶,水开了,装满热水袋,再回房去,悄悄的把水袋搁在妈妈床脚,一声不响的又去看书了。第二天妈妈把这件事讲给我们听的时候,我们互相怔忡着,我们骄傲您这位充满了人性的父亲啊!

最后,我们来到德国,您把我们的一切学校手续安定好了,在进学校的前一天,您还带我们到动物院去玩。那时柏林动物院的大狮子刚养了四个小狮,我们好奇心重,特意一人去抱了一个小狮子,一块儿照了一张相。后来您把照片寄给我们时,还在相片后面附着这几个字:"垂老雄心犹未歇,将来付与四狮儿。"唉!爸爸,两年前柏林的狮子已经能跳出院吃人了,我们还如此幼稚呢,您怎忍竟弃下我们在这险艰的人世呢!

严冬去而复来,大姊逝世已经四年了,却始终没有重来过,您此去什么时候再来呢!从前死神把大姊从妈妈怀抱中攫去时,我们时常从母亲心坎里,听到这几个血泪的字:"你们五姊妹,正好比我的一双手,如今大姊去了,好像人家把我的拇指割了一般,怎么能叫我不痛心呢!"唉!爸爸现在您又走了,为妈妈想,不是比人家割了她的心还痛呢!唉,我们是失去了心的妈妈,失去了光明的孩子们呀!

爸爸,您真的去了吗?不,不,您不能去,呀,小妹的唐诗还没有背完,我书桌上 Schiller 的 *Anoder Gtloeke* 也何曾讲完了呢！呀,还有许多书,我们需要您那生动有趣的解释呢！回来！爸爸,祖国需要您,我们不幸的这一群需要您！①

蒋英谨遵父命,以顽强的毅力坚持完成了学业,在音乐方面取得了很高的成就。1947 年,她在上海和钱学森结为夫妻,然后双双飞往美国。20 世纪 50 年代初,他们冲破重重阻力,回到祖国大陆。钱学森直接领导了原子弹等战略武器的研制工作,为中国的国防建设事业做出了卓越的贡献。

左梅夫人在昆明过了几年较为平静的生活,但因日军的侵略日益加剧,昆明也遭到飞机的轰炸,安全难以保障,不得不携五女蒋和辗转迁至重庆。蒋复璁安排她们在白沙暂住,并送蒋和入中央大学学习。不久,左梅夫人迁至重庆郊外的新桥,在一间茅屋中度过了最艰难的一段岁月。

抗战胜利后,左梅夫人返回上海。蒋复璁征得浙江大学的同意,于 1948 年 11 月 30 日把蒋百里迁葬于西湖附近属于浙江大学的万松岭。新中国成立以后,因万松岭另有他用,左梅夫人由上海赴杭州,与张宗祥商议迁葬事宜。她听从张宗祥的建议,把蒋百里的遗骸火化,用石塔安葬于凤凰山下的南山公墓。

钱学森夫妇归国后,左梅夫人到北京与蒋英及蒋和住在一起。1978 年 10 月 17 日,左梅夫人因病逝世,享年 88 岁。

11 月 6 日下午,左梅女士追悼会在北京八宝山革命公墓礼堂举行。廖承志和夫人经普椿、罗青长和夫人杜希健、朱蕴山、杨思德、刘斐、王昆仑、陈此生、朱学范、屈武、溥杰等送了花圈;全国政协、中央统战部、冶金部、民革中央、中央音乐学院等单位也送了花圈。有关部门负责人、爱国人士、蒋百里先生和蒋左梅女士的亲属和生前友好,以及有关机关的群众代表参加了追悼会。追悼会由政协全国委员会常委刘斐主持,国务院参事韩权华致悼词。官方称她为"我国早年著名军事理论家蒋百里先生的夫人蒋左梅",对她一生的事功给予很高的评价。悼词说:"蒋左梅女士,原名佐藤屋子,生于

---

① 许逸云:《蒋百里年谱》,第 182—185 页。

日本北海道,一九一四年和蒋百里先生结婚。在蒋百里先生从事讨袁护法运动、北伐和抗日战争的几十年间,她一直辅助蒋百里先生工作。她加入中国籍以后,对中国人民的解放事业和中日两国人民的友好,对我国社会主义革命和建设事业,贡献了自己的一份力量。她热爱中国,关心国家大事,怀念在台湾省和海外的故旧老友,关心台湾的解放和中国的统一事业。"①

1984 年,蒋英把左梅夫人的骨灰盒护送至杭州,与蒋百里合葬于南山公墓。青山绿水,伴他们长眠于斯了。

2002 年 11 月,海宁市在西山公园内开辟了名人文化广场,紫铜墙上塑造了王国维、徐志摩、蒋百里等原籍海宁的文化名人形象②。

---

① 《蒋百里先生夫人蒋左梅女士追悼会在京举行 廖承志等送花圈》,1978 年 11 月 11 日《人民日报》,第 3 版。

② 《图片报道》,2002 年 11 月 30 日《人民日报》,第 2 版。

附录 主要人名索引

后　记

　　大约在 1997 年春天，有书商通过一位朋友找我写蒋百里传。可能是要赶上某个时间节点，书商要求三个月完稿。当时出书非常困难，有人主动要我写传记，是一件非常好的事情。而且，我生长于大西北，对蒋百里这位江南饱学之士，颇感兴趣。与朋友约定以后，我即着手搜寻资料。近代史研究所图书馆藏有蒋复璁、薛光前主编的《蒋百里全集》、黄萍荪编的《蒋百里文选》等原始资料，还有曹聚仁、陶菊隐分别撰写的蒋百里传记。我还求助于海宁市政协的工作人员，他们寄来了许逸云著《蒋百里年谱》。结合这些原始资料、传记年谱，以及近代史所藏的民国时期丰富的报刊资料，我开始写作。作为近代史学者，我必须遵守基本的学术规范，在研读史料、认真研究的基础上落笔，这样就影响了进度。

　　特别需要指出的是，陶菊隐先生是蒋百里先生的忘年交，他在传记中披露了蒋百里先生许多不为人知的逸闻趣事，对后来的学者影响较大，我在写作过程中也多有参考。

　　过了几个月，朋友传来书商的口信，不出版这本书了。失望之余，我还是勉力写完全书。当时因出版无门，只好暂且束之高阁。

　　此后，关于蒋百里先生的论著陆续问世，主要有李娟丽、包东波著《军学奇才——蒋百里》（兰州大学出版社 1998 年版）、张学继著《兵学泰斗——蒋方震传》(杭州出版社 2004 年版)、吴仰湘著《中国近代国防理论的奠基——蒋百里思想研究》(人民出版社 2012 年版)等。这些论著的出版,在学术界和社会上引起较大的反响,蒋百里先生的生平、思想和志业被越来越多的人所了解,而我忙于其他事情,未继续此项研究,成为一个旁观者。

2016 年春夏之交,我得知中华书局在编辑出版一套民国人物传记系列图书,尚未收入蒋百里先生的传记,遂抱着试一试的心态,把放了将近二十年的书稿发给欧阳红女士,未料很快收到回复说可以纳入这个系列。搁置已久的旧作居然可以面世,我喜出望外,遂着手进行全面修改。晚出有晚出的好处,可以参考已有的论著,避免一些似是而非甚至完全错误的说法,也可以利用新出的史料。我基本保持了原稿的框架,并未增删太多内容,因我写作此书时,重在叙述时代变革中蒋百里先生的生平和志业,讲故事、品人物,适合大众阅读的口味。二十年过去,初衷未改。

在修改书稿的过程中,我的同学和同事吴敏超博士给予我最大的帮助。她来自蒋百里的故乡浙江海宁,对同乡先贤百里先生久怀敬仰之心,得知我要出版他的传记,欣然施以援手。她做事一向认真负责,阅读整部书稿两遍,检视引文,补充注释,寻找图片,花费很多心血与精力。我知道,她比任何人都更加期待此书的早日问世,在此感谢她的默默付出。

我还要特别对欧阳红女士和李闻辛先生表示感谢。欧阳红女士始终关注此书的修改和出版,责任编辑李闻辛先生认真审阅书稿,提出若干修改意见。

岁末年初之际,回顾与蒋百里研究结缘的这段小史,感慨人生很多事虽可遇而不可求,但努力与付出之后,总归有收获的一天。

抗日战争爆发后,蒋百里先生毁家纾难,拖着病弱之躯积极投身于抗日战争中,终因劳累过度、积劳成疾,于 1938 年 11 月病逝于陆军大学代理校长任上。他为抗日而生,亦为抗日而逝,实现了自己为国家为民族"鞠躬尽瘁,死而后已"的诺言。2018 年是蒋百里先生逝世八十周年,谨以此书表达我对他的敬仰和怀念之情!

杜继东

2017 年 12 月 9 日于东厂胡同